AF351433

FRIEDRICH SCHLEIERMACHER

MONOLOGEN

nebst den Vorarbeiten

Dritte Auflage

Kritische Ausgabe. Herausgegeben von
Friedrich Michael Schiele

Erweitert und durchgesehen von
Hermann Mulert

Im Anhang
Neujahrspredigt von 1792
Über den Wert des Lebens (Auszug)

FELIX MEINER VERLAG
HAMBURG

PHILOSOPHISCHE BIBLIOTHEK BAND 84

Bibliographische Information der Deutschen Nationalbibliothek: Die Deutsche Nationalbibliothek verzeichnet diese Publikation in der Deutschen Nationalbibliographie; detaillierte bibliographische Daten sind im Internet über *portal.dnb.de* abrufbar.
ISBN 978-3-7873-4849-7
ISBN eBook 978-3-7873-3284-7

Kontaktadresse nach EU-Produktsicherheitsverordnung:
Felix Meiner Verlag GmbH
Richardstraße 47, 22081 Hamburg
info@meiner.de

Inhalt

Vorwort zur ersten Auflage (1902)
von Friedrich Michael Schiele III
Vorwort zur zweiten Auflage (1914)
von Hermann Mulert X
Einleitung: Die Entstehung der Monologen XIV
Bibliographie zu Schleiermachers philosophischer
Ethik XXXVI
Ergänzte Bibliographie zu Schleiermachers
Monologen IL

Monologen

Vorrede zur zweiten Ausgabe (1810) 3
Vorrede zur dritten Ausgabe (1821) 4
Titelblatt der ersten Ausgabe (1800) 5
Text der Monologen nach der ersten Ausgabe
Darbietung 8
I.   Die Reflexion 9
II.   Prüfungen 25
III.   Weltansicht 48
IV.   Aussicht 67
V.   Jugend und Alter 83

Anmerkungen 95
Index 111

Anhang

Neujahrspredigt von 1792 149

Über den Wert des Lebens 166
    I.   Selbstprüfungen 166
   II.   Die Bestimmung des Lebens 176
 III.   Der Umkreis der menschlichen Glückseligkeit 181
 IV.   Gerechtigkeit in der Verteilung des Glücks . 186
   V.   Das Schicksal des Menschen 194

Vorwort zur ersten Auflage

Wären die Monologen in äthiopischer Sprache und
in einem dunklen Winkel der Menschheit geschrieben,
so besäßen wir gewiß schon ein Dutzend der besten
kritischen Ausgaben ihres Textes, und die Gelehrten
würden wetteifern, auch die kleinste Variante sorgfältig zu buchen und scharfsinnig zu kommentieren.
So aber ist selbst unter denen, die sich öffentlich über
die Monologen haben vernehmen lassen, nur spärliche
Kunde davon zu treffen, daß es überhaupt verschiedene
Ausgaben ihres Textes gibt. Vergeblich haben vor
einem Menschenalter Wilhelm Dilthey und Rudolf
Haym (1870) darauf hingewiesen, vergeblich in unseren Tagen z. B. Hermann Bleek (1898). Die verschiedene Textgestalt der „Reden über die Religion" haben
Theologen und Philosophen zwar sorgfältig verglichen
und reichen Gewinn fürs Verständnis Schleiermachers
aus dieser Arbeit davongetragen; aber nun auch die
gleiche Ausbeute aus den Monologen zu erheben, hat
sich niemand gemüßigt gesehen. Ist doch desgleichen
für die „Weihnachtsfeier" und sogar für die — „Glaubenslehre" dieselbe Arbeit kaum in Angriff genommen. Auch die Philologen, denen fürs Studium der
Sprache unserer Romantiker der Text der Monologen
eine Fundgrube sein könnte, haben sich bisher nicht
recht um ihn bemüht. Ja noch im vergangenen Jahre
hat ein Theolog eine Monographie über die Monologen geschrieben, der nur die letzte Ausgabe benutzt
und dazu versichert: „Bei den geringen Änderungen,

die der ursprüngliche Text in späteren Ausgaben erfahren hat, ist dies nicht von Bedeutung" (Neue Kirchliche Zeitschrift 1901, S. 88 Anm.). Er hatte sich, wie so viele, bei der Versicherung Schleiermachers (Vorrede zur zweiten Auflage M 3, 23) beruhigt, daß er „außer Kleinigkeiten in Ausdruck nur einige bald nach der ersten Erscheinung angemerkte Änderungen aufgenommen habe, welche Undeutlichkeiten abzuhelfen und Mißverständnissen zuvorzukommen schienen". Als ob sich in der Vorrede zur dritten Ausgabe der Reden nicht eine ganz gleiche Stelle fände, aus der jeder hätte lernen können, wie Schleiermacher solche Worte gemeint hat. Ist etwa der Unterschied belanglos, wenn es in den Monologen von 1800 heißt: „Was sie Gewissen nennen, kenne ich nicht mehr" und in der Ausgabe vom Jahre 1810: „Was sie Gewissen nennen, kenne ich so nicht mehr" (M 28, 6)? Ist es auch nur wesentlich dasselbe, wenn von der Körperwelt 1800 gesagt wird: „Das Wirken geht immer von mir auf sie", 1810 aber: „Wirkung geht immer auch von mir aus auf sie"; oder 1800: „Nichts ist Wirkung von ihr auf mich" 1810: „Nichts ist nur Wirkung von ihr auf mich" (M 16, 17)?

Als deshalb in der Philosophischen Bibliothek die Kirchmannsche Ausgabe der Monologen vergriffen war, habe ich den Text letzter Hand, den sie, wie fast alle anderen heute verbreiteten Ausgaben abgedruckt hatte, nicht wieder erneuern lassen, sondern die erste Ausgabe von 1800 buchstabengetreu als Text geboten, im Apparat aber sämtliche Änderungen der Ausgaben von 1810 und 1822 angemerkt. Noch eine vierte Ausgabe ist zu Lebzeiten Schleiermachers erschienen (1829). Doch hat er sie nicht mehr wie die zweite und dritte umgearbeitet und mit besonderem Vorwort versehen. Bei den wenigen Textänderungen, die sie aufweist,

kann es hie und da fraglich sein, ob sie auf Schleiermacher selbst zurückgehen. Ich zähle sie deshalb nicht
im Apparat, sondern hier auf, aber vollzählig, denn die
meisten darunter rühren doch wohl von ihm her.

(Die Zeichen sind die unten S. 2 erklärten.)

3, 12 nach *That* + den Lesern   13 *darin* hier   4, 46
S Sch   7, 7 B *die reines* vom reinen   7, 17 *er — nicht*
es mich niemals   8, 1 *lassen* <   10,10 *meint er*
meinen sie   16, 2 *Es — die* Jene fühlen sich voll Ehrfurcht ja in Furcht danieder gedrückt von den   19, 19 C
ob gleich m. H. ob m. H. gleich (wie A)   21, 5 *dem*
Willen den regen Kräften, die nach außen streben   27 *Es*
fließt Leicht fließt dahin   24, 8 *Es — Menschen* Dem
sinnlichen Menschen erscheint ja   26, 6 *er* der   30, 3
Es — nicht Nicht lange beruhigte mich   7 *Es — nicht*
Mir wollte nicht genügen   7 C *erscheint* erschiene   *ist* sei
wunderte mich nahm mich Wunder   *nur* ∼ nach *Weise*
sollte ∼ vor *zur*   31, 1 *zu — hat* erfreuen soll   2 B
mit — zusammen zu der dieser Gedanke   12 *angehört*
angehöre   14 *ist* sei   33, 8 C *zur Harmonie* ∼ vor
verbunden   10 B (Z. 11 v. u.) *um vielen . . . zu sein*
als daß es Vielen könnte . . . sein   (Z. 1 v. u.) *den Tempel*
selbst das Heiligtum   35, 5 *denn* doch   6 *ist* bleibt
6 C *betrachte ich* zwar betrachte ich gern   7 *drinn*
darin ist   20 C *stillen* unbefangenen   36, 5 C
immer oder lange lange ja wohl immer   39, 8 *daß* wie
42, 10 *Es* Diess   43, 14 *unnüz* in Verwirrung   45, 8
Es Weit   50, 19 *Es — rühmen* Mit Recht rühmet der
Mensch sich dieser Herrschaft jetzt so   21 *und* denn
22 *ist* doch ist   51, 15 B *Denn* Denn nur   16 *und*
, durch   *Alle* sie Alle   24 *darauf* daran   57, 2
Gefühle gefühlvoll Schmerzen   58, 15 *dieser — Grad*
diese höchste Entwickelung   17 *seiner* des Vaterlandes
60, 12 *Lebens* Seins   65, 7 *ferner* ∼ unbekannter
71, 12 *bin* habe   13 *Wesens* Daseins   28 C *der —*
Natur des — Geschlechts   74, 3 *vergeblich* unmöglich
75, 5 *der alte* erneut der   24 *Hier — Mensch* Hier steht
endlich Jeder an der Grenze der Willkühr und der Mysterien
der Natur, über die wir auch nicht wünschen dürfen die
Willkühr zu erheben. Denn wenn mich früher fremde Freiheit
und der Lauf der Welt zu hemmen trachten: dem stell ich mich.

Viel **vermag** da der Mensch   77, 8 *so* — *ist* nur ängstlich enge sich schließt   80, 6 *zu führen* geführt   83, 27
es <   B *müßte* ∽ vor *mir*   87, 31 *:* ist *,* von dem sie
glauben, sei   *wird* werde   32 *Aber* Doch   88, 1 *es*
dieses   *Da* Dann   3 *und in* der Geist, dann in Reife
8 *Welt* Erde   89, 23 C *gelassenes* ruhiges

In der Anordnung des Apparates habe ich nicht
das Verfahren Pünjers angewendet, der bei seiner Ausgabe der Reden im Grundtexte von 1799 alles das
durch Sperrung oder Fettdruck hervorgehoben hat, was
Schleiermacher später geändert hat. Denn durch den
verschiedenen Druck wird das Auge beirrt und gehindert, auch nur den ersten Text gleichmäßig zu
lesen. Es hat deshalb ja für die Reden auch noch
einer besonderen Neuausgabe bedurft, die nur den
schlichten Text von 1799 wiedergab. Mein Verfahren,
im Grundtexte nichts zu markieren, belastete zwar den
Apparat insofern stärker, als die Stichwörter des Textes unten wiederholt werden mußten. Aber daß ich zugleich die üblichen Abkürzungen für Zusätze, Aus-
lassungen und Umstellungen reichlich benutzt habe,
hat das, denke ich, wieder ausgeglichen. Je knapper
der Apparat gehalten ist, um so leichter wird es sein,
sich beim Studium der Varianten darin zurechtzu-
finden.

Diese Rücksicht hat mich nicht abgehalten, alle
Änderungen der Interpunktion anzumerken. Denn die
Interpunktionen in der romantischen Sprache der Monologen sind — fast wie bei Novalis — viel mehr Vor-
tragszeichen, ja musikalische Akzente, als Satztrenner.
Orthographische Änderungen aber habe ich nur selten
und nur da aufgenommen, wo mir wahrscheinlich war,
daß Schleiermacher selbst — nicht die Druckerei —
etwa aus euphonischen Gründen geändert habe; denn
gerade um die Schreibung hat sich Schleiermacher

wenig gekümmert: ob Schiksal oder Schicksal, das galt ihm gleich, und er ließ beides nebeneinander stehen, bis es 1822 Herrn Reimers Korrektor einheitlich regelte.

Der beigegebene Index soll eine Übersicht über Schleiermachers eigentümliche Sprache in den Monologen bieten, soweit es sich um grundlegende Begriffe seines Philosophierens handelt. Trotz — oder vielleicht gerade wegen — seiner Virtuosität in Erfindung und Ausprägung, Aufbau und Zergliederung, Entgegenstellung und Verschmelzung, Verbindung und Definition der Begriffe hat Schleiermacher nie eine ganz einheitliche Terminologie in seiner Philosophie durchgeführt. Wir haben deshalb zwar eine außerordentliche Fülle von Ausdrücken, die lediglich seiner Schulsprache eigentümlich sind: aber eindeutig lassen sich diese Termini lexikalisch sehr oft nicht genau bestimmen. Gilt dies nun schon von dem späteren Schleiermacher, der seine Philosophie zum architektonischen System ausgestaltete, in dem jeder Begriff seinen Ort hatte, so noch viel mehr von dem Verfasser der Reden und der Monologen, dessen Begriffe noch im Werden waren, und dessen dialektische Virtuosität in reichstem Spiele eine Fülle von Anschauungen gebar, zwischen denen seine schöpferische Phantasie sich die Wahl noch vorbehielt: ein Überfluß behauener Steine, alle stilgerecht für einen und denselben harmonischen Bau gemeißelt, aber der reiche Architekt weiß selbst noch nicht, ob er auch alle, und wie und wo er sie in sein Gebäude einfügen wird. Daraus ergibt sich, daß auch der Index kein terminologisches Lexidion nach üblicher Art werden konnte. Wo der Autor selbst die Entscheidung über den Sinn seiner Ausdrucksweise noch nicht endgültig getroffen hat, darf sie der Herausgeber nicht supplieren. Deshalb habe ich mich beschieden, eine bloße Überschau über die mannigfaltige werdende Terminologie der Monologen zu geben: nicht zusammenzufassen, sondern nur nebeneinander zu stellen. Der Index nimmt auch auf die wichtigsten Stellen der Reden und der „Denkmale" Bezug, soweit sie die Ausdrucksweise der Monologen unmittelbar verständlich machen und ergänzen.

Den ganzen vollen Sinn der Monologen kann bei dem innigen und absichtsvollen Zusammenhange, der hier zwischen Person und Werk obwaltet, nur die Biographie und zwar nur die ausführliche Biographie dem Studium erschließen. Hayms „Romantische Schule" und Diltheys „Leben Schleiermachers" sind darum als Einleitung in ein tieferes Verständnis der Monologen ganz unentbehrlich. Ich konnte nicht daran denken, in meiner Einleitung dafür ein Surrogat bieten zu wollen; wohl aber schien mir zur besonderen Einführung in die Eigentümlichkeit der Monologen eine kurze Übersicht über alles das, was unmittelbar ihre Entstehung betrifft, zweckmäßig zu sein. Meine Einleitung erläutert deshalb im Zusammenhange Schleiermachers Anschauung vom Werte des Lebens, von der Humanität und der Individualität. So teilt sie wenigstens von demjenigen vollständig die Entstehungsgeschichte mit, was Schleiermacher das *blanc de l'ouvrage* der Monologen genannt hat. Ich denke, sie ersetzt dadurch jene biographische Einleitung, die v. Kirchmann der ersten Auflage dieses Bandes der Philosophischen Bibliothek beigegeben hatte — ich habe sie gestrichen, weil eine kurze Biographie für die Monologen wirklich nichts hilft —, und sie kann zusammen mit dem Index als ein erster Kommentar des Büchleins dienen, der die Beigabe besonderer erläuternder Anmerkungen entbehrlich macht.

Die bibliographische Übersicht ließ sich nicht auf

die Monologenliteratur beschränken und zieht deshalb die ganze philosophische Ethik Schleiermachers in ihren Bereich.

Die Seitenüberschriften über dem Texte habe ich hinzuzufügen gewagt als eine kurze Analyse des Gedankenfortschrittes und der Disposition der Monologen. Am Rande des Textes sind die Seitenzahlen der ersten Ausgabe angemerkt. Es ist wünschenswert, künftighin die Monologen nur noch nach diesen Seitenzahlen zu zitieren, wie sich ja der gleiche Gebrauch für die Reden bereits eingebürgert hat.

Marburg, Pfingsten 1902

Friedrich Michael Schiele
Lic. theol.

Vorwort zur zweiten Auflage

Am 12. August 1913 starb D. th. F. M. Schiele,
45 jährig, zuletzt Pfarrer der Dorotheenstädtischen Gemeinde in Berlin. Den Umfang der literarischen Arbeit, die er geleistet hat, wird auch der bewundern,
der ihn nicht persönlich gekannt hat. Wer ihn kannte,
spürte in der unverwüstlichen Frische seines Inneren
und in der Kraft, mit der er von schwerem Leiden
sich nicht niederbeugen ließ, etwas von der Gesinnung
der Monologen Schleiermachers.

Daß diese neue Auflage seiner Monologen-Ausgabe erweitert ist um die von ihm in seiner Einleitung besprochenen Entwürfe des jungen Schleiermacher, entspricht einem Plane, den er noch mit dem
Verleger verhandelt hat. Demgemäß konnten die ausführlichen Inhaltsangaben beider Stücke in der Einleitung durch ganz kurze ersetzt werden. Gewiß stehen
viele von den Aphorismen, die Dilthey im Anhang
seiner Schleiermacher-Biographie S. 79 ff. mitgeteilt
hat, in noch engerer Beziehung zu den Monologen,
als jene Neujahrspredigt von 1792 und das Fragment
über den Wert des Lebens, und so hätte es nahegelegen, auch sie abzudrucken. Aber man hätte dann
die Hauptmasse davon aufnehmen müssen; der Umfang
dieser Ausgabe wäre dadurch über Gebühr gewachsen.
Und wenn jetzt diese Aphorismen nicht leicht zugänglich sind, weil Diltheys Buch im Handel so selten geworden ist, so steht in sicherer Aussicht, daß dem bald
durch eine Neuauflage dieses Werkes abgeholfen wird.

Im übrigen habe ich Schieles Einleitung erheblich umgestaltet, namentlich im Hinblick auf die Schrift von Eck: Über die Herkunft des Individualitätsgedankens bei Schleiermacher (Gießener Universitätsprogramm 1908), worin diese Frage einleuchtend beantwortet und die eigentümliche Stellung der Reden über die Religion innerhalb der sonst durchaus auf die Monologen hinzielenden, Ethisches behandelnden Jugendarbeiten Schleiermachers deutlich gemacht ist. Daneben ist namentlich Wehrungs Schrift: Der geschichtsphilosophische Standpunkt Schleiermachers zur Zeit seiner Freundschaft mit den Romantikern (Stuttgart, Frommann 1907) mir lehrreich gewesen. Die Bibliographie ist ergänzt. Den Text der Monologen hatte Schiele aufs genaueste abgedruckt, also Schleiermachers Interpunktion auch dort, wo sie uns das Verständnis erschwert statt erleichtert. Ich würde anders verfahren sein, habe aber Schieles Prinzip respektiert und den Text, abgesehen von der Berichtigung von Druckfehlern (d. h. Abweichungen vom Originaldruck), unverändert gelassen. Der Index ist durchgesehen. Ich habe auch darin möglichst wenig geändert, und an der Stelle, gegen die Wehrung Widerspruch erhoben hat, Schieles Text, der von Interesse ist, zum Teil stehen lassen und nur auf die meines Erachtens begründeten Bedenken W.s hingewiesen. Anstatt den Index auf die obengenannten Vorarbeiten, die Neujahrspredigt und den Aufsatz über den Wert des Lebens, auszudehnen, oder für diese einen eigenen Index beizufügen, schien es zweckmäßiger, diese mit Anmerkungen zu versehen, denn das Interesse richtet sich hier stärker auf die Stellen, wo wir bereits die Gedanken der Monologen finden, sei es auch unter anderen Ausdrücken, als auf die Übereinstimmung oder Verschiedenheit des Wortlauts.

Die Vorrede zur ersten Auflage habe ich, weil sie für Schiele charakteristisch ist, wieder abgedruckt, außer dem letzten Absatz, der Berichtigungen enthielt, und dem Dank an den Setzer für seine Sorgfalt. Ich stelle aber hier zusammen, in welchen Punkten sie überholt ist. Für die Glaubenslehre ist eine Ausgabe, die die Verschiedenheit des Textes der beiden Auflagen berücksichtigt, in Angriff genommen von Stange (Quellenschriften zur Geschichte des Protestantismus 9. Heft, 1910), für die kurze Darstellung des theologischen Studiums liegt sie vor von Heinrich Scholz (ebd. 10. Heft, 1910), der auch die Verschiedenheit beider Auflagen der Glaubenslehre genauer berücksichtigt hat in seinem Buch: Christentum und Wissenschaft in Schleiermachers Glaubenslehre, 1909. Eine kritische Ausgabe der Weihnachtsfeier habe ich besorgt (Philosophische Bibliothek Bd. 117, 1908). Die S. VI erwähnte neue Ausgabe der Reden über die Religion nach dem Text der 1. Auflage ist die von Otto (1899, 3. Aufl. 1912), inzwischen liegt daneben die von Rade vor (1912), sowie die von Braun (Philos. Bibliothek Bd. 139 b).

In Schieles Nachlaß fand sich ein durchschossenes Exemplar der Monologen, in das er eine Fülle von Anmerkungen eingetragen hatte. Vermutlich haben sie ihm als Vorarbeit für seine Monologen-Ausgabe gedient, besonders für das Register. Doch konnten sie ebensogut Vorarbeiten für etwas Umfassenderes sein, für einen Kommentar zu den Monologen, überhaupt zu Schleiermachers Jugendschriften. Ob Schiele ein derartiges Werk beabsichtigt hat, vermochte ich nicht mehr festzustellen. Sicher hätte er diese Arbeit lange ausreifen lassen, ehe er an Veröffentlichung gegangen wäre. Und ob überhaupt ein anderer sie recht in seinem Sinn zu Ende führen könnte? Diese Anmer-

kungen aber ganz unverwertet zu lassen, wäre unrecht
gewesen. So erschien es als das Richtigste, diesen
Kommentar in seinem fragmentarischen Charakter als
Anhang der Monologen-Ausgabe beizufügen. Ich habe
von Schieles handschriftlichem Material beiseite gelassen, was mir nicht druckreif erschien, und zu einigen Stellen, die dem Verständnis besondere Schwierigkeiten bereiten, von Schiele aber nicht ausgelegt waren,
Anmerkungen hinzugefügt. Kein Verständiger wird
von solch fragmentarischem Kommentar das erwarten,
was ein planmäßig von einem und demselben Verfasser
ausgearbeiteter leisten würde, der namentlich auch
das Verhältnis der Monologen zur Philosophie und
Dichtung jener Zeit darstellen müßte. Insbesondere
sollen die Anmerkungen natürlich das Register nicht
ersetzen; wer dieses und die Erläuterungen zusammen
benutzt, dem werden sich beide vielfach ergänzen.

Berlin, Ende 1913

Mulert

Die Entstehung der Monologen

M bezeichnet die Monologen (von den beiden dabei stehenden Zahlen die erste die Seitenzahl dieser Ausgabe, die zweite die Zeile); R die Reden über die Religion; W die Gesamtausgabe der Werke Schleiermachers (Berlin, G. Reimer, 1835 ff.); Br die Sammlung: Aus Schl.s Leben. In Briefen (4 Bände, Berlin, G. Reimer, 1858 ff).

Am Neujahrstage 1792 hielt in der Dorfkirche zu Schlobitten der Kandidat Schleiermacher, Hauslehrer des Grafen Dohna-Schlobitten, eine Predigt über den Text: „Unser Leben währet siebzig Jahre, und wenn es hoch kommt, so sind's achtzig Jahre, und wenn es köstlich gewesen ist, so ist's Mühe und Arbeit gewesen; denn es fähret schnell dahin. Psalm 90, 10.“ (W 2. Abt., 7. Bd., S. 135, Nr. XI.) Sie ist abgedruckt unten S. 149 ff. Im Gegensatz zu mancher unrichtigen Art, wie Menschen ihr bisheriges Leben betrachten, will Schleiermacher die wahre Schätzung des Lebens zeigen: es gibt wahre Freuden und wahre Leiden, aber, ist auch ihre Gestalt verschieden, so ist doch in jedes Menschen Leben ihr Verhältnis das gleiche; die Frage jedoch, ob Glück oder Unglück überwiegt, ist kaum zu beantworten. Daraus lernen wir, das Leben nicht bloß nach seinem Gehalt an Glück einzuschätzen; wichtiger ist, daß es jedem von uns, wenn auch wieder in verschiedener Weise, Gelegenheit gibt, unsere Kräfte zu üben und zu veredeln im Gegensatz zu der Versuchung, die auch überall vorhanden ist. Im Blick hierauf wollen wir, an das vergangene Jahr zurückdenkend, nicht klagen, daß es rasch entfloh, oder daß unser Platz, unsere Verhältnisse ungünstig waren, noch das Gute überschätzen, das wir etwa getan haben, sondern im Vertrauen auf Gott ernst in die Arbeit des neuen Jahres hineingehen.

Diese Predigt schickte Schleiermacher nach einiger Zeit seinem Oheim Stubenrauch, der einst als Professor in Halle und dann wieder als Prediger in Drossen den

Neffen in seinem Hause jahrelang beherbergt hatte und ihm ein zweiter Vater geworden war. Am 20. Juni 1792 erhielt er von ihm die Antwort (Br. Bd. III, S. 47): „Sehr schön wäre es wohl, wenn Sie den Vorsatz, die Neujahrspredigt zu erweitern, die Ideen noch mehr zu entwickeln, wirklich ausführten."

Schleiermacher folgte der Mahnung, als wiederum ein Tag kam, der, dem Neujahrstage ähnlich, zur Selbstprüfung und zum Nachdenken über Bestimmung des Lebens und Menschenschicksal aufforderte: wahrscheinlich an seinem vierundzwanzigsten Geburtstag, am 21. November 1792, begann er Selbstbetrachtungen niederzuschreiben, die uns als der erste Entwurf der späteren Monologen zu gelten haben.

Wilhelm Dilthey hat dies Manuskript „Über den Wert des Lebens" in seinem „Leben Schleiermachers" veröffentlicht (Berlin 1870; Anhang: Denkmale der inneren Entwicklung Schleiermachers — abgekürzt: D — S. 47 ff.). Ihm verdanken wir auch die richtige Datierung sowohl jener Predigt als dieses fragmentarischen Entwurfs. Er ist in dieser Ausgabe der Monologen S. 166 ff. abgedruckt. Der Gedankengang ist großenteils derselbe wie in der Neujahrspredigt, doch ist das meiste weiter ausgeführt, vieles vertieft. Nach einer Einleitung darüber, wie man recht den Wert des Lebens erkennen könne, findet Schleiermacher unser Ziel in der Harmonie von Erkennen und Begehren, die uns Befriedigung, Glück gewährt. Aber die Tugend und das Verlangen nach Glück sind einander fremd; sie verlangt streng die Herrschaft, und wir müssen sie ihr einräumen. Doch herrscht sie nicht allgemein; in vielen Fällen sagt sie uns nicht, wie wir entscheiden sollen. Soll ich das Leben loben, so muß es mir also Stoff geben, glücklich zu sein, und mir Veranlassung geben, Tugend zu üben. Das Schicksal gibt uns Glück wie Leid; hat das Glück sehr verschiedene Formen, so mag doch seine Summe überall die gleiche sein; das Schicksal ist gerecht. Ist es auch gütig? Könnten wir nicht noch glücklicher sein? Die Frage ist nicht zu beantworten, entspringt eitler Neugier; Resignation ist der Ton, in den Schleiermachers Darlegung hier ausklingt — oder mit dem sie, ein Fragment, abbricht.

Eine Zeit reichsten inneren Wachstums liegt für Schleiermacher zwischen diesem Entwurfe und der Vollendung der Monologen. Vieles was damals noch die Form seines Denkens bestimmte, verlor in den kommenden Jahren an Herrschaft, manches ward ganz ausgeschieden aus dem Umkreis seiner Gedanken. Dennoch aber liegen ausnahmslos für alles, was später die Eigentümlichkeit seiner ethischen Anschauung ausmachte, hier schon die Keime, Ansätze und ersten Bildungen so deutlich vor, daß er nur der Anregung gleichgesinnter Freunde bedurfte, ja daß er im Grunde nur sich selbst treu zu bleiben brauchte, um den Weg von jenen Entwürfen zu den Monologen und weiterhin zur Kritik der bisherigen Sittenlehre, seinem ethischen Grund- und Hauptwerke, zu finden.

Im zweiten Monolog, den „Prüfungen", hat er sich sieben Jahre später den Gang dieser Entwicklung selbst vorgehalten. Folgen wir diesen Andeutungen, so wagt er den ersten Schritt über die Schranken jener Entwürfe hinaus noch in der gleichen Umgebung, wo er die Neujahrspredigt gehalten und seinen vierundzwanzigsten Geburtstag gefeiert hatte, im Dohnaschen Hause. „Mit stolzer Freude" — so sprechen die Monologen (27, 27) davon — „denk ich noch der Zeit, da ich die Menschheit[1]) fand, und wußte, daß ich nie mehr sie verlieren würde." In den Menschen, mit denen er dort zusammenlebte, vor allem in der Gräfin, in ihrer Tochter Friederike und in seinem Zöglinge Louis, aber mehr noch in dem Menschen, der aus ihm selbst in dieser edlen Umgebung wurde, „fand er die Menschheit", die sein Fragment vom Werte des Lebens schon zu bestimmen gesucht hatte. „Im fremden Hause ging der Sinn mir auf für schönes gemeinschaftliches Dasein, ich sah wie Freiheit erst veredelt und recht gestaltet die zarten Geheimnisse der Menschheit, die dem Ungeweihten immer dunkel bleiben, der sie nur als Bande der Natur verehrt" (71, 25). Hier also hat seine Seele die Menschheit und ihr Korrelat, die Freiheit, entdeckt. Kein Philosoph hat sie ihn ge-

---

[1]) Hier nicht = Gesamtheit der Menschen, sondern *humanitas*, das, was das (höhere, ihn vom Tier unterscheidende) Wesen des Menschen ausmacht.

lehrt: „Von innen kam die hohe Offenbarung, durch keine Tugendlehren und kein System der Weisen hervorgebracht: das lange Suchen, dem nicht dies nicht jenes genügen wollte, krönte ein heller Augenblick; es löste die dunklen Zweifel die Freiheit durch die Tat." (28, 1).

Um nun deutlicher zu erkennen, was Schleiermacher unter dieser „Menschheit" versteht[1]) — deren Entdeckung er hier ganz so beschreibt, wie ein Herrnhuter die Bekehrung, den „Durchbruch" (M 27, 23) — so muß man sich erinnern, daß er noch im Fragment (s. u. S. 181) über die Zwiespältigkeit des menschlichen Daseinszieles geklagt hatte: Tugend und Glückseligkeit ließen sich ihm nicht zur Einheit zwingen. „Tugend herrscht unumschränkt in meiner Seele, aber nicht allgemein." Sie spricht nicht überall, ich kann nicht alles, was in mir geschieht, auf sie beziehen. In den Momenten, wo sie schweigt, füllt Glückseligkeit durch Genuß und Streben mein Dasein . . . In den Zusammenhang aber von Glückseligkeit und Tugend weiter einzudringen, dazu wußte Schleiermacher damals noch „nirgend Data zu finden". Jetzt erkannte er, wo er damals fehlgegangen war. Er hatte zu Unrecht verlangt, daß die Tugend „sprechen" sollte, daß sie ihm in jedem und für jeden Augenblick des Lebens ausgesprochene Regeln geben sollte: er hatte sie als Ergebnis einer Reihe von einzelnen Pflichtgeboten angesehen, zu denen ihn je und je die deutlich sprechende Stimme des regelnden Gewissens antreiben sollte. Ja, ohne den Hilfsbegriff der „Lust an Regeln" hatte er die Harmonie seiner Menschheit, die Einheit des Begehrens mit dem Erkennen, gar nicht begründen können. Jetzt hat er in hartem Kampf gegen diese Auffassung von Tugend und Gewissen, in herber, ja bis zur Ungerechtigkeit scharfer innerer Auseinandersetzung mit der Kantischen Pflichtenlehre und zweifellos auch angeregt von Schillers Korrektur an Kants Rigorismus seine neue Lösung gefunden. Die Tugend herrscht im Reiche der Freiheit, und „eitler Tand ist's immer und

---

[1]) Auf die unvermeidliche Gefahr hin, manches vorauszunehmen, was erst später durch die Vertiefung in den Sinn der „Eigentümlichkeit" Schleiermacher an der „Menschheit" zur vollen Klarheit kam, stellen wir diesen Grundbegriff schon hier nach allen seinen Beziehungen dar.

leeres Beginnen, im Reich der Freiheit Regeln zu geben". Schleiermacher verbannt also aus seiner Ethik alle Pflichtgesetze, alles „Juridische". Wer wahrhaft ein Mensch ist, der untersteht keiner Gesetzgebung. Natürlich meint er das nicht in dem Sinne, daß nun Regellosigkeit und blinde Willkür auf dem Gebiete des Sittlichen herrschen solle: er lehnt die Analogie des Sittengesetzes zum Rechtsgesetz nur ab, um zugleich seine Analogie zum Naturgesetz, zum organischen Wachsen und Sich-Bilden zu behaupten (s. u.). Aber mit jenem Begriff eines juridischen Gesetzes entschwindet aus dem Umkreis des Sittlichen nun auch der Begriff von Strafe und Lohn, Unglück und Glück. Die „Glückseligkeit", die in der Neujahrspredigt noch leitender Gedanke gewesen war, die in dem Fragment wenigstens noch die Form des Gedankengefüges bestimmt hatte, scheidet jetzt aus der Ethik aus (vorbereitet D 15). Sie hat mit der Sittlichkeit nichts zu tun. „Leid und Freude sind mir gleich willkommen, weil jedes auf eigne Weise . . . meines Wesens Verhältnisse mir offenbart. Wenn ich nur dies erreiche, was kümmert mich glücklich sein?" (M 72, 30, vgl. 19, 10.) Aber auch der landläufige Begriff des Gewissens hat in dieser Ethik keinen Raum. Es darf nicht mehr an Regeln und Gesetze mahnen, es darf nicht mehr dies und jenes Einzelne verlangen; Regel, Gesetz und alle Einzelforderung gelten für den nicht mehr, den freier Entschluß ins heilige Gebiet der Menschheit emporgehoben hat, aus dem er sich nie mehr verirren kann. „Was sie Gewissen nennen, kenne ich nicht mehr; es straft mich kein Gefühl, es braucht mich keines zu mahnen" (28, 7. Beachte hier die Änderung in BC.)

Was hat nun aber Schleiermacher positiv an Stelle der abgewiesenen juridischen Ethik gesetzt? In Analogie nicht zum Rechtsgesetz, sondern zum Naturgesetz soll seine Sittlichkeit sich auswirken: nicht juridisch, organisch soll sie sein. (Die Terminologie nach Kritik der Sittenlehre S. 85—87, W 3. Abt., 1. Bd., S. 63ff.) „Ein einziger freier Entschluß gehört dazu, ein Mensch zu sein: wer den einmal gefaßt, wird's immer bleiben; wer aufhört, es zu sein, ist's nie gewesen" (27, 23). Die Menschheit darzustellen, das, das ist die Aufgabe des Lebens — nicht diesem oder jenem „Soll" gehorchen, diese oder jene Tugend bewähren, diese oder jene Pflicht ausüben. „Bewußtsein der Menschheit" ist das Gewissen in diesem neuen Sinne (26, 19). „Ein wahrhaft menschliches Handeln erzeugt das klare Bewußtsein der Menschheit in mir, und dies Bewußtsein läßt kein anderes als der Menschheit würdiges Handeln zu." (27, 10.)

Hiermit ist die Zwiespältigkeit des Daseinszieles (s. u. S. 180 und 181) tatsächlich überwunden. Das Gebiet des Ethischen wird durch nichts mehr eingeengt. Tugend — um in der Sprache des Fragments zu reden — Tugend herrscht unumschränkt und allgemein.

Diese Lösung ist aber im Fragment schon vorbereitet. Schon in der Formel, durch die Schleiermacher damals die Humanität (das schöne Ziel, das dem menschlichen Wesen gesteckt ist) bestimmte: „Erkennen und Begehren soll nicht zwei in mir sein, sondern eins", schon hierin spricht sich der monistische Zug seiner Ethik mit prinzipieller Klarheit aus. Von hier aus mußte sein Denken weiter dahin kommen, den Zwiespalt zwischen erkanntem Pflichtengebot und begehrtem Pflichtenlohn, zwischen Sittengesetz und Glückseligkeit zur Einheit in organischer Sittlichkeit zu führen. Damit hängt aber wiederum der Sinn zusammen, in dem er als Inbegriff der Sittlichkeit gerade den Terminus Menschheit übernimmt und braucht. Mit der fordernden, imperativen Ethik hat er gebrochen: seine Sittenlehre ist deskriptiv. Sie beschreibt den *Menschen*, und der sittliche Mensch betrachtet in sich die *Menschheit*.

Als diese Stufe seiner Einsicht erreicht war — so berichtet Schleiermacher in den „Prüfungen" weiter (28, 26) — ging ihm ein anderes, höheres Ziel auf. Nicht sofort. Lange genügte es ihm, jene allgemeine „Menschheit" gefunden zu haben. Dann aber raffte sich die Energie seines Denkens auf, die höchste und schwerste Aufgabe der Ethik zu entdecken und — zu lösen, die Frage: woher und wozu die Eigenheit des einzelnen menschlichen Daseins? Sind die sittlichen Werte für alle Glieder der Menschheit ein und dieselben? Soll ein Mensch sein, ein Mensch handeln wie der andere? Gibt es nur ein Rechtes für jeden Fall? So erfaßte Schleiermacher das Problem der Individualität, das allen Philosophen vor ihm ein ontologisches gewesen war, vor allem als ein Problem des menschlichen Gemeinschaftslebens, dieses Gemeinschaftslebens, dessen Entwicklung die Geschichte schildert, dessen Gesetze die Ethik beschreibt.

Die erste Spur, daß er sich damit beschäftigte, finden wir in der Abhandlung „über die Freiheit", die er nach Diltheys Angabe 1791/92 in Schlobitten geschrieben hat (D 21ff., es handelt sich hier um die Stelle S. 33, letzter Abs., wo erörtert wird, ob die Seelen in sich verschiedene Substanzen seien). Dilthey hat hier nur den Gedankengang angegeben; ich teile den Wortlaut mit: „Eines scheinen Sie mir doch nicht recht erwogen zu haben: wenn sich die Seelen ursprünglich alle gleich sind, wie Ihre unbeschriebenen Papiere — soll sich dann die Persönlichkeit auf die unbeschriebene Seele ohne Zustand beziehen oder auf die Seele in Zuständen? Ist das letzte, so hängt Ihre Persönlichkeit nicht von dem Individuum Ihrer Substanz, sondern von Ihrer Stelle in der Welt ab; Sie hätten also bei einer andern Verteilung mit dieser Persönlichkeit, die Sie jetzt haben — und diese macht doch Ihr Ich aus —, nicht einen andern Platz, sondern nur eine andere Substanz bekommen; und das, dächte ich, müßte Ihnen die gleichgültigste Sache von der Welt sein. Aber wenn sich die Seelen nicht gleich sein sollten wie Ihre Papiere, wer sagt Ihnen denn, daß der blinde Knabe die Lose ziehe und daß nicht vielmehr gerade die Weisheit selbst jedem diejenige Stelle gebe, die seiner besonderen Beschaffenheit am gemäßesten ist? Ich sehe, Sie sind für das letzte, denn ursprüngliche Gleichheit muß doch immer der letzte Maßstab über die Rechtmäßigkeit dessen sein, was am Menschen geschieht; aber lassen Sie uns diese ganze spitzfindige Untersuchung der Persönlichkeit aufgeben; ich habe sie zu meiner Beruhigung nicht nötig. Und wie soll ich das ganze Verhältnis zwischen Gott und mir auseinandersetzen? Er ist der eigentlichste Urheber meiner Fortschritte sowohl, als meines Zurückbleibens in der Tugend" usw.

Schleiermacher ging dem Problem der Individualität dann weiter nach, besonders bei seinem Studium Spinozas. Als er 1793/94 für sich eine „Kurze Darstellung des spinozistischen Systems" niederschrieb (abgedruckt W 3. Abt., 4. Bd., Teil 1, S. 283ff.), konnte er noch sagen: „Was macht die Individualität der Erscheinungen aus? Offenbar nichts anderes, als die Kohäsion, die identische Vereinigung der Kräfte einer gewissen Masse an einem Punkte." (S. 299.)[1] Die Monologen haben mit dieser Er-

---

[1] Vgl. die etwa gleichzeitige Bemerkung: „Ich glaube nicht, daß Leibniz in Bezug auf das *Principium individui* mehr leistet, als Spinoza" (D S. 68).

klärung völlig gebrochen: „Es genügte mir nicht, die Menschheit in rohen Massen anzuschaun, welche nur äußerlich durch Reibung und Berührung" (= Kohäsion!) „flüchtige Phänomene bilden." Was hat Schleiermacher zu diesem Bruche geführt?

Zum Teil wohl die eigene weitere Vertiefung in Spinoza und Plato. Denn auch diesen beiden Ethikern genügt es nicht, das Bewußtsein der allgemeinen Menschheit gefunden zu haben, und auch sie stellen die Frage nach dem Sinn des besonderen Daseins. Obschon zwar Spinoza in der Annäherung an das allgemeine Urbild der Menschheit die Aufgabe des individuellen Menschenlebens erblickt, so enthält seine Lehre doch auch den Grundgedanken, daß jedes einzelne Wesen — nicht etwa jede Gattung — die Grundkräfte des Unendlichen auf besondere Weise darstellt. Sollte dann aber dies Besondere, sollte die Individualität als ein Fehlerhaftes zu betrachten sein, das in jener Annäherung an das allgemeine Urbild hinweggenommen werden müßte? — Ebenso scheint auch Plato das Ideal zwar nur als ein einziges darzustellen, aber er stellt doch auch eine natürliche Verschiedenheit der Menschen fest in den Mischungen der verschiedenen Kräfte und Größen. Und dies Besondere leitet er ab aus einem göttlichen Entwurfe. Also muß es auch nach Plato ein notwendiges sein[1]).

Beide Meister stellten so ihren Jünger vor die Frage, wie das Allgemeine mit dem Eigentümlichen, wie die Menschheit mit der Individualität zu vereinigen sei. Aber mehr als diese Frage gaben sie ihm nicht. Die Antwort erwarb er sich selbst. Wie er einst nicht im Studium, sondern im Leben die „Menschheit" gefunden hatte, so verdankt er auch die wirkliche Entdeckung des *principium individuationis* nicht Büchern[2]), sondern lebendigen Menschen. Die Menschheit hatte er in Schlobitten gefunden; die Individualität fand er in — Berlin. Jene, so paradox es klingen mag, bei den Wenigen, diese bei den

---

[1]) Die Darstellung schließt sich hier in Inhalt und Ausdruck an die Kritik der Sittenlehre S. 90 f. an (W 3. Abt. 1. Bd. S. 66).

[2]) Am wenigsten merkwürdigerweise Leibniz. Vgl. das Heft „Antileibniz" D 73.

Vielen; jene im altadligen Hause, diese bei den romantischen Neuerern; die Menschheit in der Stille — in der berauschenden Fülle stürmenden, drängenden Lebens die Individualität.

Oder vielmehr: er fand sie in Berlin wieder; er ward sich hier eines Besitzes recht bewußt, der ihm schon längst zugefallen war, er ward sich hier über den Wert von Erfahrungen klar, die er vor vielen Jahren gemacht hatte, und lernte sie in ethischen Grundsätzen zu verarbeiten. Neben und vor der Beschäftigung mit Leibniz und Spinoza, den Erlebnissen im Kreis der Berliner Romantiker und dem Zug der Zeit zu individueller Bildung, dessen klassische Urkunde Goethes Wilhelm Meister ist, darf nicht vergessen werden, daß er in der Herrnhuter Brüdergemeine — und er ist bis zu seinem 19. Jahre in ihr geblieben — ein reiches Leben individuell mannigfaltiger Frömmigkeit kennen gelernt hatte (an Brinkman 1803, Br IV, 87: „das zeitige in sich selbstSchauen und in einem solchen Detail, wie es fast nur dort möglich ist, bildet gewiß den reifsten Menschenbeobachter" — die ethische Schrift, die er 1798 plante, sollte „Selbstanschauungen" geben, Br. III, 83; vgl. Eck, die Herkunft des Individualitätsgedankens bei Schleiermacher S. 30). Damit war ihm der Schlüssel — vorläufig noch nicht mehr — in die Hand gegeben zum Verständnis der „Geschichte der Religion als einer Geschichte ausgeprägter Individualitäten" (Eck S. 45). In den Reden über die Religion erscheint dann die Geschichte der Religion mit ihrem Reichtum von Mannigfaltigkeit als das wertvollste Material für die religiöse Anschauung; ja überhaupt „Geschichte im eigentlichsten Sinne ist der höchste Gegenstand der Religion" (R¹, S. 100). In den Monologen tritt an Stelle dankbar-andächtiger Betrachtung der Geschichte das Verlangen des Ethikers nach einer besseren Zukunft; in der Kritik an der Gegenwart stimmen beide Schriften überein. Das hellste Licht auf Schleiermachers ethische Individualitätslehre in den Monologen fällt von den Reden als einem Zeugnis des in Herrnhut angeregten Verständnisses für individuell-religiöses Leben.

Einer oberflächlichen Betrachtung ist es oft so erschienen, als müßte es unter den Romantikern Fichte

gewesen sein, der durch seine Ich-Philosophie auch
Schleiermacher sein Ich finden gelehrt hätte. Fichtes
Sohn hat es behauptet, und noch Otto Pleiderer nennt
die Monologen das poetisch-rhetorische Echo der Fichteschen Wissenschaftslehre, den Triumphgesang des sich
absolut fühlenden Ich. Richtig daran ist, daß der Ton,
in dem das Ich dem Schicksal trotzt, das erhabene Bewußtsein des Geistes, über die Natur schöpferische Gewalt zu haben, bei beiden verwandt ist, und hier mag
Schleiermacher mannigfach von Fichte abhängig sein;
aber im übrigen beruhen solche Urteile auf Verkennung
von Schleiermachers und Fichtes ethischen Grundgedanken. Eine Welt trennt beide[1]). „Es besteht“ — bei
Fichte — „die sittliche Vollendung darin, daß jeder auf-
höre etwas anderes zu sein, als ein gleichartiger Teil
der Gesamtheit. Denn die Vernunft, welche jeden bestimmen soll, ist aus dem Individuum hinausversetzt in
die Gemeinheit . . ., so daß jeder an der Stelle des
anderen auch das Nämliche hätte verrichten müssen“
(Kritik der Sittenlehre S. 83 ff.; W 3. Abt., 1. Bd., S. 62 ff.
Ebenda über den Zusammenhang von Fichte mit Kant
auf diesem Punkt). Oder um Fichte selbst reden zu
lassen: Das Objekt des Sittengesetzes ist schlechthin
nichts Individuelles, sondern die Vernunft überhaupt.
Die gänzliche Vernichtung des Individuums und
Verschmelzung desselben in die absolut reine Vernunft-
form (oder in Gott) ist letztes Ziel der endlichen Vernunft
(Sittenlehre. W IV, S. 254).

Schleiermacher schlug zur sittlichen Vollendung gerade den entgegengesetzten Pfad ein: vom Allgemeinen
zum Besonderen! Ja selbst seine Lehre von der allgemeinen „Menschheit“ (abgesehen davon, daß sie ihm nur
Vorstufe für das höhere Ziel der individuellen Bildung
ist) entspricht nicht ohne weiteres Fichtes Lehre vom
Gewissen als Bewußtsein der Menschheit, so ähnlich sie
ihr ist. Denn, wie wir sahen, wollte Schleiermacher auch
für die „Menschheit“ von einer imperativen Ethik nichts
wissen, während Fichtes Sittenlehre hierin nach seiner
Ansicht „eigentlich dasselbe Gepräge“ habe wie die Kants:

---

[1]) Vgl. zur Geschichte ihres Gegensatzes Wehrung, Der
geschichtsphilosophische Standpunkt Schleiermachers S. 27 ff.

sie sei im Grunde ebenfalls juridisch und nicht organisch (Kritik der Sittenlehre S. 85, W 3. Abt., 1. Bd., S. 63)[1]. Sogar den Ausdruck einer „Bestimmung des Menschen" hat Schleiermacher in diesem Sinne abgelehnt; in seiner Rezension des gleichnamigen Buches von Fichte heißt es (W 3. Abt., 1. Bd., S. 528): „Wie kann doch einer, der an Freiheit und Selbständigkeit glaubt, oder auch nur glauben will, nach einer Bestimmung des Menschen fragen? und was kann diese Frage noch bedeuten, nachdem die andere vorausgegangen ist: was bin ich?"

Faßt man neben den Herrnhutischen Jugendeindrücken die Anregungen von Zeitgenossen und Freunden ins Auge, so war es nicht Fichte, noch weniger Schelling, der Schleiermacher das *principium individuationis* finden half, sondern Henriette Herz (M 81, 7), Eleonore Grunow (M 74, 24—79, 10), und Friedrich Schlegel (M 80, 31 und 33, 10ff., vgl. die Lucinde): die schöne, geistreiche jüdische Freundin, die unglückliche, reich beanlagte Geliebte und der geniale, in Sturm und Drang überschäumende Freund (M 42, 4—47, 7; 79, 11—81, 14)! Und auch ihnen gegenüber war er nicht einfach der Lernende und Empfangende, einer, der ihre Individualität nur rezeptiv studierte; sondern wie er sich diesen geselligen Kreis als den Kreis seiner Lieben geschaffen hatte, so behauptete er ihm gegenüber in allem die Selbständigkeit seiner eigenen Individualität (M 33, 10—44, 9). In den Freuden und bitteren Schmerzen der Freundschaft und Liebe, in dem Ringen seiner starken Eigenheit mit der herrlichen Eigentümlichkeit dieser Menschen schuf und betrachtete er mehr noch als des fremden seines eigenen Wesens Gesetz und Natur. Und eben diese Betrachtung führte ihn dann zu der epochemachenden Entdeckung davon, was es mit der Individualität überhaupt für eine Bewandtnis hat: sie ist etwas Sittliches. Jeder Mensch soll auf eigene Art die Menschheit ethisch darstellen. Keiner so wie der andere! In unendlicher Fülle offenbart die Menschheit — jeder Mensch auf seine besondere Weise — in sittlichem Wachstum

---

[1] In der 1. Ausg. der Kritik der Sittenl. 1803 ist „mehr juridisch und ethisch" Druckfehler für „mehr juridisch als ethisch".

lauter eigenen Lebens alles das, was aus ihrem Schoße nur immer hervorgehen kann. So gefaßt aber ist Individualität dann nicht nur etwas Sittliches, sondern schlechthin das höchste Sittliche. — Was sie metaphysisch sei, wie sie ontologisch zustande komme, das ist nachträgliche Theorie (vgl. darüber den Index).

Im religiösen Leben der Brüdergemeine hatte Schleiermacher zuerst Pflege des Individuums erfahren, im geselligen Umgang mit den romantischen Freunden war ihm die klare Erkenntnis vom Werte individuellen Lebens aufgegangen. Das bewährte sich nun darin, daß sein *principium individuationis* nicht zur Vereinzelung der Individuen führte, sondern geradezu deren Gemeinschaft konstituierte. Die Menschheit soll jeder auf eigene Weise darstellen. Die Zusammenschau der individuellen Urbilder soll die Anschauung einer harmonischen Totalität, einer Gemeinschaft der Geister ergeben, in der jeder jeden ergänzt und keiner entbehrlich ist: das ist die „Welt" (s. Index). So ist das Individualprinzip zugleich Sozialprinzip. Stets will Schleiermacher das eigentümliche Sein als solches gerade in seinem „Verhältnis zur gesamten menschlichen Natur" anschauen und schätzen (M 45, 14).

Zunächst war ihm so das einzelne Menschenwesen, der Einzelne nach Leib und Seele ein Individuum. Aber er hütete sich, die Anwendung des Individualitätsbegriffes derart auf den einzelnen Menschen zu beschränken; er benutzte ihn vielmehr, um nun durch ihn die gesamte Differenzierung der Menschheit nach natürlichem Geschlecht und nach den geschichtlichen Formen ihres Daseins philosophisch zu rechtfertigen. Mannheit, Weiblichkeit, Kindheit, Ehe, Stand, Staat, Sprache, Sitte, Zeitalter, Volk: alles ward als ein Eigentümliches, ein Individuelles ergriffen und verstanden. Jede Nation war ihm sittlich berufen, ihren eigenen Charakter, jeder Staat sein eigenes Gepräge, jedes Haus seine eigene ethische Gestalt, wie jedes Individuum seine eigenen Züge zu tragen und darzustellen: und zwar je gemäß der eigentümlichen Mischung der Elemente der Menschheit, die das Wesen jedes dieser sittlichen Gebilde begründet, und so, daß alle zusammen der Anschauung das Bild einer harmonischen Welt gewähren.

Es braucht kaum besonders hervorgehoben zu werden, daß Schleiermacher hiermit zugleich die wissenschaftliche Rechtfertigung des romantischen Kulturideals gefunden hatte. Denn alle Gestalten der Menschheit so auf eigene Weise ihrer Denkart und ihrem Wesen gemäß in der Phantasie zu ergreifen (M 73, 12): das ist ja gerade das Treibende in der romantischen literarischen Bewegung gewesen, deren Glied er war. Den Homer und Plato, den Shakespeare, Dante und Cervantes, das deutsche Mittelalter und die Welt des Orients haben uns die Romantiker gerade dadurch zum Bildungsgut unserer Nation gemacht, daß sie uns gelehrt haben, in Denkart und Wesen jener Zeitalter und Völker „auf eigene Weise die Phantasie zu versetzen" und sie einen „bestimmten Platz" einnehmen zu lassen in unserer neugewonnenen „Anschauung von den Entwicklungen des Geschlechts" (M 73, 16).

Seine Freunde erkannten denn auch bald, daß in der ethischen Erfassung des Individuellen Schleiermachers epochemachende Bedeutung lag. Du bist mir „für die Menschheit, was mir Goethe und Fichte für die Poesie und Philosophie waren . . . du mußt mich in der Mitte der Menschheit festhalten" — so schrieb Friedrich Schlegel 1798 aus Dresden an ihn (Br. III, 81, 80). In die Mitte der Menschheit eindringen, das hieß aber für die Freunde nichts anderes, als die Menschheit in freier Individualität darstellen (M 39, 18).

Indem Schleiermacher nun das Gebäude seiner Gedanken vom Werte des Lebens auf dies Fundament von der Individualität als dem höchsten Sittlichen gründete, ergab sich in einfachen Grundzügen eine völlig neue ethische Lebensansicht. Daß das Eigenleben des einzelnen gleich einem Kunstwerke die ganze Menschheit auf besondere einzige Weise, in einer eigenen nur einmal möglichen Mischung ihrer Elemente, darstellen solle, daß hierzu der Freie nicht diesem oder jenem Pflichtgebot sich unterwerfen, sondern nur sich als Mensch (gemäß jener Mischung der Elemente der Menschheit, die gerade sein Wesen konstituiert) wachsend, blühend und reifend der organischen Entwicklung der Pflanze gleich auszuleben habe, daß an dieser Darstellung des einmal erkannten und in freier Tat ergriffenen inneren Wesens nichts — nicht Gott, nicht Welt, nicht Schicksal — den freien Individualgeist hindern solle, und daß diese Darstellung seines eigentümlichen Wesens die sittliche Form sei, in der der ganze Inhalt des wirklichen Lebens restlos und ununterbrochen aufgehe: das war nicht mehr nur Schleiermachers Formel für das Kunstwerk seines eigenen Lebens, sondern es ist die ethische Grundanschauung der Romantik überhaupt. Mehr noch: es ist die neue Einsicht in das Wesen des Sittlichen, mit der die Epoche der modernen Ethik wissenschaftlich beginnt — wie sie tatsächlich mit Goethe begonnen hat.

Goethe hat diese neue Einsicht, oder besser: diesen Glauben an die überragende und unvergängliche Bedeutung der Individualität unter astrologischem Bilde in dem Gedicht: „Urworte. Orphisch" dargestellt, wo die erste Strophe mit der Überschrift $\Delta\alpha\iota\mu\omega\nu$ (Dämon) heißt:

> Wie an dem Tag, der dich der Welt verliehen
> Die Sonne stand zum Gruße der Planeten,
> Bist alsobald und fort und fort gediehen
> Nach dem Gesetz, wonach du angetreten.
> So mußt du sein, dir kannst du nicht entfliehen,
> So sagten schon Sibyllen, so Propheten;
> Und keine Zeit und keine Macht zerstückelt
> Geprägte Form, die lebend sich entwickelt.

Vor allem aber hat er seine Lebensanschauung in der Form des Romans ausgesprochen. Unter diesem Eindruck galt der Roman den Romantikern als die höchste Kunstform. So wurde auch in Schleiermacher der Wunsch rege, seine Ethik in einem Roman ausführlich darzulegen; denn die kurzen witzigen Sätze, mit denen er als Mitarbeiter an Schlegels „Athenäum" von der neuen ethischen Position aus, die er zu gewinnen im Begriffe stand, die herkömmliche Moral verhöhnt hatte, ließen — so sehr sie sich immerhin von ihrer Umgebung noch unterschieden — den positiven Hintergrund seiner Invektiven kaum erraten. „Der Roman geht auf die Darstellung der inneren Menschheit und ihrer Einheit an der wechselnden Reihe äußerlicher Verhältnisse" (Dilthey S. 448), so dachte er damals. — Aber die Ausführung seines Planes mußte er aufschieben, weil er klar fühlte, was ihm — mindestens zur Zeit noch — mangelte: die künstlerische Kraft und die innere Vollendung (M 34, 12; 82, 23).

Friedrich Schlegel war ihm mit solchem Roman zuvorgekommen. Unter dem Einflusse der ethischen Gedankenrichtung Schleiermachers hatte er, des Freundes Begabung mit der eigenen verwechselnd, den Entschluß gefaßt, eine neue Ethik zu stiften. Und er hatte den Mut, sie in seinem Roman Lucinde auszusprechen. Freilich zeigte das Buch, daß nur Anempfindung an Schleiermachers sittlichen Genius ihn zum schaffenden Ethiker hatte machen wollen. Denn was er an eigener Sittenlehre jetzt vortrug, war wohl in der Kritik aller herkömmlichen Sitte mit Schleiermacher einig; in Libertinismus dagegen schlug bei ihm um, was bei seinem Freunde die keusche Freiheit des edlen Menschen von totem Gesetz und Recht war. Zwar formal lag in den Grundgedanken eine tiefe Einheit beider vor: einmal darin, daß die Sittlichkeit organisch aufgefaßt wurde, die Sittenlehre beschreibend — nicht fordernd — war, und also das sittliche Leben als ein natürliches Wachstum dargestellt wurde; und dann darin, daß die Selbstherrlichkeit des eigentümlichen Ich die Grundüberzeugung auch der Lucindenmoral ist. Aber sofort führte auch hier die ethische Praxis beide wieder weit auseinander. Schleiermacher sah die Freiheit des Ich an als eine Freiheit zu rastloser Tätigkeit, die, durch nichts aufzuhalten, sich über die äußeren Schranken des Schicksals im inneren Handeln der Phantasie siegreich hinwegsetzt; für Schlegel war sie dialektisch die Freiheit zu einer alles auflösenden Ironie, moralisch die Freiheit zu Sinnlichkeit und — Müßiggang. Der positive Inhalt von Schleiermachers Freiheitsgedanken in den Monologen ist Bildung der Individualität, aber sein Individualitätsgedanke war zuerst aus religiösen Erfahrungen erwachsen und blieb in religiösem Glauben verankert. Daß er Religion, daß er jene „Liebe" besaß, ohne die „allgemeiner Sinn" nicht bestehen kann (38, 2), die „Anziehungskraft der geistigen Welt": das unterschied ihn von Schlegel, obschon auch dieser die gleichen Worte im Munde führte; und so gelang ihm das, woran sein Freund — „das Gemüt zerrüttet im furchtbaren Mißverhältnis zwischen Geben und Empfangen" — beim Versuche sich eigen zu bilden weit aus der Bahn hinausgetrieben unselig scheiterte (M 38, 5—15).

Mochte Schleiermachers dankbare Bewunderung für

seinen genialen Freund ihm diese Differenzen geringer erscheinen lassen, so mußte er doch aufs tiefste verletzt sein durch die Art, wie Schlegel seinen Charakter und seine sittliche Feinfühligkeit im „Antonio" des Romanes (S. 272 ff.) mißkannt und verzeichnet hatte. Dadurch war ihm nun ein äußerer Anlaß gegeben, sich darzustellen, wie er wirklich war, und in sein wahres freies Wesen den offenen ungestörten Blick zu bieten (M 39, 16; 7, 6). Hatten die „Reden über die Religion" die religiöse Grundlage seines Individualitätsgedankens gezeigt, jetzt gab er die ethische Entfaltung in einem einheitlichen Bilde.

Im Blick auf die Lucinde könnte man annehmen, daß die Monologen ursprünglich als ein Stück eines großen Romanes gedacht waren. Stellt man sich diesen in der Kompositionsweise der Lucinde verfaßt vor, so hatten Monologen vom Gedankengehalt und von der Form der unseren darin ihr gutes Recht und durften breiten Raum darin einnehmen. Erst in der Ausführung wären sie dann dem Romandichter Schleiermacher zu etwas Selbständigem geworden, das des Rahmens eines Romanes nicht mehr bedurfte. So würde man für die Kunstform des Monologs das Vorbild in den Kunstformen der Lucinde zu suchen haben. Aber diesem Gedanken, seine Ethik in einem Roman, den Ertrag seiner Lebensarbeit in einem Kunstwerk darzulegen, standen, so lebhaft er Schleiermacher zeitweise beschäftigt haben mag (M 82, 23, Br III 215, I 252), in ihm starke Bedenken gegenüber (M 35, 5 ff), und für seinen Plan, eine Kritik der Moral zu schreiben, standen ihm schon 1798 als Form „Selbstanschauungen" vor Augen (Br III, 83). Der Plan solcher Kritik ist hernach in den „Grundlinien einer Kritik der bisherigen Sittenlehre" 1803 verwirklicht worden, freilich ganz anders: sie sind Schleiermachers schwerst gerüstetes philosophisches Werk. Aber der Kern solcher Kritik ist schon in den „Selbstanschauungen", den Selbstgesprächen von 1800, den Monologen, enthalten.

Doch auch wenn Schleiermacher den Plan eines Romans festgehalten hätte, so hätte er in solcher Dichtung seine Ethik nicht als Philosophie, sondern nur als persönlichen Besitz seiner Romanhelden aussprechen können. Und die Helden hätten nur darstellen können, was er schauend und prüfend in sich selber gefunden. Besaß er doch seine Ethik überhaupt noch nicht als objektives System, sondern nur erst als persönliche Errungenschaft in der freien und bewußten Gestaltung seines individuellen realen Lebens. War ihm doch positiv seine Ethik nur in der Selbstbetrachtung als innere „Anschauung" vollkommen klar und durchsichtig. War es doch die Individualidee seines eigenen Lebens, an der ihm einerseits der Sinn des Lebens überhaupt aufgegangen war, nach der er anderseits als nach einem eigentümlichen Urbilde sein wirkliches Leben treu und Zug für Zug mit sittlicher Kraft zu gestalten strebte. So war ihm nur jene eine Kunstform angemessen: es ergab sich ihm die Aufgabe, in Monologen das auszusprechen, was sich auf die Idee seines eigenen Lebens bezog, und hier darzustellen, wie das Ich, das der eigenen Natur Gesetz entdeckt und die Freiheit gefunden hat, als ein Herr aller Dinge das Leben, mag sein Würfel schwarz oder weiß fallen, siegreich nach dieser seiner Idee gestaltet.

Damit war aber Schleiermacher wieder vor die nämliche Aufgabe gestellt, die im Anschluß an seine Neujahrspredigt in Schlobitten das Fragment über den Wert des Lebens zu untersuchen unternommen hatte. Und es war wiederum in den Tagen um seinen Geburtstag herum — im Jahre 1799, ein halbes Jahr nach dem Erscheinen seiner Reden —, als er die Monologen begann. Am Abende berichtete er seiner Schwester über den Verlauf dieses Geburtstages und schrieb ihr die Worte: „Ich wünschte, du könntest die ruhige Heiterkeit recht inne werden, die in meiner Seele ist. Ich freue mich der Vergangenheit und Gegenwart und sehe der Zukunft gelassen entgegen mit allem, was sie bringen mag. Mit ziemlicher Gewißheit kann ich wohl sagen, daß das meine herrschende Stimmung sein wird, so lange ich lebe; denn sie gründet sich auf das Innerste meines Wesens."

Diese ruhige Heiterkeit änderte auch noch weiter an dem geplanten Inhalt der Monologen. Schleiermacher hatte sie sich anfangs — gleich seinen Beiträgen zu den Athenäum-Fragmenten — voll Schärfe und pointierten Witzes gedacht. „Als ich die Idee faßte", so schreibt er darüber an Henriette Herz (Br I², 338) „wollte ich eigentlich etwas ganz Objektives machen, nicht ohne viel Polemik, und das Subjektive sollte nur die Einkleidung sein. Aber im Entwerfen des Planes wuchs mir das Subjektive so über den Kopf, daß auf einmal die Sache, wie sie jetzt ist, vor mir stand. Die Polemik ist nur als Stimmung hie und da übrig, und das Objektive liegt ziemlich versteckt nur für den Kenner da." Die glücklich gewählte Form des Selbstgespräches zwang ihn deshalb auch, in aller Aufrichtigkeit gegen die erkannte Idee des eigenen Lebens ganz tendenzlos nur sich selbst zu geben: „Es war eine unbezwingliche Sehnsucht, mich auszusprechen, so ganz ins Blaue hinein, ohne Absicht, ohne den mindesten Gedanken einer Wirkung" (Br I², 277 f.). So wurden die Monologen zu einem „lyrischen Extrakt aus einem permanenten Tagebuch" (Br IV, 64).

Dieser intime Charakter der Monologen schloß allerdings die Gefahr eines Mißverständnisses in sich. Nicht in der nackten Tatsächlichkeit seines Lebens wollte und konnte Schleiermacher sich darstellen, sondern, zwar sein wirkliches ganz individuelles Ich, aber dies doch nur so, wie es ihm als das eigentümliche Urbild seines Wesens, als das Gesetz seiner Natur, als die Idee seines Ich vorschwebte. So kam es, daß ein Wort, ja ein Gedanke in seinen Konfessionen ganz fehlen mußte, der die sonstige Konfessionenliteratur — Augustin nicht minder als Rousseau — geradezu beherrscht: der Gedanke an Sünde, an die Schuld, die Fehler, die Irrtümer des Ich. Er aber stellte nur sein Streben, das innerste Gesetz seines Lebens (Br I², 377), sein Urbild (= Ideal) dar, und dies mußte er zeichnen zwar nach seiner Individualität, aber jenseit der „Personalität" (vgl. Index unter „Persönlichkeit"), jenseit des „fließenden vergänglichen Bewußtseins" (M 30, 4), ohne die „strafwürdige Beschränktheit" der äußeren Persönlichkeit (M 31, 24): kurz ohne Mangel.

Er sah voraus, daß er hier leicht würde mißverstanden werden. So schrieb er seiner Schwester: „Was dich manchmal unangenehm ergreifen wird, glaube ich, ist der Stolz; allein wer so stolz ist, kann auch wieder recht demütig sein, und ich denke, das wirst du fühlen, wenn es gleich da drin nicht steht" (Br I², 296). In den Vorreden zu den späteren Auflagen (M 3 u. 4) mußte er

gerade dies Mißverständnis immer wieder abwehren, das
nichtsdestoweniger selbst ein David Strauß (Charakteristiken und Kritiken S. 27) nicht vermieden hat. Am
trefflichsten hat er es 1804 in dem Briefe an eine
Freundin widerlegt: „Da sagen Sie, wenn ich so wäre, wie
ich mich in den Monologen darstelle, so müßte ich ein
außerordentlich vollkommener Mensch sein. Nun glaube
ich, wenn Sie mich kennen, werden Sie mir Wahrheit zu-
trauen, und doch kann ich nicht leiden, daß Sie glauben,
ich wäre ein außerordentlich vollkommener Mensch, weil
ich es eben nicht bin, und ich muß gegen den Zusammenhang Ihrer Folgerungen förmlich protestieren. Ich habe
in den Monologen meine Ideen dargestellt, freilich nicht
tote Gedanken, die man sich im Kopf ausrechnet, daß
es ungefähr so sein müsse, sondern Ideen, die wirklich
in mir leben und in denen ich auch lebe. Aber diese
Ideen sind mir freilich nicht als Feengeschenk einge-
bunden, sondern sie sind mir, wie dem Menschen alles
Bessere kommt, erst später aufgegangen, nach mancher
Verirrung und Verkehrtheit; und ihre Darstellung in
meinem Leben ist also immer nur fortschreitend im
Streite mit den Einflüssen und Überresten des Früheren.
Wenn demohnerachtet in den Monologen keine Spur von
einem Streit mit mir selbst zu finden ist, so kommt das
nur daher, weil ich eben darin resigniert bin, daß der
Mensch nur fortschreitend werden kann. Deshalb hatte
ich nun auch keine Interesse dabei, den Punkt, auf dem
ich eben stehe, auseinanderzusetzen. Da ist nun von
Vollkommenheit noch gar nicht die Rede, und doch haben
Sie sie gewiß nur in dieser Beziehung mir zugeschrieben.
Denn die Ideen selbst zeichnen mich nicht aus vor meinen
Freunden, die sie ja alle auch als die ihrigen erkannt
haben und nicht erst von mir angenommen; denn man
nimmt keine Ideen an“ (Br I², 401 f.). Oder wie er es
1803 in einem Sonett an Charlotte von Kathen aussprach,
als er in trüber Zeit an den Monologen sich wieder auf-
zurichten versuchte:

> Ein heil'ges Bild schwebt jedem Bessren vor,
> In dessen Züg' er strebt sich zu gestalten.
> Wem sich die Kräfte so bestimmt entfalten,
> Nur der hebt sich zur Sittlichkeit empor.

Das Meine legt' ich hier den Freunden vor,
Daß richtend möcht' ihr Auge drüber walten,
Wie solche Bahn der Geist sich würd' erhalten
Und solche Töne der Gefühle Chor.

So hofft' ich nah dem schönen Ziel zu kommen,
Ergriff mit kühnem Mut der Liebe Hand,
In reine Höhen mich mit ihr zu schwingen.

Jetzt ist durch herbe Pein das Herz beklommen;
In liebeleere Wüste streng verbannt,
Wird unter Tränen wenig mir gelingen.   (Br. I², 377).

Neben diesem Mißverständnis hat noch etwas anderes
das rechte Verständnis der Monologen immer erschwert:
ihre Sprache. Die Sprache war für Schleiermacher neben
der Sitte die wichtigste Hülle der Eigentümlichkeit (M 64,
10 — 66, 11). War nun Eigentümlichkeit der Inhalt der
Monologen, so mußten sie erst recht ihre ganz eigentümliche Sprache reden, eine „heilige und geheime
Sprache, die der Uneingeweihte nicht deuten und nach-
ahmen kann, weil nur im Innern der Gesinnung der Schlüssel liegt zu ihren Charakteren" (M 65, 13).

Schleiermacher fühlte, daß ihm das nicht vollkommen
gelungen war. Ängstlich fast erwartete er das Urteil
seiner Freunde über den Stil der Monologen. Aber selbst
Schlegel wünschte die Sprache schmuckloser und einfacher (Br III, 77); und seine Gefährtin Dorothea mußte
die Monologen studieren, sie wurden ihr „aber ein wenig
schwer". Ja die kluge Frau wußte im vierten Monolog,
bei dem Schleiermacher fast Satz für Satz sein persönliches Verhältnis zu Eleonore Grunow, seiner unglück-
lichen Geliebten, vor Augen hat, diese Beziehung [1])

---

[1]) Daß der innerlich Freie allem Äußeren gegenüber frei
ist, mußte sich ihm und Eleonore in dem Lose ihrer Liebe bewähren. Abgesehen von der ausdrücklichen Meditation über
Ehe und Vaterschaft (M 74, 26 — 77,4) — Eleonore war in ihrer
Ehe mit dem Prediger Grunow (M 75, 20) kinderlos (M 75, 23)
— ist vor allem die Lösung des Problems, die Schleiermacher
im „inneren Handeln", in der „Götterkraft der Phantasie (M 77, 5)
findet, ganz im Hinblick auf Eleonorens Veranlagung geschrieben
und nur so zu verstehen. Läßt man dies außer acht, so scheint
im ganzen Zusammenhang die Kraft der Phantasie von Schleiermacher überschätzt zu sein; denn auch die stärkste Einbildungs-

nicht aufzufinden. Ein unbedingter Verehrer dieser romantischen Sprache im ganzen Kreise war nur H. Ritter (Br III, 222, vgl. 181). Brinkman klagte geradezu über Verkünstelung.

Gegen ihn verteidigte sich Schleiermacher. Verkünstelt könne der Stil nicht sein, da das Ganze so schnell geschrieben sei, daß es eigentlich gar nicht in der Handschrift existiert habe, sondern er es beinahe dem Setzer diktiert habe[1]). Aber eine übertriebene Absichtlichkeit des Stiles gab er doch selbst zu: „Ich wollte ein bestimmtes Silbenmaß überall durchklingen lassen: im zweiten und vierten Monolog den Jamben allein, im fünften den Daktylus und Anapäst, und im ersten und dritten hatte ich mir etwas Zusammengesetzteres gedacht. Das gestehe ich Dir aber gern, daß der Jambe stärker gewesen ist als ich und sich im zweiten und vierten Monolog etwas unbändig aufführt. Diesen Mangel in der Ausführung beiseite gesetzt hoffe ich, Du wirst gegen die Schrift in dieser Gattung nichts einzuwenden haben. [Denn] ein Monolog ist offenbar eine Annäherung an das Lyrische. Bedenke nur auch, daß so etwas bei uns schon etwas dick

---

kraft vermag immer nur annähernd dem sittlichen Handeln den Stoff darzubieten, den die Wirklickkeit versagt. Aber Schleiermacher schreibt eben hier ganz persönlich für Eleonore und denkt sie sich als Leserin dieser Ausführungen. Gerade Eleonore besaß die lebendigste Phantasie; und unter dem unerträglichen Drucke, den die Wirklichkeit ihr als unentrinnbare Last auferlegte, mußte es ihr der stärkste Trost, sein, daß sie gerade in ihrer eigentümlichen Begabung die Kraft hatte, sich über ihr Schicksal zu erheben, und mehr noch: daß sie gerade in dieser Kraft und in dieser Erhebung mit Schleiermacher die Vereinigung genießen konnte, die ihr die äußere Welt versagte. S. Schleiermachers Brief an sie (I², 342): „Ich wollte, der Teufel holte die Hälfte alles Verstandes in der Welt — meine Quota will ich auch hergeben, wiewohl ungern — uud wir könnten dafür nur den vierten Teil der Phantasie bekommen, die uns fehlt auf dieser schönen Erde." Vgl. auch die Schätzung der Phantasie in Schlegels Lucinde.

[1]) Schleiermacher brauchte zur Niederschrift nicht ganz vier Wochen (Dilthey S. 449). Schon in den ersten Tagen des Jahres 1800 erschien die anonyme „Neujahrsgabe" auf dem Büchermarkt. Honorar hatte ihr Verfasser nicht verlangt, um den Verleger vor Schaden zu bewahren.

aufgetragen werden muß, wenn die Leute nur ein Weniges davon durchhören sollen" (Br IV, 67).

Am wenigsten hat es das Verständnis der Monologen beeinträchtigt, daß sie keine Deduktion ihrer philosophischen Grundlagen geben, sondern hier so gut wie alles voraussetzen. Fichtes Bestimmung des Menschen, die etwa gleichzeitig mit den Monologen erschien, hat trotz jenes Vorzuges bei weitem nicht die Wirkung des kleinen Buches erreicht. Ja dieser Verzicht, der durch die Kunstform der Monologen geboten war[1]), hat ihnen den Weg zu starkem Einflusse geradezu geebnet. Wer sich immer mit Liebe und Andacht darein versenkte, der merkte bald von selbst, er dürfe beim Lesen „nicht sowohl auf das sehen, was darin steht, als vielmehr auf das *blanc de l'ouvrage*" (Brief an Brinkman; Br IV, 59). Was Schleiermacher damit meinte, zeigen die folgenden Worte desselben Briefes: „Das *principium individui* ist das Mystischste im Gebiet der Philosophie, und wo sich alles so unmittelbar daran anknüpft, hat das Ganze allerdings ein mystisches Ansehen bekommen müssen."

---

[1]) „Denn indem man Grundsätze sucht, kann man unmöglich zusammenhängend mit sich selbst reden, — und ein Selbstgespräch scheint nur darin bestehen zu können, daß man sich nach der Beziehung der Grundsätze auf das einzelne fragt, und sich der Anschauung des einzelnen nach den Grundsätzen bewußt wird." (Br IV, 66)

Bibliographie

zu Schleiermachers philosophischer Ethik

Ausgeschlossen sind die Lehrbücher der Geschichte der Philosophie und
der Ethik, die Festreden bei der Säkularfeier 1868, die Schriften, die sich
auf Religionsphilosophie, Psychologie, Ästhetik, Politik und Pädagogik
beschränken, kleinere biographische Darstellungen — die Nachweise dafür stehen reichlich bei G o e d e k e und U e b e r w e g - H e i n z e — sowie die reiche neuere Literatur über die Romantik. Dagegen ist manches
seines Inhalts wegen aufgenommen, das seinem Titel nach nicht hierher
zu gehören scheint. Das Zeichen = vor Sammelwerken bedeutet, daß
die betreffende Schrift dort wiederholt ist.

Franz Bachmann, Die Entwicklung der Ethik Schleiermachers nach den „Grundlinien einer Kritik der bisherigen Sittenlehre“. Leipzig 1892. Diss.

Rudolf Baxmann, Schleiermachers Anfänge im Schrift-
stellern. Eine historische Skizze. Adolf Marcus. Bonn
1864.

—, Schleiermacher, sein Leben und Wirken. Friderichs.
Elberfeld 1868.

Ferdinand Christian Baur, Comparatur Gnosticismus
cum Schleiermacherianae theologiae indole. Tübingen
1827. 4⁰.

Wilhelm Bender, Schleiermachers Theologie mit ihren
philosophischen Grundlagen dargestellt. 2 Bde. C. H. Beck.
Nördlingen 1876 und 1878.

Carl Beth, Die Grundanschauungen Schleiermachers in
seinem ersten Entwurf der philosophischen Sittenlehre.
Berlin 1898. Diss.

Hermann Bleek, Die Grundlagen der Christologie
Schleiermachers. Die Entwicklung der Anschauungs-
weise Schleiermachers bis zur Glaubenslehre mit besonderer Rücksicht auf seine Christologie. J. C. B. Mohr
Freiburg 1898.

Emma von Blumenstein, Ein Prophet der Liebe. Die Christliche Welt 1907, Nr. 14.

Otto Braun, Die romantische Bewegung in der Jugendphilosophie Schellings und Schleiermachers. Religion und Geisteskultur 1911, Heft 4.

Jo. Guil. Breuer, De Schleiermachero ethices antiquae judice. Cöln 1854. Bonner Diss.

Brunner, Die vier Großmeister der Aufklärungstheologie (Herder, Paulus, Schleiermacher, Strauß) nach ihrem Schreiben und Treiben verständlich und nach Möglichkeit erheiternd dargestellt. F. Schöningh. Paderborn 1888.

Ferdinand Delbrück, Der verewigte Schleiermacher. Ein Beytrag zu gerechter Würdigung desselben seinen Verehrern geziemend dargeboten. Adolph Marcus. Bonn 1837.

Guilelmus Dilthey, De principiis ethices Schleiermacheri. Berlin 1864. Diss.

Wilhelm Dilthey, Leben Schleiermachers. Erster (einziger) Band. Georg Reimer. Berlin 1870. [Als Anhang daran: Denkmale der inneren Entwicklung Schleiermachers, erläutert durch kritische Untersuchungen.] (Vgl. dazu R. Haym, Die Diltheysche Biographie Schleiermachers: Preußische Jahrbücher 1870, Bd. 26.)

Art. Schleiermacher, Allgemeine deutsche Biographie 1890. Bd. 31, S. 422—457 [**W. Dilthey**].

A. Dorner, Schleiermachers Verhältnis zu Kant. Theol. Studien und Kritiken. 1901. S. 1—75.

S. Eck, Über die Herkunft des Individualitätsgedankens bei Schleiermacher. Universitätsprogramm. Gießen 1908.

—, Aus den großen Tagen der deutschen Philosophie. J. C. B. Mohr. Tübingen 1901.

W. Elsmann, Über den Begriff des höchsten Gutes bei Kant und Schleiermacher. Leipzig 1887. Erlanger Diss.

C. J. H. Engstrand, Exposé och kritik af pligtbegreppet enligt Schleiermacher. Upsala universitets årsskrift 1862.

Friedrich Wilhelm Esselborn, Die philosophischen Voraussetzungen von Schleiermachers Determinismus. Ludwigshafen 1897. Straßburger Diss.

P. Ewh, Die Begriffe Pflicht und Tugend in der Sittenlehre Kants und Schleiermachers. Eine vergleichende Studie. Erlangen 1891. Diss.

Karl Theodor Fagerlund, Om det moraliskt ondas grund enligt Kant, Fichte, Schelling och Schleiermacher. Lund 1867. Diss.

Max Fischer, Schleiermacher. Zum hundertjährigen Gedächtnis der Reden über die Religion. C. A. Schwetschke u. Sohn. Berlin 1899.

Karl Flebbe, Die Lehre Schleiermachers von der Sünde und vom Übel. Jena 1873. Diss.

Franz H. R. v. Frank, Geschichte und Kritik der neueren Theologie, insbesondere der systematischen seit Schleiermacher. A. Deichert. Erlangen und Leipzig 1894. 4. Aufl. von Richard H. Grützmacher, ebd. 1907.

Gustav Frank, Geschichte der protestantischen Theologie, 4. Teil. Breitkopf u. Härtel, Leipzig 1905.

A. Frohne, Der Begriff der Eigentümlichkeit oder Individualität bei Schleiermacher. Max Niemeyer. Halle 1884. (Als Hallenser Dissertation nur die ersten Bogen.)

Emil Fuchs, Schleiermachers Religionsbegriff und religiöse Stellung zur Zeit der ersten Ausgabe der Reden. J. Ricker. Gießen 1901. (Als Gießener Dissertation nur der erste Teil.)

—, Vom Werden dreier Denker (Fichte, Schelling, Schleiermacher). J. C. B. Mohr. Tübingen 1904.

Art. Schleiermacher in Realenzyklopädie für die protestantische Theologie und Kirche. Bd. 13 [2] 1884 **[W. Gass]**.

Ludwig Geiger, Berlin 1688—1840. Geschichte des geistigen Lebens der preußischen Hauptstadt. Gebr. Paetel. Berlin 1893 u. 1895.

Joh. Gottschick, Über Schleiermachers Verhältnis zu Kant. Wernigerode 1875. 4°. Progr.

Gust. Hartenstein, De Ethices a Schleiermachero proposito fundamento. Leipzig 1837. Diss.

R. Haym, Die romantische Schule. Ein Beitrag zur Geschichte des deutschen Geistes. Rudolph Gaertner. Berlin 1870.

Ernst Heinemann, Die Grundlagen der Schleiermacherschen Theologie. Eine kritische Untersuchung. H. Walther. Berlin 1900.

Reinhold Heinrich, Schleiermachers ethische Grundgedanken, nach den von ihm selbst veröffentlichten ethischen Werken und in ihrem Zusammenhang mit der deutschen Romantik betrachtet. Kempen 1889. 4°. Progr.

W. Heinzelmann, Zur Jahrhundertfeier von Schleiermachers Monologen. Jahrbücher der kgl. Akademie gemeinnütziger Wissenschaften zu Erfurt. N. F. Heft 26. S. 129.

Friedrich Karl Heman, Schleiermachers Idee des höchsten Gutes und der sittlichen Aufgabe. Jahrbücher für deutsche Theologie 1872, S. 442.

—, Schleiermacher und seine Lieben. Nach Originalbriefen der Henriette **Herz**. Magdeburg, Creutz 1910.

J. J. Herzog, Über die Anwendung des ethischen Prinzips der Individualität in Schleiermachers Theologie. Theologische Studien und Kritiken 1846, S. 777.

Eugen Huber, Die Entwicklung des Religionsbegriffs bei Schleiermacher. Studien zur Geschichte der Theologie und Kirche Bd. 7, Heft 3. Dieterich. Leipzig 1901.

Henrik Jacobsson, Om Schleiermachers deduction af de formala ethiska begreppen. Stockholm 1872. Diss.

A. Kalthoff, Die Frage nach der metaphysischen Grundlage der Moral, mit besonderer Beziehung auf Schleiermacher. Halle 1874. Diss.

—, Schleiermachers Vermächtnis an unsere Zeit. C. A. Schwetschke u. Sohn. Braunschweig 1896.

Joh. Chr. Henr. Kind, Platonis doctrina de virtute cum Schleiermacheri comparatur. Kiel 1861. 4°.

Otto Kirn, Schleiermacher und die Romantik. R. Reich, Basel 1895.

—, Art. Schleiermacher in der Realenzyklopädie für prot. Theologie und Kirche, 3. Aufl., Bd. 17.

Georg Reinhold Klepl, Die „Monologen" Friedrich Schleiermachers und Friedrich Nietzsches „Jenseits von

Gut und Böse“. Eine Studie zur Geschichte der individualistischen Ethik. Leipzig 1901. Diss.

Paul Kroker, Die Tugendlehre Schleiermachers mit spezieller Berücksichtigung der Tugendlehre Platos. Erlangen 1889. Diss.

Friedrich Krumbholz, Schleiermachers Weltanschauung in den Monologen und die literarisch-philosophischen Voraussetzungen dazu. Leipzig 1904. Diss.

Konstantin von Kügelgen, Schleiermachers Reden und Kants Predigten. Zwei Aufsätze. R. Wöpke. Leipzig 1901.

Otto Lackner, Wie unterscheidet sich das Sittengesetz vom Naturgesetz? Ein Versuch zur Lösung des Freiheitsproblems mit besonderer Berücksichtigung von Spinoza, Kant und Schleiermacher. Königsberg 1897. Diss.

Lipsius, Studien über Schleiermachers Dialektik. Zeitschrift für wissenschaftliche Theologie. 12. Jahrg. 1869. S. 1 u. 113.

E. R. Meyer, Schleiermachers und C. G. von Brinkmans Gang durch die Brüdergemeine. Jansa. Leipzig 1905.

Noth, Schleiermachers Monologen. Eine Neujahrsgabe. Neue kirchl. Zeitschr. 12. Jahrg. 1901. Heft 1—3, S. 78. 144. 220.

B. Pansch, Fichtes „Bestimmung des Menschen“ und Schleiermachers „Monologen“. Beilage zum Progr. des Realgymn. zu Buxtehude. 1885. 4⁰.

Heinrich Rinn, Schleiermacher und seine romantischen Freunde. Verlagsanstalt. Hamburg 1890. (Sammlung gemeinverständlicher Vorträge. N. F. Fünfte Serie. Heft 111.)

Otto Ritschl, Studien über Schleiermacher. Theolog. Studien und Kritiken. 1888. Bd. 61. S. 300. 687.

—, Schleiermachers Stellung zum Christentum und seine Reden über die Religion. F. A. Perthes. Gotha 1888.

G. Runze, Der Einfluß der Philosophie Schleiermachers auf seine Glaubenslehre, erhärtet an seiner Lehre von der göttlichen Gerechtigkeit. Berlin 1876. Königsberger Diss.

Karl Yngve Sahlin, Kants, Schleiermachers och Boströms etiska Grundtankar. Upsala 1877.

Ad. Schaeffer, De la morale chrétienne de Schleiermacher. Paris 1854.

Julius Schaller, Vorlesungen über Schleiermacher. Lippert u. Schmidt. Halle 1844.

D. Schenkel, Friedrich Schleiermacher. Ein Lebens- und Charakterbild. R. L. Friderichs. Elberfeld 1868.

Schleiermachers eigene ethische Schriften:

Selbstbiographie [April 1794]. [Mitgeteilt in] Niedners Zeitschrift für die historische Theologie. 1851. Bd. 21. S. 135. = Briefe Bd. 1, S. 3.

Aus Schleiermachers Leben. In Briefen. 4 Bände. Berlin. Georg Reimer. I¹ 1858. I² 1860. II¹ 1858. II² 1860. III 1861. IV 1863.

Schleiermacher-Briefe in Auswahl. Ein Hausbuch von M. Rade. Diederichs, Jena 1906.

Schleiermachers Briefe an die Grafen zu Dohna. Herausg. von Justus Jacobi. Eugen Strien. Halle 1887.

Über das höchste Gut. Über die Freiheit. Über den Wert des Lebens. [Handschriftlich; mitgeteilt im Auszuge in] Dilthey, Denkmale S. 6—63.

Kurze Darstellung des Spinozistischen Systems [handschriftlich 1793/94], Werke Abt. III, Bd. 4, T. 1, S. 283.

Wissenschaftliche Tagebücher [handschriftlich]. Dilthey, Denkmale S. 88—145.

Fragmente [von Friedrich Schlegel und Schleiermacher in] Athenäum 1798. Bd. I, 2, S. 3 [vgl. Sigwart (unten) und Herrigs Archiv für das Studium der neueren Sprachen und Literaturen 32, 114]. = Dilthey, Denkmale S. 63—88.

Versuch einer Theorie des geselligen Betragens. Im Berlinischen Archiv der Zeit und ihres Geschmacks, Jan. u. Febr. 1799. = Schleiermachers Werke, herausgegeben von Dorner, Braun und Bauer, Bd. II, S. 3ff. (Philos. Bibl. Bd. 137, s. u. S. XLV), mit Einleitung von Herman Nohl).

Über die Religion. Reden an die Gebildeten unter ihren Verächtern. J. F. Unger. Berlin 1799. — Zweite Ausgabe. Realschulbuchhandlung. Berlin 1806. — Dritte verm. Ausg. G. Reimer, Berlin 1821. — Vierte Ausg. ebenda 1831. = Werke Abt. I, Bd. 1, S. 133. — [Aus den späteren Drucken heben wir nur hervor:] Kritische Ausgabe von Bernhard Pünjer. C. A. Schwetschke und Sohn. Braunschweig 1879. — Jubelausgabe [Text der Editio princeps] von Rudolf Otto. Vandenhoeck und Ruprecht. Göttingen 1899, 3. A. 1913.

Anthropologie von Immanuel Kant [Rezension in] Athenäum 1799. Bd. II, 2, S. 300. = Briefe Bd. 4, S. 533.

Garves letzte noch von ihm selbst herausgegebene Schriften. [Rezension in] Athenäum 1800. Bd. III, 1, S. 129. = Werke Abt. III, Bd. 1, S. 509.

Monologen. Eine Neujahrsgabe. Christian Sigismund Spener. Berlin 1800. 12⁰. — Zweite Ausgabe. Realschulbuchhandlung. Berlin 1810. 12⁰. — Dritte Ausgabe. G. Reimer. Berlin 1822. 12⁰. — Vierte Ausg. ebd. 1829. 12⁰. — Christian Hausmann. Stuttgart 1835. [Nachdruck der vierten Reimerschen Ausgabe.] — Reimer 1836. 12⁰. — 1843. 8⁰. — 1846. 16⁰. — 1848. 16⁰. — 1853. 16⁰. — 1860. 16⁰. — 1868. 16⁰. = Sämtliche Werke, 3. Abt., Bd. 1, S. 345. — Friedrich Schleiermachers Monologen. Herausgegeben, erläutert und mit einer Lebensbeschreibung Schleiermachers versehen von J. H. v. Kirchmann. Leipzig. Dürrsche Buchhandlung [ursprünglich Heimann. Berlin] 1868. PhB Bd. 84 [Abdruck der 4. Ausgabe]. — Monologen. Die Weihnachtsfeier. Mit Einleitung herausgegeben von D. Karl Schwarz. F. A. Brockhaus. Leipzig 1869. 8⁰. Bibliothek der deutschen Nationalliteratur, Bd. 27. — Monologen. Bremen, Kühtmann & Co. 1870. 16⁰. — Reclams Universalbibliothek Nr. 502. — Hendels Bibliothek der Gesamtliteratur Nr. 370. — Meyers Volksbücher Nr. 468 [Abdruck der 3. Ausgabe].

— Friedrich Schleiermachers Monologen. Kritische Ausgabe. Mit Einleitung, Bibliographie und Index. Von Friedrich Michael Schiele. Leipzig. Dürrsche Buchhandlung. 1902. PhB Bd. 84. (2. Auflage der

Monologen in der Philos. Bibl.; die vorliegende Ausgabe ist die 3.).

Monologues. Présent d'Etrennes. Ouvrage traduit de l'Allemand par Louis Segond. Genève 1837. (Zürich, Fr. Schulthess.) 12⁰. — 2e édition. Georg. Genève 1864. 18⁰.

Lucinde. Ein Roman von Friedrich Schlegel. [Rezension in] Berlinisches Archiv der Zeit und ihres Geschmacks. Herausgegeben von Rambach und Feßler. 1800. Bd. 2. S. 37. = Briefe Bd. 4, S. 537.

Vertraute Briefe über Friedrich Schlegels Lucinde. Lübeck und Leipzig. Friedrich Bohn. 1800. = Werke Abt. III, Bd. 1, S. 421.

Schleiermachers Vertraute Briefe über die Lucinde. Mit einer Vorrede von Karl Gutzkow. Christian Hausmann. Stuttgart 1835. — Schleiermacher, Vertraute Briefe über Friedrich Schlegels Lucinde. Mit Nachwort von Jonas Fränkel. Jena, Diederichs. 1904.

—, Über das Anständige. Zwei Gespräche [handschriftlich. Zeit der Lucindenbriefe]. Briefe Bd. 4, S. 503.

Engels Philosoph für die Welt, 3. Teil. [Rezension in] Athenäum 1800. Bd. III, 2, S. 243. = Werke Abt. III, Bd. 1, S. 517.

Fichtes Bestimmung des Menschen [Rezension in] Athenäum 1800. Bd. III, 2, S. 281. = Werke Abt. III, Bd. 1, S. 524.

G. L. Lichtenbergs vermischte Schriften. [Rezension in] Erlangische Literaturztg. 1801, Bd. 2, Nr. 206, S. 1642. = Briefe Bd. 4, S. 561.

Herr Lorenz Stark. Ein Charaktergemälde von J. J. Engel. [Rezension in] Erlangische Literaturzeitung 1801, Bd. 2, S. 1873. = Briefe Bd. 4, S. 567.

F. Schleiermacher, Grundlinien einer Kritik der bisherigen Sittenlehre. Realschulbuchhandlung. Berlin 1803. — 2. Ausgabe. Georg Reimer. Berlin 1834. = Werke Abt. III, Bd. 1, S. 1. 3. Ausgabe ebd. 1846.

F. W. J. Schelling, Vorlesungen über die Methode des akademischen Studiums. [Rezension in] Jenaische Literaturzeitung 1804 Bd. 1, Nr. 96, 97, S. 137—151. = Briefe Bd. 4, S. 579.

Zöllner, Ideen über Nationalerziehung. [Rezension in] Jenaische Literaturzeitung 1805, Bd. 1, Nr. 13—15. = Briefe Bd. 4, S. 593.

Joh. Joach. Spaldings Lebensbeschreibung. [Rezension in] Jenaische Literaturzeitung 1805, Bd. 1, Nr. 18. = Briefe Bd. 4, S. 609.

Jenisch, Kritik des dogmatischen, idealistischen und hyperidealistischen Religions- und Moralsystems usw. [Rezension in] Jenaische Literaturzeitung 1806, Nr. 101. = Briefe Bd. 4, S. 615.

Eintrag in August von Goethes Stammbuch. Halle, den 24. Juli 1805 (= Deutsche Rundschau 1891, Bd. 68, S. 248):

„Nicht der Jüngling begehrt ich zu sein, so sprächen wohl Viele.
Denn fürwahr nicht umsonst zahlet die Welt ihm voraus,
Was an verzärtelnder Lieb er empfängt auf die Erbschaft des
Vaters;
Reichliche Zinsen dereinst klaget die Mahnerin ein."
Aber dem Göttersohn wohnt höherer Mut in der Seele,
Spielend löset die Schuld, wer sich ambrosisch genährt.

J. G. Fichte, Die Grundzüge des gegenwärtigen Zeitalters. [Rezension in] Jenaische Literaturzeitung 1807, Nr. 18—20. = Briefe Bd. 4, S. 624.

F. Schleiermacher, Gelegentliche Gedanken über Universitäten im deutschen Sinn. Nebst einem Anhang über eine neu zu errichtende. Realschulbuchhandlung. Berlin 1808. = Werke Abt. III, Bd. 1, S. 535. — Enthalten in Schleiermacher, Fichte, Steffens Über das Wesen der Universität. Mit einer Einleitung herausgegeben von E. Spranger. F. Meiner. Leipzig 1910. (PhB Bd. 120).

F. Schleiermacher, An den Herrn Geheimenrat Schmalz. Auch eine Rezension. Realschulbuchhandlung. Berlin 1815. = Werke Abt. III, Bd. 1, S. 645.

Über die wissenschaftliche Behandlung des Tugendbegriffes. Gelesen in der Kgl. Akademie der Wissenschaften den 4. März 1819. Abhandlungen der KAW.

Berlin 1820. Philosophische Klasse S. 3. = Werke Abt. III, Bd. 2, S. 350.

Versuch über die wissenschaftliche Behandlung des Pflichtbegriffs. Gelesen am 12. August 1824. Abhandlungen der KAW. Berlin 1826. Philosophische Klasse S. 1. = Werke Abt. III, Bd. 2, S. 379.

Über den Unterschied zwischen Naturgesetz und Sittengesetz. Gelesen am 6. Januar 1825. Abhandlungen der KAW. Berlin 1828. Philosophische Klasse S. 15. = Werke Abt. III, Bd. 2, S. 397.

Über den Begriff des Erlaubten. Gelesen am 29. Junius 1826. Abhandlungen der KAW. Berlin 1829. Philosophische Klasse S. 1. = Werke Abt. III, Bd. 2, S. 418.

Über den Begriff des höchsten Gutes. Erste Abhandlung. Gelesen am 17. Mai 1827. Zweite Abhandlung. Gelesen am 24. Juni 1830. Abhandlungen der KAW. Berlin 1832. Philosophische Klasse S. 1 und 21. = Werke Abt. III, Bd. 2, S. 446, 469.

Entwurf eines Systems der Sittenlehre. Aus Schleiermachers handschriftlichem Nachlasse herausgegeben von Alex. Schweizer. Werke Abt. III, Bd. 5 (Nachlaß Bd. 3).

Friedrich Schleiermachers Philosophische Sittenlehre. Herausgegeben und erläutert von J. H. v. Kirchmann. Dürrsche Buchhandlung. Leipzig 1870 [Schweizers Text mit Kirchmanns Anmerkungen]. PhB Bd. 85.

Friedrich Schleiermachers Grundriß der philosophischen Ethik mit Vorrede [hierin eingehende Analyse der Monologen] von August Twesten. Georg Reimer. Berlin 1841. — Neuer Abdruck, besorgt von Fr. M. Schiele. PhB Bd. 85. F. Meiner, Leipzig 1911.

Fr. D. E. Schleiermacher, Werke. Auswahl in 4 Bänden. Mit Geleitwort von A. Dorner, herausg. von O. Braun und Joh. Bauer. PhB Bd. 136—139. F. Meiner, Leipzig 1910—13. In Betracht kommen namentlich Bd. I (Geleitwort, Einleitung, Grundlinien einer Kritik der Sittenlehre, Akademieabhandlungen) und II (die Entwürfe zu einem System der Sittenlehre, nach den Handschriften neu herausgegeben von Braun). Die Monologen sind in Bd. IV enthalten. — Einzeln erschienen daraus die Grundlinien einer Kritik der bisherigen Sittenlehre, die Akademieabhandlungen, und Monologen nebst Weihnachtsfeier sämtlich ebd. 1911).

Schleiermacher, Über Freundschaft, Liebe und Ehe. Eine Auswahl aus seinen Briefen, Schriften und Reden. Bibliothek der Gesamtliteratur Bd. 2187—90. Hendel. Halle a. S.

Julius Schmidt, Wie verhält sich der Tugendbegriff Schleiermachers zum platonischen? Aschersleben 1873. 4°. Progr.

P. Schmidt, Spinoza und Schleiermacher. Die Geschicke ihrer Systeme und ihr gegenseitiges Verhältnis. G. Reimer. Berlin 1868.

Heinrich Scholz, Schleiermacher und Goethe. Hinrichs, Leipzig 1913.

Ernst Schrecker, Der Religionsbegriff bei Schleiermacher und seinen namhaftesten Nachfolgern, unter vornehmlicher Berücksichtigung derjenigen, bei welchen Hegelsche und neukantische Einflüsse zu erkennen sind. Jena 1890. Diss.

Emil Schürer, Schleiermachers Religionsbegriff und die philosophischen Voraussetzungen desselben. Leipzig 1868. Diss.

Walter Schwarz, Die Abhängigkeit der Ethik Schleiermachers von der Metaphysik. Erlangen 1906. Diss-

Chr. Sigwart, Schleiermacher in seinen Beziehungen zum Athenäum der beiden Schlegel. Zur Charakteristik seiner inneren Entwicklung. Blaubeuren 1861. 4°. Progr.

Horst Stephan, Die Lehre Schleiermachers von der Erlösung [besonders S. 137—176: Der Einfluß der Zeitbildung auf die theoretische Formulierung] J.C. B. Mohr, Tübingen 1901.

David Friedrich Strauss, Schleiermacher und Daub. Charakteristiken und Kritiken. O. Wigand. Leipzig 1839 (= Hallische Jahrbücher 1839). — 2. Auflage ebd. 1844.

Hermann Süskind, Der Einfluß Schellings auf die Entwicklung von Schleiermachers System. Mohr, Tübingen 1909.

Lud. Henr. Strümpell, De summi boni notione, qualem proposuit Schleiermacher. Dorpat 1843. Diss.

[Thiel], Schleiermacher, die Darstellung der Idee eines sittlichen Ganzen im Menschenleben anstrebend. Eine Rede an seine ältesten Schüler aus den Jahren 1804 bis 1806 zu Halle, von einem der ältesten unter ihnen. F. Müller (Enslin). Berlin 1835.

Bernhard Todt, Über Schleiermachers Platonismus. Wetzlar 1882. Progr.

Troeltsch, Titius, Natorp, Hensel, Eck, Rade, Schleiermacher, der Philosoph des Glaubens. Verlag Felix Meiner, Leipzig 1910.

Max Tuengerthal, Philosophische und christliche Ethik nach Schleiermacher. Jena 1894. Diss.

Otto Uhlhorn, Schleiermachers Entwurf einer Kritik der bisherigen Sittenlehre dargestellt und nach seinen Ergebnissen untersucht. Oldenburg 1894. Rostocker Diss.

Lukas Vietor, Die Auffassung Schleiermachers von Freundschaft, Liebe und Ehe in der Auseinandersetzung mit Kant und Fichte. Aus: Theologische Arbeiten aus dem rheinischen wissenschaftlichen Predigerverein. Mohr, Tübingen 1910.

Franz Vorländer, Schleiermachers Sittenlehre ausführlich dargestellt und beurteilt. Preisschrift. Elwert. Marburg 1851.

Walsemann, Schleiermacher und die Frauen. Preuß. Jahrbücher Bd. 154 1913, S. 451 ff.

Georg Wehrung, Der geschichtsphilosophische Standpunkt Schleiermachers zur Zeit seiner Freundschaft mit den Romantikern. Frommann. Stuttgart 1907.

Georg Weissenborn, Über Schleiermachers Dialektik und Dogmatik. 2 Bde. T. O. Weigel. Leipzig 1847 u. 1849.

Anna Weisser, Schleiermachers zehn Gebote der Frau. Ein Beitrag zur Frauenfrage. Vereinsbuchdruckerei. Pyrmont 1898.

Hans Westerburg, Schleiermacher als Mann der Wissenschaft, als Christ und Patriot. Vandenhoeck und Ruprecht. Göttingen 1911.

Rudolf Wrzecionko, Die metaphysische Bedeutung der Gefühlstheorie in Schleiermachers Dialektik. Breslau 1890. Diss.

Eduard Zeller, Friedrich Schleiermacher. [In] Vorträge und Abhandlungen geschichtlichen Inhalts. Fues. Leipzig 1865. S. 178.

Aus der zeitgenössischen Literatur sei anhangsweise hier wenigstens ein Werk genannt, dessen Verfasser mit Schleiermacher besonders eng verbunden war und das sich inhaltlich vielfach mit den Monologen berührt:

C. G. von Brinkman, Filosofische Ansichten I. Sander, Berlin. 1806.

Ergänzte Bibliographie
zu Schleiermachers Monologen

1. Editionen, Übersetzungen

1. Editionen

Rade, Martin, Hg. von Schleiermachers Monologen, Weihnachtsfeier, in: Deutsche Bibliothek, Bd. 100 (Berlin 1914) XVI, 202 S.

Wehrung, Georg, Hg. von Schleiermachers Monologen: Eine Neujahrsgabe, mit Einführung (Darmstadt: Wissenschaftliche Buchgesellschaft, 1953; Basel 1953) XV, 70 S.

Gerdes, Hayo und Hirsch, Emanuel, Hg. von Monologen. 1800, in: Friedrich Schleiermacher. Kleine Schriften und Predigten, Hg. H. Gerdes/E. Hirsch, Bd I, (Berlin 1970) S. 11–75.

2. Übersetzungen

Friess, Horace L., Schleiermacher's Soliloquies: An English Translation of the Monologen, with a Critical Introduction and Appendix, Columbia Univ. Ph. D. Diss., 1926 (Chicago: Open Court, 1926) LX, 176 S.

Motzo Dentice d'Accadia, Cecilia, Schleiermacher: Monologhi: Introduzione e traduzione (Lanciano: Carabba, 1919), 157 S.

Durante, G., Schleiermacher's Discorsi di religione e monologhi, introduzione e traduzione (Firenze: Sansoni, 1947), XVIII, 312 S.

Frank, S. L., Rechi o religii k obrazovannym lyudyam, ee preziayushchim; Monologi, perevel s nemetskago S. L. Frank, so vstupitelnoi statei perevodchika (Moskva, 1911), LXVI, 390 S.

Japanische Übersetzungen der Monologen
R. Koba, Toadoshobo, 1915
T. Suyama, Daitoshupansha, 1934, 1939^2, 1949^3
F. Koba, Iwanami Shoten, 1948
M. Naruse, Hokuryukan, 1949
H. Akiyama, Kadokawa Shoten, 1962.

II. Monographien, Zeitschriftenartikel

Averdieck, Johann, Briefe an einen Theologie-Studierenden: Mit Bezugnahme auf Schleiermachers Monologen (Bremen 1839) VII, 112 S.

Carella, Domenico, Religione e filosofia ed i monologhi di Schleiermacher, in: Saggiatore, 1930, no 4.

Hollard, Roger, Les Monologues de Schleiermacher, in: Revue chretienne 11 (1864), S. 203—216, S. 267—279.

Iwai, I., Monologen Schleiermachers, in: Nihondaigakurikogakubu Ippankyoyoshitsuiho 10, 1969, S. 9—13.

Merkel, G., Schleiermachers Monologen, in: Christentum und Gegenwart 10 (1919), S. 108 f, S. 120 f.

Schulte, Robert Werner, Schleiermachers Monologen in ihrem Verhältnis zu Kants Ethik, in: Vierteljahresschrift für wissenschaftliche Philosophie und Soziologie 40 (1916), S. 300—320.
Schleiermachers Monologen in ihrem Verhältnis zu Kants Ethik: Eine Studie zur Geschichte der Moralphilosophie, Leipzig Diss., 1919 (in: Pädagogisches Magazin, H. 773, Langensalza: Beyer, 1920). 16, 104 S.

Schultz, Werner, Das griechische Ethos in Schleiermachers Reden und Monologen, in: Neue Zeitschrift für systematische Theologie und Religionswissenschaft 10. Bd (1968) S. 261—309.

Thimme, G., Die romantische Weltanschauung in Schleiermachers Monologen, Schulprogramm Erfurt 1906.

Wendland, Johannes, Friedrich Schleiermachers Monologen und Friedrich Schlegels Lucinde, in: Deutsch-Evangelisch, Monatsblatt für den gesamten deutschen Protestantismus 4 (1913), S. 269—285.

Bibliographische Hinweise

Tice, Terrence N., Schleiermacher Bibliography. With Brief Introductions, Annotations, and Index, Princeton Theological Seminary, (Princeton, New Jersey, 1966).

Takamori, Akira, Schleiermacher-Literatur in Japan besonders in theologischer Sicht. Ein bibliographischer Forschungsbericht, Kwansei Gakuin University, (Nishinomiya, Japan, Dec. 1976).

Monologen

Abkürzungen

A	Ausgabe von 1800
B	„ „ 1810
C	„ „ 1822
$+$	B und C *fügen hinzu* zum Texte von **A**
$<$	B und C *lassen aus*
∞	B und C *stellen um*
$+$ **B**	nur B *fügt hinzu*
∞ **C**	nur C *stellt um*
(∞)	*einer Umstellung wegen*
—	*bis*

cursiv ist der Textabschnitt aus **A** gedruckt, der in B und C abgeändert ist. Der abgeänderte Text folgt unmittelbar auf den *cursiven*.

Bei Änderungen der *Interpunction* ist ein neben dem Interpunctionszeichen stehendes Wort mit in den Apparat aufgenommen.

Das Zeichen * verweist auf die Anmerkungen S. 95 ff.

Vorrede
zur
zweiten Ausgabe

Da dies Büchlein vergriffen war, wollte ich nicht
weigern, dass es wieder gedrukt würde. Denn theils bin
ich ihm Dank schuldig, weil es edle Gemüther auf eine
mir fast unerwartete Weise an sich gezogen und mir
Freunde erworben hat deren Besiz mir sehr theuer ist;
theils könnte auch die Weigerung fälschlich als Widerruf
ausgelegt werden. Darum sei diesen Blättern mein Dank
dadurch abgestattet, dass ich ihnen aufs neue das Leben
friste, und zugleich durch die That die Erklärung abgelegt, dass noch immer alle darin geäusserten Gesinnungen
so vollkommen die meinigen sind, wie nur irgend ein
Bild aus früherer Zeit dem älteren Manne gleichen kann
und darf. Nur bekenne ich dabei, dass ein solches auf-
zufrischen oder wohl gar zu verbessern zu grosse Schwierigkeiten hat wegen der Gefahr durch unvermerkte Ein-
mischung von Zügen aus späterer Zeit die innere Wahrheit
zu trüben, oder durch Aenderungen welche willkürlich
scheinen könnten, freundliche Leser zu stören. Darum
gebe ich es lieber mit allen Mängeln wieder die ich
daran kenne, und habe ausser Kleinigkeiten im Ausdruck
nur einige bald nach der ersten Erscheinung angemerkte
Aenderungen aufgenommen, welche Undeutlichkeiten abzuhelfen und Missverständnissen zuvorzukommen schienen.
Was also jemand nicht an dem Dargestellten, sondern
an der Darstellung tadelt, das wolle er nicht mir dem
jezigen, sondern noch immer dem damaligen zuschreiben.
Wenn aber Andere sich in die Gesinnung selbst nicht
finden, und von dem was sich auf die Idee eines Menschen
bezieht das was von seiner Erscheinung gilt, nicht unterscheiden wollen oder können, denen sei unverwehrt, den
ungesalzenen Spott wieder aufzuwärmen, der auch vor
zehn Jahren hier und dort gehört wurde.

Berlin im April 1810

Dr. Fr. Schleiermacher

Vorrede
zur
dritten Ausgabe

Auf obige Rechtfertigung beziehe ich mich auch bei
5 diesem dritten Abdruk des Büchleins, und möchte nur
noch ein Paar Worte für diejenigen versuchen, welchen
die Abzwekkung desselben wirklich sollte entgangen sein.
Ein mir von langem her innig befreundeter Mann hat
seitdem das gar sehr hierher gehörige treffende Wort
10 gesagt, das erscheinende Leben eines jeden Menschen
* schwanke zwischen seinem Urbild und seinem Zerrbild.
Nur die der ersten Richtung folgende Selbstbetrachtung
kann etwas öffentlich mittheilbares enthalten, die andere
verliert sich zu tief in die Dunkelheiten des einzelnen
15 Lebens bis zu denen Punkten hin, die, wie auch sonst
schon ein Weiser gesagt, der Mensch am besten auch
sich selbst verbirgt. Wer nun, wie hier versucht ward,
diese verschweigend jene mittheilt mit einem sichtbaren
* Bestreben vorzüglich die Oerter für die Verschiedenheit
20 der Urbilder aufzusuchen, dessen Meinung wird wohl ganz
verkannt, wenn man ihm vorwirft, dass er nur sich selbst
ins Schöne sehe, und lächerlicher als ein geistiger Narziss
die verliebten Worte, mit denen er sein eigenes Bildniss
angeredet, der Welt noch weit und breit verkünde. Eben
25 jener Abzwekkung ist es auch zuzuschreiben, dass hier
die Selbstbetrachtung sich rein ethisch gestaltet, und das
* im engeren Sinne Religiöse darin nirgend hervortritt.
Doch wünschte ich nicht, dass hieraus die Ansicht einen
Gewinn zöge, als ob die religiöse Selbstbetrachtung nur
30*die entgegengesezte Richtung nach dem Zerrbild nehmen
müsste. Vielmehr war es schon lange mein Vorsaz, auch
diese einseitige Vorstellung durch die That zu widerlegen,
und durch eine ähnliche Reihe religiöser Selbstgespräche
dieses Büchlein zu ergänzen. Die Zeit aber hat es bis
35*jezt nicht gestattet.

Berlin im December 1821   S.

Monologen.

Eine

Neujahrsgabe.

Berlin 1800.
bei Christian Sigismund Spener.

Keine köstlichere Gabe vermag der Mensch dem
Menschen anzubieten, als was er im Innersten des Gemüthes zu sich selbst geredet hat: denn sie gewährt ihm
das Grösste was es giebt, in ein freies Wesen den 5
offenen ungestörten Blik. Keine ist beständiger: denn
nichts zerstört Dir den Genuss, den einmal Dir das Anschaun gewährt hat, und die innere Wahrheit sichert
ihr Deine Liebe, dass Du sie gern wieder betrachtest.
Keine bewahrst Du sicherer gegen fremde Lust und 10
Tüke: denn sie ist nicht mit irgend einem Nebenwerk
umgeben, das etwa an-|ders gebraucht und missbraucht [4]
werden könnte, oder die sinnliche Begierde lokt. Wenn
einer seitwärts steht, mit schiefem Blik das Kleinod an-
sieht, und ihm lächerliche Falten andichtet, die Dein 15
grades Auge nicht findet: so möge der leere Spott Dir
nicht die Freude rauben, wie er mich's nicht gereuen

---

2 *köstlichere* vertrautere   5 *Grösste* Geheimste
6 *ist beständiger* zuverlässigere   7 *nichts — gewährt*
hat mit Dir durchs Leben zieht die Freude, die reines An-
schauen des befreundeten erregt   8 *die* $<$ | *sichert*
— *Liebe* hält Deine Liebe fest   9 *sie gern — be-*
trachtest gern öfters zur Betrachtung zurükkehrest (C
zurükkehrst)   10 vor *Keine* $+$ Auch | *sicherer*
leichter | *und Tüke — findet* oder Tükke; denn da
ist kein verführerisch Nebenwerk das den Unberechtigten
herbei lokte oder missbraucht könnte werden zu geringem
und schlechtem Zwek. Und steht auch einer seitwärts
mit schelem Blick unser Kleinod musternd, und will un-
ächtes Dir entdekken an Zeichen, die Dein grades Auge
nicht wahrnimmt   16 *der leere — Dir nicht* Dir
weder Krittelei noch schaler Spott

lassen wird, Dir mitgetheilt zu haben, was ich hatte. —
Nimm hin die Gabe, der Du das Denken meines Geistes
verstehen magst! Es begleite Dein Gesang das laute
Spiel meiner Gefühle, und der Schlag, der Dich durch-
5 dringt bei der Berührung meines Gemüthes, werde auch
Deiner Lebenskraft ein erfrischender Reiz.

---

2 *Nimm* So nimm denn | *das* — *Geistes* des
Geistes leises Weben   3 *begleite* töne | vor
Gesang + innerer | *das laute* harmonisch zum
4 *Gefühle,* — *durchdringt* Gefühle! Es werde was jetzt
Dich (*Dich* ∞ C nach *sanft*) magnetisch sanft durch-
zieht, jezt auch (*auch* < C) wie ein elektrischer Schlag
Dich erschüttert   5 *werde* < (∞)

I.   [5]

Die Reflexion

Auch die äussere Welt, mit ihren ewigsten Gesezen *
wie mit ihren flüchtigsten Erscheinungen, strahlt in tausend
zarten und erhabenen Allegorien, wie ein magischer Spiegel, 5
das Höchste und Innerste unsers Wesens auf uns zurük.
Welche aber den lauten Aufforderungen ihres tiefsten
Gefühles nicht horchen, welche die leisen Seufzer des
gemisshandelten Geistes nicht vernehmen, an diesen gehen
auch die wohlthätigen Bilder verloren, deren sanfter Reiz 10
den stumpfen Sinn schärfen soll und spielend belehren.
Selbst von dem, was die eigene Willkühr erdacht hat,
und immer | wieder hervorbringen muss, missverstehn sie [6]
die wahre Deutung, und die innerste Absicht. Wir durchschneiden die unendliche Linie der Zeit in gleichen Ent-*15
fernungen, an willkührlich durch den leichtesten Schein
bestimmten Punkten, die für das Leben ganz gleichgültig
sind, nach denen nichts sich richten will, weil alles ab-
gemessene Schritte verschmäht, weder das Gebäude unserer
Werke, noch der Kranz unserer Empfindungen, noch das 20
Spiel unserer Schiksale; und dennoch meinen wir mit
diesen Abschnitten etwas mehr als eine Erleichterung für
den Zahlenbewahrer, oder ein Fest für den Messkünstler;

Überschrift: *Die* < | *Reflexion* C Betrachtung
5 *Allegorien* Bildern | *wie* — *Wesens* gleich einem
Zauberspiegel unsers Wesens Höchstes und Innerstes
7 *tiefsten* tiefen   8 *horchen* gehorchen   12 *die
eigene Willkühr* der eigne Verstand   14 *Wir durchschneiden* So durchschneiden wir   16 nach *an* + oft
nur   18 vor *nach* + C und | *weil alles* — *ver-
schmäht* ∞ C vor *ganz gleichgültig*   23 *Fest* —
Messkünstler C Kleinod für den Chronologen

bei Jedem knüpft sich daran unvermeidlich der ernste
Gedanke, dass eine Theilung des Lebens möglich sei.
Aber Wenige dringen ein in die heilige Allegorie, und
verstehen den Sinn dieser Verknüpfung, zu welcher die
5 Natur sie auffordert.

Der Mensch kennt nichts als sein Dasein in der Zeit,
[7] und dessen gleitenden Wandel | hinab von der sonnigen
Höhe in die furchtbare Nacht der Vernichtung. Vorstellung und Empfindung abwechselnd entwikelnd und in
10 einander verschlingend, so meint er, ziehe eine unsicht-
bare Hand den Faden seines Lebens fort, und drehe ihn
jezt loser jezt fester zusammen, und weiter· sei nichts.
Je schneller ihre Folge, je reicher ihr Wechsel, je har-
monischer und inniger ihre Verbindung, desto herrlicher
15 sei das bedeutende Kunstwerk vollendet, und könnten sie
seinen ganzen Zusammenhang mechanisch erklären, so
ständen sie auf dem Gipfel der Menschheit und des Selbst-
* verständnisses. So nehmen sie den zurükgeworfenen Strahl
ihrer Thätigkeit für ihr ganzes Thun, die äusseren Be-
20 rührungspunkte ihrer Kraft mit dem was nicht sie ist
für ihr innerstes Wesen, die Atmosphäre für die Welt
selbst, um welche sie sich gebildet hat. Wie wollten sie
die Aufforderung verstehn, welche in der Handlung liegt,
[8] der sie nun gedanken- | los zusehn. Der Punkt, der eine
25 Linie durchschneidet, ist nicht ein Theil von ihr: er bezieht sich auf das Unendliche eben so eigentlich und unmittelbarer, als auf sie, und überall in ihr kannst du
einen solchen Punkt sezen. Der Moment, in dem du

---

1 nach *Jedem* + C vielmehr   3 *heilige* C tief-
sinnige   4 *dieser* — *auffordert* der vielfach wieder-
kehrenden Aufforderung   6 *kennt* kenne   8 nach *Höhe*
+ C des Genusses | *Vernichtung.* Vernichtung;   9 *ab-*
* *wechselnd* auseinander   10 *meint* C meine   13 *ihre*
C seiner Gedanken und Empfindungen   15 nach *Kunst-*
werk + C des Daseins | , *und könnten — ständen sie*
C ; und wer noch über dies seinen ganzen Zusammenhang
mechanisch erklären und auch die geheimsten Springfedern
dieses Spiels aufzeigen könne, der stände   18 *den —*
Strahl C das zurükgeworfene Bild   19 *ganzes* eigentliches   23 *der* jener   25 *ihr:* ihr,   27 *sie,* sie;
28 vor *Der* + So auch | *in dem* C in welchem

die Bahn des Lebens theilst und durchschneidest, soll
kein Theil des zeitlichen Lebens sein: anders sollst du
ihn ansehn, und deiner unmittelbaren Beziehungen mit
dem Ewigen und Unendlichen dich bewusst werden; und
überall wo du willst, kannst du einen solchen Moment 5
haben. Dein freue ich mich, erhabene Andeutung der
Gottheit in mir, schöne Einladung zu einem unsterblichen *
Dasein ausserhalb des Gebietes der Zeit, und frei von
ihren harten Gesezen! Die aber um den Beruf zu diesem
höhern Leben nicht wissen, mitten im Strom der flüchtigen 10
Gefühle und Gedanken, finden ihn auch dann nicht, wenn
sie ohne zu wissen was sie thun, die Zeit messen und
das irdische Leben abthei-|len. Wenn sie lieber nichts*[9]
merkten von dem was ihnen gesagt werden soll, dass
nicht ihr eitles Thun und Treiben so schmerzlich mein 15
Gemüth ergriffe, wenn es der heiligen Einladung zu folgen
strebt. Sie wollen doch auch einen Punkt haben, den
sie nicht ansehen als flüchtige Gegenwart, nur dass sie
nicht verstehn ihn als Ewigkeit zu behandeln. Oft auf
einen Augenblick bisweilen auf eine Stunde, nun gar auf 20
einen Tag sprechen sie sich los von der Verpflichtung, *
so emsig zu handeln, so eifrig Genuss und Erkenntniss
anzustreben, wie auch der kleinste Theil des Lebens es
von ihnen verlangt, wenn er sie erinnert, dass er eben
so bald Vergangenheit sein wird, als er noch kürzlich 25

---

1 *und durchschneidest* < C   2 vor *kein* + C
selbst | *sollst — ansehn* C soll er sich erzeugen und
gestalten   3 *und — bewusst werden* B um — bewusst
zu werden C um Dir ein unmittelbares Bewusstsein von
deinen Beziehungen mit dem Ewigen und Unendlichen
zu erregen   5 *einen solchen — haben* C so den
Strom des zeitlichen Lebens hemmen und durchschneiden
6 *Dein freue* Darum erfreu | , *erhabene — Gottheit*
als einer bedeutungsvollen Mahnung an das Göttliche
7 *schöne* der schönen   8 *frei* freigesprochen   9 *ihren
harten Gesezen* ihrem Gesez   15 nach *Treiben*
+ , indem es der heiligen (C hehren) Einladung zu
folgen strebt,   16 *ergriffe,* bewegte! | *wenn — strebt*
< (∞)   17 *Sie — auch* C Wol mögen auch sie.
22 *Erkenntniss* Einsicht   23 nach *wie* + C es
sonst | es < C (∞)   24 *erinnert* C mahnt

Zukunft war. Dann ekelt es sie Neues wahrnehmen, oder
geniessen, wirken oder hervorbringen; sie sezen sich ans
Ufer des Lebens, aber können nichts thun, als in die
tanzende Welle lächelnd hinab weinen. Gleich wilden
[10] Barbaren, | die am Grabe des Vaters Weiber, Kinder,
oder Sklaven morden, so schlachten sie am Grabe des
Jahres den Tag, der in leeren Fantasien vergeht, ein
vergebliches Opfer.

    Für den soll es kein Nachdenken und keine Betrach-
10 tung geben, der das innere Wesen des Geistes nicht
kennt; der soll nicht streben sich loszureissen von der
Zeit, der auch in sich nichts kennt, als was ihr angehört:
denn wohin sollte er ihrem Strome entsteigen, und was
könnte er sich erstreben, als fruchtloses Leiden und
15 Vernichtungsgefühl? Vergleichend wägt der Eine ab
Genuss und Sorge der Vergangenheit, und will das Licht,
das ihm aus der zurükgelegten Ferne noch nachschimmert,
in ein einziges kleines Bild vereinigen, unter dem Brennpunkt der Erinnerung. Ein Anderer schauet an, was er ge-
20 wirkt, den harten Kampf mit Welt und Schicksal ruft er gern
zurück, und froh, dass es noch so geworden, sieht er hie
und da auf dem neutralen Boden der gleichgültigen |
[11] Wirklichkeit ein Denkmal stehen, das er sich aus dem
trägen Stoff herausgebildet, obwohl Alles weit hinter
25 seinem Vorsaz zurük geblieben. Es forscht ein Dritter,
was er wohl gelernt, und schreitet stolz im viel er-
weiterten und wolgefüllten Magazin der Kenntnisse daher,
erfreut, dass sich alles so in ihm zusammendrängt. O
kindisches Beginnen der eiteln Einbildung! Es fehlt der
30 Kummer, den die Fantasie gebildet, und den aufzubewahren
das Gedächtniss sich geschämt; es fehlt der Beistand, den

------

4 *wilden Barbaren* der trübsinnigen Wuth   5 *am*
— *Vaters* an des Mannes Grabe | , *Kinder* <
6 *morden* mordet   10 nach *der* + C doch nicht |
nicht kennt; B nicht kennt! C darin erkennt!   12 *auch*
C doch | *als was ihr* C was ihr nicht | *angehört:*
angehört!   15 vor *Vernichtungsgefühl* + C herbes
26 *im* — *Magazin* C in — Speichern   28 *dass* —
so B dass sich so vieles C wie doch so vieles sich
29 *Es* C Dem   31 nach *fehlt* + C jenem

Welt und Schicksal selbst geleistet, die sie jezt nur feindlich begrüssen wollen; das Alte, was von dem Neuen *
verdrängt ward, die Gedanken, die sie unter dem Denken,
die Vorstellungen, die sie unter dem Lernen verloren,
werden nicht mit in Anschlag gebracht, und niemals ist 5
die Rechnung richtig. Und wäre sie es, wie tief ver-
wundets mich, dass Menschen denken mögen, dies sei
Selbstbetrachtung, dies heisse sich erkennen. Wie | elend [12]
endet das hochgepriesene Geschäft! die Fantasie ergreift
das treue Bildniss der vergangenen Zeit, mahlts mit 10
schönern Umgebungen nicht sparsam in den leeren Raum
der nächsten Zukunft, und sieht oft seufzend auf das erste
noch zurük. So ist die lezte Frucht nur eitle Hofnung,
dass Besseres kommen werde, und die leere Klage, dass
dahin sei, was so schön gewesen, und dass der Stoff des 15
Lebens mehr und mehr von Tag zu Tag verrinnend der
schönen Flamme bald das Ende zeige. So zeichnet die
Zeit mit leeren Wünschen und mit eitlen Klagen brand-
markend schmerzlich ihre Sklaven, die entrinnen wollten,
und macht den Schlechtesten dem Besten gleich, den sie 20
eben so sicher sich wieder hascht. Wer statt der Thätigkeit des Geistes, die verborgen in seiner Tiefe sich regt,
nur ihre äussere Erscheinung kennt und sieht, wer statt
sich anzuschaun nur immer von fern und nahe her ein
Bild des Lebens und seines Wechsels sich zusammen-| 25
holt, der bleibt der Zeit und der Nothwendigkeit ein [13]
Sklave; was er sinnt und denkt, trägt ihren Stempel, ist
ihr Eigenthum, und nie, auch wenn sich selbst er zu
betrachten wähnt, darf er das heilige Gebiet der Freiheit

---

1 *die sie* wiewohl sie (C er) beide   2 *wollen*
B möchten C möchte | vor *das Alte* + C und dieser
bringt nicht mit in Anschlag   3 *sie* C er   4 *sie*
C er | *verloren* C wieder verlor   5 *werden* —
gebracht < C (∞)   6 *Und* C Doch   8 *sich*
Sich | vor *Wie* + Dafür auch | *elend* C dürftig.
10 *mahlts* < C (∞)   11 nach *sparsam* + C mahlt
sie es   12 *erste* C Urbild   13 vor *eitle* + jene.
14 *die leere* jene gemeine   16 *Tag verrinnend* Tage
schmelzend   23 *sieht,* sieht;   24 *sich* Sich   25 vor
Lebens + C äussern   26 *, der* : der   29 *darf er*
C ist ihm vergönnt | nach *Freiheit* + C zu

betreten; denn in dem Bilde, was er sich von sich entwirft, wird er sich selbst zum äussern Gegenstande, wie alles andere ihm ist, alles ist darin durch äussere Verhältnisse bestimmt. Wie es ihm erscheint, was er dabei
5 sich denkt und fühlt, alles hängt ab vom Inhalte der Zeit, und von desjenigen Beschaffenheit, was ihn berührt hat. Wer mit thierischem Gemüthe nur den Genuss gesucht, dem scheint das Leben arm oder reich, nachdem der angenehmen Augenblike viel oder wenig verstrichen sind
10 in gleicher Zeit, und dieses Bild betrachtet er mit Wohlgefallen oder nicht, je wie das Gute drin das erste oder lezte war. Wer Schönes bilden und geniessen wollte,
[14] hängt ab vom Urtheil über sich, vom Boden auf | dem er stand, und von dem Stoff, den seiner Arbeit das Schiksal
15 vorgelegt. So auch wer Gutes zu wirken strebte. Es beugen alle sich dem Szepter der Nothwendigkeit, und seufzen unter dem Fluch der Zeit, die nichts bestehn lässt.

Wie ihnen beim Leben, so ist mir zu Muthe, wenn mannigfaltiger Töne kunstreiche Harmonie dem Ohr vorbei-
20 gerollt und nun verhallt ist, mit dürftgem Nachklang sich die Fantasie zermartert, und die Seele dem nachseufzt, was nicht wiederkehrt. So freilich ist das Leben nur eine flüchtige Harmonie, aus der Berührung des Vergänglichen und des Ewigen entsprungen: aber
25*es ist der Mensch ein bleibendes Werk, der An-

---

1 *betreten;* betreten.   2 *wird* C ist | *Gegenstande* C Gegenstand geworden   3 *ist,* C ist; | *alles ist darin* und alles darin ist nur   4 *es ihm* C ihm sein Dasein   5 *Inhalte* C Gehalt   8 *das* C sein 11 *Gute drin* C günstigste darin   12 *Schönes* ein anmuthiges und gepriesenes Leben | *und geniessen* <
13 *vom Urtheil* von Andrer Urtheil   15 . *So* ; so | *Gutes* wohlthätig | *Es* C Die   18 *Leben,* — *zu Muthe,* C Leben zu Muthe ist, das gemahnt mich, wie   20 *mit dürftgem* und dann mit dürftigem 21 *die Fantasie zermartert* des Halbkenners Fantasie noch abquält | *die Seele* <   22 vor *So* ╂ Und | *freilich* ∞ *ist*   25 *es* < | *ist* ∞ *der Mensch* | *ein bleibendes Werk* gleich dem kunstreichen Werkzeug aus dem (C gleich der kunstreichen Stimme aus der) jene Harmonie hervorgeht

schauung ein unvergänglicher Gegenstand. Nur sein
innerstes Handeln, in dem sein wahres Wesen besteht,
ist frei, und wenn ich dieses betrachte, fühle ich
mich auf dem heiligen Boden der Freiheit, und fern
von allen unwürdigen | Schranken. Auf mich selbst [15]
muss mein Auge gekehrt sein, um jeden Moment nicht
nur verstreichen zu lassen als einen Theil der Zeit,
sondern als Element der Ewigkeit ihn heraus zu
greifen, und in ein höheres freieres Leben zu verwandeln.   10

     Nur für den giebts Freiheit und Unendlichkeit, der
weiss was Welt ist und was Mensch, der klar das grosse
Räthsel, wie beide zu scheiden sind, und wie sie in einander wirken, sich gelöst; ein Räthsel, in dessen alten
Finsternissen tausend noch untergehn, und sklavisch, 15
weil das eigne Licht verloschen, dem trügerischsten
Scheine folgen müssen. Was sie Welt nennen, ist mir
Mensch, was sie Mensch nennen, ist mir Welt. Welt [ist]
ihnen stets das erste, und der Geist ein kleiner Gast nur
auf der Welt, nicht sicher seines Orts und seiner Kräfte. 20
Mir ist der Geist das erste und das einzige: denn was

---

     1 *Nur* Frei steht vor mir   3 *ist frei,* < (∞)
5 vor *Auf* + Darum muss   6 *muss* < (∞)
8 *heraus zu greifen* festzuhalten   9 *in* — *ver-*
wandeln als inneres freies Leben (C + ihn) anzuschauen
12 vor *weiss* + C wohl zu sondern | *Welt* —
Mensch in seinem Leben (C Dasein) Er selbst ist und
was fremdes, was in der Welt ihm fremdes, was Er
selbst; (+ C ja) nur für den   13 *beide* beides |
sind ist | sie es   14 *wirken* wirket | *gelöst;*
gelöst,   15 *tausend noch* — *sklavisch* C noch tausend
sich quälen, und hingegeben   17 *Was sie* — *erste,*
und Die Aussenwelt, die Welt vom Geist geleert, ist
jedem von der Menge das grösste und erste,   **21** *Mir*
ist — *Spiegel.* Mir stellt der Geist, die Innenwelt, sich
kühn der Aussenwelt, dem Reich des Stoffs, der Dinge,
gegenüber. Deutet nicht des Geistes Vermählung mit *
dem Leibe auf seine grosse Vermählung mit allem, was
leibähnlich ist? Erfass' ich nicht mit meiner Sinne Kraft
die Aussenwelt? trag' ich nicht die ewigen Formen der

ich als Welt erkenne, ist sein schönstes Werk, sein selbst-
[16] geschaffener Spie-|gel. Es drüken sie mit Ehrfurcht und
mit Furcht danieder, die unendlich grossen und schweren
Massen des körperlichen Stoffes, zwischen denen sie sich
5 so klein, so unbedeutend scheinen; mir ist das alles nur
der grosse gemeinschaftliche Leib der Menschheit, wie
der eigne Leib dem Einzelnen gehört, ihr angehörig, nur
durch sie möglich und ihr mitgegeben, dass sie ihn
* beherrsche, sich durch ihn verkünde. Ihr freies Thun
10 ist auf ihn hingerichtet, um alle seine Pulse zu fühlen,
ihn zu bilden, alles in Organe zu verwandeln, und alle
seine Theile mit der Gegenwart des königlichen Geistes
zu zeichnen, zu beleben. Giebts einen Leib wol ohne
Geist? ist nicht der Leib nur, weil und wann der Geist
15 ihn braucht und seiner sich bewusst ist? Mein freies
Thun ist jegliches Gefühl, das aus der Körperwelt hervorzudringen scheint, nichts ist Wirkung von ihr auf mich,
das Wirken geht immer von mir auf sie, sie ist nicht
[17] etwas von mir | verschiedenes, mir entgegengeseztes.
20 Darum nenn ich sie auch nicht mit dem Namen Welt,
dem hohen Worte, das Allgegenwart und Allmacht in

Dinge ewig in mir? und erkenn' ich sie nicht so nur als
den hellen Spiegel meines Innern?   2 *sie* C jene
4 *körperlichen Stoffes* Erdenstoffes | *sich so klein,*
so klein sich und   11 nach *alles* + C sich | *zu
verwandeln* C umzuwandeln   13 *Giebts — bewusst
ist?* <   15 *Mein — nichts* B So ist mir die Erde
der Schauplaz meines freien Thuns; und auch in jeglichem Gefühl, in denen auch worin ich ihre und des
grossen Ganzen Gemeinschaft empfinde, die ganz die
Aussenwelt mir zuzumessen scheint, ist freies Thun. Nichts
C So ist die Erde mir der Schauplaz meines freien Thuns;
und auch in jeglichem Gefühl, wie sehr die Aussenwelt
* es ganz mir aufzudringen scheine, in denen auch, worin
ich ihre und des grossen Ganzen Gemeinschaft empfinde,
dennoch freie innere Thätigkeit. Nichts   17 vor
Wirkung + nur   18 *das Wirken — schliesst* nein
immer geht auch Wirkung von mir aus auf sie; und
nicht in anderm Sinne fühl ich mich durch sie beschränkt
als durch den eignen Leib.

sich schliesst. Was Welt zu nennen ich würdige, ist
nur die ewige Gemeinschaft der Geister, ihr Einfluss auf
einander, ihr gegenseitig Bilden, die hohe Harmonie der
Freiheit. Nur das unendliche All der Geister, sez ich
mir dem Endlichen und Einzelnen entgegen. Dem nur 5
verstatt ich zu verwandeln und zu bilden die Oberfläche
meines Wesens, um auf mich einzuwirken. Hier, und
nur hier ist der Nothwendigkeit Gebiet. Mein Thun ist *
frei, nicht so mein Wirken in der Welt, das folget ewigen
Gesezen. Es stösst die Freiheit an der Freiheit sich, 10
und was geschieht, trägt der Beschränkung und Gemeinschaft Zeichen. Ja, du bist überall das erste, heilge Freiheit! du wohnst in mir, in Allen; Nothwendigkeit ist
ausser uns gesezt, ist der bestimmte Ton vom schönen |
Zusammenstoss der Freiheit, der ihr Dasein verkündet. [18]
Mich kann ich nur als Freiheit anschaun; was nothwendig
ist, ist nicht mein Thun, es ist sein Widerschein, es ist
die Anschauung der Welt, die in der heiligen Gemeinschaft mit Allen ich erschaffen helfe. Ihr gehören die
Werke, die auf gemeinschaftlichem Boden mit Andern 20
ich erbaut: sie sind mein Antheil an der Schöpfung, die
unsere inneren Gedanken darstellt. Ihr gehören die Gefühle, die bald steigen und bald fallen; ihr die Bilder,
die kommen und vergehn, und was sonst wechselnd ins
Gemüth die Zeit bringt und hinweg nimmt: sie sind das 25
Zeichen, dass Welt und Geist sich liebevoll begegnet,
der Kuss der Freundschaft zwischen beiden, der sich
anders immer wiederholt. Dies geht, der Tanz der Horen,
melodisch und harmonisch nach dem Zeitmaass; doch
Freiheit spielt die Melodie und wählt die Tonart, und 30

-----

1 *Was Welt — nur* Doch was ich wahrhaft mir dem
Einzelnen entgegenseze, was mir zunächst Welt ist, Allgegenwart und Allmacht in sich schliessend, das ist
4 *Nur — verstatt ich* Und ihr gebührt es   7 *um*
und   ' 9 nach *Welt* + C der Geister;   17 *ist die*
Anschauung sind die Elemente   18 *heiligen* C fröh-
lichen   21 *sie sind mein* C als meinen   22 . *Ihr*
gehören — fallen ; ihr der bald steigenden bald fallenden
Gefühle Gehalt   25 *sie sind das* als   27 *der Kuss*
als den K.   30 *spielt die Melodie* sezt die Harmonie |
wählt C giebt

[19] alle zarten Uebergänge sind ihr Werk. Sie ge-|hen aus
dem innern Handeln und aus dem eignen Sinn des
Menschen selbst hervor.

    So bist du Freiheit mir in allem das ursprüngliche,
5 das erste und innerste. Wenn ich in mich zurükgeh,
um dich anzuschaun, so ist mein Blik auch ausgewandert
aus dem Gebiet der Zeit, und frei von der Nothwendigkeit Schranken; es weichet jedes drükende Gefühl der
Sklaverei, es wird der Geist sein schöpferisches Wesen
10 inne, das Licht der Gottheit geht mir auf, und scheucht
die Nebel weit zurük, in denen jene Sklaven irrend
wandern. Wie ich betrachtend mich erkennen und anschaun soll, hängt nicht mehr ab vom Schiksal oder
Glük, noch auch davon, wie viel der frohen Stunden ich
15 geerndtet, oder was zu Stande gekommen ist und feststeht durch mein Thun, und wie die äussere Darstellung
dem Willen ist gelungen; das alles ist nur Welt, nicht
ich. Es mochte das Handeln, welches ich betrachte, darauf
[20] *gerichtet sein, | der Menschheit ihren grossen Körper zu
20 eignen, ihn zu nähren, die Organe ihm zu schärfen, oder
mimisch und kunstreich ihn zu bilden zum Abdruk der
Vernunft und des Gemüthes: wie ich ihn bei dem Geschäft zu meinem Dienst schon tüchtig fand, wie leicht
zu bildend und zu beherrschend die rohe Masse durch
25 des Geistes Macht, das ist ein Zeichen von der Herrschaft
nur, die schon die Freiheit Aller über ihn geübt, ein Blik

------

    1 *Werk.* Werk;   4 *bist du* ist die   5 *das
erste und* C und wie das erste so das   6 *dich anzuschaun,* sie anzuschaun: 9 *Sklaverei* Knechtschaft
11 *Sklaven* traurig   12 *wandern* wandeln | *Wie
— soll* Und wie ich mich finde, (+ C wie) mich erkenne
durch die Betrachtung, das   13 *mehr* < C | *vom
C* von   14 *noch auch* nicht   15 *oder* noch | *zu
Stande gekommen* C gefördert   17 *; das — ich*
: denn das ist alles ja nicht Ich, ist nur die Welt
24 *bildend* bilden | *beherrschend* beherrschen   25 *das
— nur* dadurch wird zwar die Herrschaft bezeichnet
26 *ein Blik — Sein;* es wird bestimmt, was weiter er-
folgen kann, was nicht; allein des Handelns innere Kraft
wird dadurch nicht bestimmt,

auf das, was noch zu thun verbleibt, und nicht ein
Maassstab meines Handelns; es ändert nicht die Anschauung von meiner That, das Bild von meinem ganzen
Sein; mich fühl ich darum nicht besser und nicht
schlechter, ich finde mich nicht als den Sklaven, dem die 5
Welt, die eiserne Nothwendigkeit bezeichnet, was er sein
darf. Wie dem starken gesunden Geist der Schmerz die
Herrschaft über seinen Leib nicht gleich entreisset: so
fühl auch ich mich frei beseelend und regierend den
rohen Stoff, gleich-|viel ob Schmerz ob Freude folge. Es [21]
zeigen beide das innere Leben an, und inneres Leben ist
des Geistes Werk und freie That. Und war mein Thun
darauf gerichtet, die Menschheit in mir zu bestimmen,
in irgend einer endlichen Gestalt und festen Zügen sie
darzustellen, und so selbst werdend Welt zugleich zu 15
bilden, indem ich der Gemeinschaft freier Geister ein
eignes und freies Handeln darbot: es bleibt dasselbe dem
darauf gewandten Blik, ob nun unmittelbar etwas daraus
entstand, das gleich mir selbst als Welt begegnet, ob
mein Handeln gleich dem Handeln eines Andern sich ver- 20
band, ob nicht. Mein Thun war doch nicht leer, bin ich
nur in mir selbst bestimmter und eigener geworden, so
hab ich durch mein Werden auch Welt gebildet, ob nun
früher oder spät das Handeln eines Andern anders und
neu auf meines trift und sichtbare That vermählend stiftet. 25

---

    4 nach *mich* + selbst   **5** *ich finde — was er*
ob die äusseren Bedingungen des Handelns ungünstig
sind, ob günstig, noch find ich, dass dadurch die Welt
mit eiserner Nothwendigkeit mir vorgezeichnet, wieviel ich
7 vor *Wie* + Und | *dem — Geist* C der — Seele
8 *seinen* C ihren | *gleich* C leicht   **12** *That.*
C That. — | *Und* Oder   **14** *in — endlichen*
von ihr in eigener | *sie* eine Seite   **17** *eignes*
eigenes   **19** *gleich — begegnet* ausser mir auch und
für Andre feststeht (nach *feststeht* + C , ob nicht; und
ob gleich mein Handeln dem Handeln etc. wie A B)
21 *leer,* C leer;   **22** *eigener* C eigenthümlicher
23 *Welt — nun* dazu doch den Grund gelegt, dass
anders als zuvor, sei's   **24** *spät* später, | *anders
und neu* <   **25** *trift und* C treffend

[22] Nimmer kehr ich traurig von der Betrach-|tung meiner
selbst zurük, und singe dem gebrochenen Willen, dem
überwundenen Entschlusse Klagelieder, gleich denen welche
nicht ins Innere dringen, und nur im Einzelnen und
5 Aeussern sich selbst zu finden wähnen.

Klar wie der Unterschied des Innern und Aeussern
vor mir steht, weiss ich es, wer ich bin, und finde mich
* selbst im innern Handeln nur, im Aeussern nur die Welt,
und beides weiss der Geist zu unterscheiden, nicht un-
10 gewiss wie Jene zwischen beiden schwankend in ver-
wirrungsvoller Dunkelheit. So weiss ich auch, wo Freiheit ist zu suchen und ihr heiliges Gefühl, das dem sich
stets verweigert, dessen Blik nur auf dem äussern Thun
* und Leben der Menschen weilet. Wie sehr er sich ver-
15 tiefen mag in tausend Irrgängen der Betrachtung sinnend
und denkend hin und her, und alles mag erreichen: den
Begrif versagt sein Denken ihm. Er folgt nicht nur dem
[23] Winke | der Nothwendigkeit: in abergläubiger Weisheit
in knechtischer Demuth muss er auch sie suchen, und
20 sie glauben, wo er sie nicht sieht, und Freiheit scheint
ihm nur ein Schleier über die verborgne und unbegrifne
Nothwendigkeit betrügerisch gebreitet. So sieht der Sinnliche mit seinem äussern Thun und äussern Denken auch
Alles einzeln nur und endlich. Er kann sich selbst nicht
25 anders fassen als einen Inbegrif von flüchtigen Erscheinungen, da immer eine die andere aufhebt und zerstört,
die nicht zusammen zu begreifen sind; ein volles Bild

---

1 *Nimmer kehr ich* Daher denn kehr ich nimmer
2 *und singe* noch sing ich jemals 3 nach *Klage-
lieder* + nach | *denen* denen, 7 vor *weiss* + C
so | *es* < 9 *der — unterscheiden* C ich wol zu
scheiden 11 *So* Drum 14 *er* C ein solcher 16 *her*
— *mag* C her; und könnt er alles leicht | *den* diesen
19 *auch* < C | *und* C muss 20 vor *wo* + C
auch 21 *ein Schleier — gebreitet* eine Larve, hinter
welche bald zum Scherz, bald ernst betrügerisch sich die
Nothwendigkeit verbirgt 23 *mit seinem — Denken*
C , wie nur äusserlich sein Thun ist und sein Denken,
24 *einzeln — endlich* C nur vereinzelt und äusserlich |
nicht anders B nicht für was andres C auch für nichts
andres 25 *fassen* nehmen 26 *da* deren

von seinem Wesen zerfliesst in tausend Widersprüchen
ihm. Wohl widerspricht im äussern Wirken das Einzelne
dem Einzelnen, das Wirken hebt Leiden auf, das Denken
zerstört Empfindung, und das Anschauen dringt unthätige
Ruhe dem Willen ab. Im Innern ist alles Eins, ein*5
jedes Handeln ist Ergänzung nur zum andern, in jedem
ist das andere auch enthalten. Drum hebt | auch weit*[24]
über das Endliche, das in bestimmter Folge und festen
Schranken sich übersehen lässt, die Selbstanschauung
mich hinaus. Es giebt kein Handeln in mir, das ich*10
vereinzelt recht betrachten, und keins, von dem ich sagen
könnte, es sei ein Ganzes. Ein jedes Thun stellt mir
mein ganzes Wesen dar, nichts ist getheilt, und jede
Thätigkeit begleitet die andere; es findet die Betrachtung
keine Schranken, muss immer unvollendet bleiben, wenn 15
sie lebendig bleiben will. Mein ganzes Wesen kann ich
wieder nicht vernehmen, ohne die Menschheit anzuschauen,
und meinen Ort und Stand in ihrem Reich mir zu bestimmen; und die Menschheit, wer vermöchte sie zu
denken, ohne sich mit dem Denken ins unermessliche 20
Gebiet und Wesen des reinen Geistes zu verlieren.

Sie ist es also die hohe Selbstbetrachtung, und sie
ist es allein, was mich in Stand sezt, die erhabene
Forderung zu | erfüllen, dass der Mensch nicht sterblich [25]
nur im Reich der Zeit, auch im Gebiet der Ewigkeit 25
unsterblich, nicht irdisch nur, auch göttlich soll sein
Leben führen. Es fliesst mein irdisch Thun im Strom
der Zeit, es wandeln sich Erkenntniss und Gefühle, und
ich vermag nicht eines fest zu halten; es fliegt vorbei
der Schauplaz, den ich spielend mir gebildet, und auf 30

---

2 *äussern* C äusserlichen | *das Einzelne dem
Einzelnen* C ein Einzelnes dem andern   **5** nach
Innern ✝ C aber   **8** *Endliche* Einzelne   **11** *und
keins* C keines   **12** *stellt — dar* führt immer mich
auf die ganze Einheit meines Wesens zurück   **20** *ohne
sich — Geistes* C ohne dass Sehnsucht ihn erfüllte, sich *
ins unermessliche Gebiet aller Gestaltungen und Stuffen
des Geistes denkend   **23** *was* C die | *die — er-
füllen* C der erhabenen Forderung zu genügen   **26** *nur,*
C nur   **28** *Erkenntniss* Vorstellungen |

der sichern Welle führt der Strom mich Neuem stets
entgegen: so oft ich aber ins innere Selbst den Blik
zurükwende, bin ich zugleich im Reich der Ewigkeit;
ich schaue des Geistes Handeln an, das keine Welt ver-
5 wandeln, und keine Zeit zerstören kann, das selbst erst
* Welt und Zeit erschaft. Auch bedarf es nicht etwa der
Stunde, die Jahre von Jahren trennt, um mich auf-
zufordern zum Genuss des Ewigen, und das Auge des
Geistes zu weken, welches schlafen kann, wenn auch das
10 Herz schlägt, und die Glieder sich regen. Immer möchte
[26] das göttliche Leben | führen, wer es einmal gekostet hat:
jegliches Thun soll begleiten der Blik in die Mysterien
des Geistes, jeden Augenblick kann der Mensch ausser
der Zeit leben, zugleich in der höheren Welt.

15* Es sagen zwar die Weisen selbst, mässig sollest du
dich mit Einem begnügen; Leben sei Eins, und im ursprünglichen und höchsten Denken sich verlieren ein
Anderes; indem du getragen werdest von der Zeit geschäftig in der Welt, könnest du nicht zugleich rühig
20 dich anschauen in deiner innersten Tiefe. Es sagen die
Künstler, indem du bildest und dichtest müsse die Seele
ganz verloren sein in das Werk, und dürfe nicht wissen
was sie beginnt. Aber wage es mein Geist, troz der
verständigen Warnung! eile entgegen deinem Ziele, das
25 ein anderes vielleicht ist, als das ihre. Mehr kann der
Mensch als er meint; aber auch dem Höchsten entgegenstrebend, erreicht er nur Einiges. Kann das heiligste
[27] innerste Den-|ken des Weisen zugleich ein äusseres
Handeln sein, hinaus in die Welt zur Mittheilung und

---

4 *Handeln* C Leben 7 *Jahre von Jahren* ein
Jahr vom (C von dem) andern | *um* < C 8 *Ewigen*
ewigen | nach *und* + C mir 9 *schlafen kann*
B in Vielen ja schläft C Vielen ja geschlossen ist
12 *die — Geistes,* des Geistes Geheimnisse; so kann
13 *kann* < (∞) | *ausser* auch über 16 *be-
gnügen;* begnügen, | *im — Denken* C in der Tiefe
der Betrachtung 17 *verlieren* verlieren, 20 *deiner
— Tiefe* C deinem — Wesen 21 *dichtest* C dichtest,
23 *mein Geist,* C meine Seele 26 *entgegenstrebend*
C nachstrebend 27 *heiligste* geheimste 29 *sein,* C sein

Belehrung: warum soll denn nicht äusseres Handeln in
der Welt, was es auch sei, zugleich sein können ein
inneres Denken des Handelns? Ist das Schauen des
Geistes in sich selbst die göttliche Quelle alles Bildens
und Dichtens, und findet er nur in sich, was er darstellt 5
im unsterblichen Werk: warum soll nicht bei allem Bilden
und Dichten, das immer nur ihn darstellt, er auch zurük- *
schauen in sich selbst? Theile nicht was ewig vereint
ist, dein Wesen, das weder das Thun noch das Wissen
um sein Thun entbehren mag, ohne sich zu zerstören! 10
Bewege Alles in der Welt, und richte aus was du vermagst; gieb dich hin dem Gefühl deiner angebohrnen
Schranken, bearbeite jedes Mittel der geistigen Gemeinschaft; stelle dar dein Eigenthümliches, und zeichne mit
deinem Geist alles was dich umgiebt; arbeite an den 15
heiligen | Werken der Menschheit, ziehe an die befreundeten [28]
Geister: aber immer schaue in dich selbst, wisse was du
thust, und in welcher Gestalt dein Handeln einhergeht.
Der Gedanke, mit dem sie die Gottheit zu denken meinen,
welche sie nimmer erreichen, hat doch für dich die Wahr-*20
heit einer schönen Allegorie auf das was der Mensch sein
soll. Durch sein blosses Sein erhält sich der Geist die
Welt, und durch Freiheit giebt er sich die Thätigkeit, die
immer ein und dieselbe sein wechselndes Handeln hervorbringt: aber unverrükt schaut er zugleich jene Thätigkeit 25
an in diesem Handeln immer neu und immer dieselbe,

---

  1 *Belehrung:* C Belehrung; 3 *inneres Denken*
C stilles Betrachten 10 *mag* C kann 11 *ver-*
magst; vermagst, 13 *Gemeinschaft;* Gemeinschaft,
15 *Geist* Gepräge | *umgiebt;* umgiebt, 18 *in* —
einhergeht erkenne deines Handelns Maass und Gestalt
20 *für dich* < 21 *einer* — *auf das* eines schönen
Sinnbildes von dem, 22 *Durch* — *vergeht nicht* (S. 24
Z. 3) Kraft seines Willens ist die Welt da für den Geist,
(C ;) und (*und* < C) höchste Freiheit ist die Thätigkeit,
die sich in seinem wechselnden sie bildenden Handeln
ausdrükt; und unverrükt in diesem Handeln sich seiner
selbst bewusst als immer desselben, feiert er ein seliges
Leben. So dass der Geist nichts bedarf als sich selbst;
und weder vergeht je

und dies Anschaun ist Unsterblichkeit und ewiges Leben,
denn es bedarf der Geist nichts als sich selbst, und es
vergeht nicht die Betrachtung dem zurükbleibenden Gegenstand, noch stirbt der Gegenstand vor der überlebenden
5 Betrachtung. So haben sie auch gedichtet die Unsterb-
[29]*lichkeit, die sie allzugenügsam erst nach der Zeit | suchen
statt neben der Zeit, und ihre Fabeln sind weiser als sie
selbst. Es erscheint ja dem sinnlichen Menschen das
innere Handeln nur als ein Schatten der äusseren That,
10 und ins Reich der Schatten haben sie die Seele auf ewig
gesezt, und geweint, dass dort unten nur ein dürftiges
Bild der frühern Thätigkeit ein dunkles Leben ihr friste:
aber klarer als der Olymp ist das, was der dürftige Sinn
verbannte in unterirdische Finsterniss, und das Reich der
15 Schatten sei schon hier mir das Urbild der Wirklichkeit.
Jenseit der zeitlichen Welt liegt ihnen ja die Gottheit,
und die Gottheit anzuschaun und zu loben haben sie den
Menschen nach dem Tode auf ewig befreit von den
Schranken der Zeit: aber es schwebt schon jezt der Geist
20 über der zeitlichen Welt, und ihn anzuschaun ist Ewigkeit und unsterblicher Gesänge himmlischer Genuss. Be-
ginne darum schon jezt dein ewiges Leben in steter
[30] Selbstbetrachtung; sorge nicht um das, was | kommen
wird, weine nicht um das, was vergeht: aber sorge dich
25 selbst nicht zu verlieren, und weine, wenn du dahin
treibst im Strome der Zeit, ohne den Himmel in dir zu
tragen.

---

 7 *neben* inner und über   11 *geweint* gemeint
15 *schon hier mir* mir schon hier   20 *ihn anzuschaun* solches Schauen   21 *und* , und

II.

Prüfungen

[31]

Es scheuen die Menschen in sich selbst zu sehn, und
knechtisch erzittern Viele, wenn sie endlich länger nicht
der Frage ausweichen können, was sie gethan, was sie   5
geworden, wer sie sind. Aengstlich ist ihnen das Geschäft, und ungewiss der Ausgang. Sie meinen leichter
könne ein Mensch den andern kennen, als sich selbst;
sie glauben mit würdiger Bescheidenheit zu handeln,
wenn sie nach der strengsten Untersuchung sich noch   10
den Irrthum in der Rechnung vorbehalten. Doch ist es
nur der Wille, der den Menschen vor sich selbst ver-
birgt; das Urtheil kann nicht irren, wenn er anders |
den Blik nur wirklich auf sich wendet. Aber das ist es, [32]
was sie weder können noch mögen. Es halten das Leben   15
und die Welt sie ganz gebunden, und absichtlich das
Auge beschränket, um ja nichts anders wahrzunehmen,
erbliken sie in ihnen nur den losen gauklerischen Widerschein von sich. Den Andern kann ich nur aus seinen
Thaten kennen, denn ich schaue sein inneres Handeln   20
niemals an. Was eigentlich er wollte kann ich unmittelbar nie wissen; nur die Thaten vergleich ich unter sich,
und schliesse daraus unsicher zurük, worauf die Handlung wol in ihm gerichtet war, und welcher Geist ihn
trieb. O Schande wer sich selbst nur wie der Fremde   25

---

7 *meinen* meinen,   9 *mit würdiger — handeln*
C nur würdige Bescheidenheit zu zeigen   18 *in ihnen*
stets von sich | *den losen* trüben Schatten,   19 *von*
sich $<$ (∞) | nach *Andern* $+$ C zwar   20 *ich*
schaue — an C niemals tritt sein inneres Leben selbst
vor mein Auge   21 *wollte* C strebte   23 *schliesse*
— zurük darf unsicher nur vermuthen   25 *O Schande*
C Doch Schmach, | vor *sich* $+$ C auch

den Fremden betrachtet! wer von seinem innern Handeln
nichts weiss, und Wunder wie klug sich dünket, indem
er nur den lezten aufs äussere Thun gerichteten Entschluss belauschet, mit dem Gefühl das ihn begleitet,
mit dem Begrif, der ihm unmittelbar voranging, ihn zu-|
sammenstellt! Wie will er je den Andern oder sich erkennen? was kann die schwankende Vermuthung leiten,
beim Schluss vom Aeussern auf das Innere, dem der
auf keinen entschiedenen Fall auf nichts unmittelbar
Gewisses baut? Das sichere Vorgefühl des Irrthums
erzeugt die Bangigkeit; die dunkele Ahndung, dass er
selbstverschuldet sei, beengt das Herz; und unstät schweifen
die Gedanken aus Furcht vor jenem kleinen Antheil des
Selbstbewusstseins, den sie herabgewürdigt zum Zuchtmeister bei sich tragen, und ungern öfters hören müssen.

Wol haben sie Ursach zu besorgen, wenn sie redlich
das innere Thun, das ihrem Leben zum Grunde lag er-
forschten, sie möchten oft die Menschheit nicht darin
erkennen, und das Gewissen, dieses Bewusstsein der
Menschheit schwer verlezet sehn: denn wer sein leztes
Handeln nicht betrachtet hat, kann auch nicht Bürgschaft |
leisten, ob er beim nächsten noch bedenkt, dass er ihr
angehöre, und ihrer werth sich zeiget. Den Faden des
Selbstbewusstseins hat er einmal zerrissen, hat sich

---

1 *von seinem — nichts* C auch um sein eignes
innres Leben nicht   3 *aufs äussere Thun* C auf
äussere That   7 nach *kann* + beim Schluss vom
Aeussern auf das Innere   8 *beim — Innere,* < (∞)
9 *auf — Fall* < C   10 *baut* C bauend mit lauter
unbekannten Grössen rechnen will | *Das sichere*
C Ein stetes   11 *erzeugt die* B erzeuget C erzeugt
ihm | *dass er — sei* C er sei selbst verschuldet
13 *Furcht* C Scheu   14 nach *den* + C leider | *sie*
< C | nach *Zuchtmeister* + C er   15 *müssen*
C muss   17 *lag* C lag,   18 *die Menschheit nicht*
C nicht die Vernunft   19 nach *und* + C möchten
20 *Menschheit* Menschheit,   22 *bedenkt* bedenken
(C bewähren) wird | *ihr* C der Menschheit   23 *zeiget*
zeigen   24 *er einmal zerrissen* C ein solcher seis
niemals angesponnen, seis wieder zerrissen

einmal nur der Vorstellung und dem Gefühl ergeben, *
das er mit dem Thiere theilt: wie kann er wissen, ob er
nicht in plumpe Thierheit ist hinabgestürzt? Die Menschheit in sich zu betrachten, und, wenn man einmal sie
gefunden, nie den Blik von ihr zu verwenden, ist das 5
einzige sichere Mittel, von ihrem heilgen Boden nie sich
zu verirren. Dis ist die innige und nothwendige, nur
Thoren und Menschen trägen Sinnes unerklärte und ge- ⁙
heimnissvolle Verbindung zwischen Thun und Schauen. *
Ein wahrhaft menschlich Handeln erzeugt das klare Be- 10
wusstsein der Menschheit in mir, und dies Bewusstsein
lässt kein anderes als der Menschheit würdiges Handeln
zu. Wer sich zu dieser Klarheit nie erheben kann, den
treibt vergeblich dunkle Ahndung nur | umher; vergebens [35]
wird er erzogen und gewöhnt, und sinnt sich tausend 15
Künsteleien aus, und fasst Entschlüsse um sich gewaltsam in die Menschheit wieder hinein zu drängen: es
öfnen sich die heilgen Schranken nicht, er bleibt auf
ungeweihtem Boden, und kann nicht der gereizten Gottheit Verfolgungen entgehen, und dem schmähligen Gefühle 20
der Verbannung aus dem Vaterlande. Eitler Tand ists
immer und leeres Beginnen, im Reich der Freiheit Regeln
geben und Versuche machen. Ein einziger freier Entschluss gehört dazu ein Mensch zu sein: wer den einmal
gefasst, wirds immer bleiben; wer aufhört es zu sein, 25
ists nie gewesen. *
    Mit stolzer Freude denk ich noch der Zeit, da ich
die Menschheit fand, und wusste, dass ich nie mehr sie

---

1 vor *Vorstellung* + C äussern | *und dem* , dem
niederen   2 *das er — theilt:* und dem entsagt, worin
am deutlichsten die Menschheit sich beweist: (C die höhere
Natur sich zeigt;)   4 nach *in sich* + C selbst |
zu < C | *und,* und   5 *zu* < C | vor *ist*
+ C dies   6 *von — Boden* C aus — Gebiet | *sich*
< C   7 nach *verirren* + , und nie das edelste Gefühl
von sich selbst (C des eignen Selbstes) zu vermissen |
Dis Dies   15 *und* < C   16 *Künsteleien*
C hülfreiche Künste   17 *in die Menschheit* < C (∞) |
nach *drängen* + C in die verlassene Gemeinschaft
28 *die Menschheit* C das Bewusstsein der Menschheit |
nie mehr sie C nun nie es mehr

* verlieren würde. Von innen kam die hohe Offenbarung durch keine Tugendlehren und kein System der Weisen
[36] hervorgebracht: das lange | Suchen, dem nicht dies nicht jene genügen wollten, krönte ein heller Augenblick; es
5 löste die dunkeln Zweifel die Freiheit durch die That. Ich darf es sagen, dass ich nie seitdem mich selbst verlassen. Was sie Gewissen nennen, kenne ich nicht mehr; es straft mich kein Gefühl, es braucht mich keines zu
*mahnen. Auch streb ich nicht seitdem nach der und
10 jener Tugend, und freue mich besonders dieser oder jener Handlung, wie Jene, denen nur im flüchtigen Leben einzeln und bisweilen ein zweifelhaftes Zeugniss der Vernunft erscheint. In stiller Ruhe, in wechselloser Einfalt
* führ ich ununterbrochen das Bewusstsein der ganzen
15 Menschheit in mir. Gern und leichtes Herzens seh ich oft mein Handeln im Zusammenhang, und sicher, dass ich nirgend etwas, was die Menschheit verläugnen müsste, finden werde. Wenn dies das Einzige wäre, was ich von
[37] mir fordere: wie lange könnt ich mich zur Ruhe | begeben,
20 und vollendet das Ende suchen! Denn unerschüttert fest steht die Gewissheit, und strafwürdige Feigheit, die mein Sinn nicht kennt, scheint mirs, wenn ich von langer Lebenszeit erst vollere Bestätigung erwarten, und bange zweifeln wollte, ob nicht doch etwas sich ereignen könnte,
25 was im Stande wäre mich hinabzustürzen von der Höhe der Vernunft zur Thierheit. Aber Zweifel sind auch mir noch mitgegeben: es ist ein anderes und höheres Ziel mir aufgegangen, als jenes erreicht war, und bald stärker bald schwächer es im Auge habend weiss nicht immer
30 die Selbstbetrachtung, auf welchem Wege ich mich ihm nähere, und auf welchem Punkte ich stehe, und schwankt

---

1 *Offenbarung* C Offenbarung,   **4** *es* C die Freiheit
5 *die Freiheit* $<$ C (∞) 6 *verlassen* C verloren   **7** vor *nicht* $+$ so   8 *es* 1^0 so | *es* 2^0 so   17 *Menschheit* C Vernunft   18 Bei *Wenn* setzt C ab   21 nach *und* $+$ C es würde mir | nach *Feigheit* $+$ C scheinen
22 *scheint mirs,* $<$ C (∞) 26 *zur Thierheit* C zu thierischer Verworrenheit und sinnlicher Vereinzelung
27 *mitgegeben:* C mitgegeben;   28 *ist — aufgegangen* C ward — vorgestekt   29 *habend* C habend,   31 *und — Punkte* C auf welchem Punkt des Weges

im Urtheil. Doch wird es sicherer und bestätigt sich
mehr, je öfter ich wiederkehre zur alten Untersuchung.
Wär aber auch Gewissheit mir noch so fern, ich wollte
doch nur schweigend suchen und nicht klagen: denn
stärker als der Zweifel ist die Freude, | gefunden zu [38]
haben, was ich suchen soll, und dem gemeinen Wahn
entronnen zu sein, der viele der Besseren zeitlebens
täuscht, und sie verhindert, zur rechten Höhe der Menschheit sich empor zu schwingen. Lange genügte es auch
mir nur die Vernunft gefunden zu haben, und die Gleich- 10
heit des Einen Daseins als das Einzige und Höchste an- *
betend, glaubte ich es gebe nur Ein Rechtes für jeden
Fall, es müsse das Handeln in Allen dasselbe sein, und
nur weil Jedem seine eigne Lage, sein eigner Ort gegeben sei, unterscheide sich Einer vom Andern. Nur 15
in der Mannigfaltigkeit der äussern Thaten offenbare sich
verschieden die Menschheit; der Mensch, der Einzelne sei
nicht ein eigenthümlich gebildet Wesen, sondern nur ein
Element und überall derselbe.

So treibts der Mensch! wenn er die unwürdige Einzel- 20
heit des sinnlichen thierischen Lebens verschmähend das
Bewusstsein der allgemeinen Menschheit gewinnt, und
vor | der Pflicht sich niederwirft, vermag er nicht so- [39]
gleich auch zu der höhern Eigenheit der Bildung und
der Sittlichkeit empor zu dringen, und die Natur, die*25
sich die Freiheit selbst erwählt, zu schauen und zu verstehn. In unbestimmter Mitte schwebend erhalten sich
die Meisten, und stellen wirklich nur im rohen Element

---

8 *der Menschheit* C des Lebens   10 *, und* C ; und
11 *anbetend* C verehrend   14 *weil Jedem* wiefern doch
Jedem   17 vor *Mensch* + C innere   18 *nur*
— *derselbe* überall ein jeder an sich dem andern gleich
20 *treibts* besinnt sich nur allmählich | nach *Mensch*
+ , und nicht vollkommen alle | *er* einer   25 *dringen*
C blikken   26 *sich — erwählt* durch die Freiheit
ausgebildet mit ihr ganz eins geworden   28 *stellen*
— *höhern Daseins* C zeigen zwar wirklich alle Bestandtheile der Menschheit; aber wie das Gestein, dem Ruhe
nicht ward noch Raum zur eigenthümlichen Gestaltung
sich zu krystallisiren, nur als rohe Masse erscheint, so

die Menschheit dar, bloss weil sie den Gedanken des eignen höhern Daseins nicht gefasst. Mich hat er ergriffen. Es beruhigte mich nicht das Gefühl der Freiheit allein; unnüz schien mir die Persönlichkeit und die Einheit des fliessenden vergänglichen Bewusstseins in mir, und drängte mich etwas Höheres Sittliches zu suchen, dessen Bedeutung sie wäre. Es genügte mir nicht, die Menschheit in ungebildeten rohen Massen anzuschaun, welche innerlich sich völlig gleich, nur äusserlich durch Reibung und Berührung vorübergehende flüchtige Phänomene bilden.

[40] So ist mir aufgegangen, was jezt | meine höchste Anschauung ist, es ist mir klar geworden, dass jeder Mensch auf eigne Art die Menschheit darstellen soll, in einer eignen Mischung ihrer Elemente, damit auf jede Weise sie sich offenbare, und wirklich werde in der Fülle der Unendlichkeit Alles was aus ihrem Schoosse hervorgehen kann. Der Gedanke allein hat mich empor gehoben und gesondert von dem Gemeinen und Ungebildeten das mich umgiebt, zu einem Werk der Gottheit, das einer be-

---

alle die, welche den Gedanken der Eigenthümlichkeit des Einzelwesens   4 *unnüz schien mir* ich fragte warum doch   6 *, und* B , und es C ; und es | *etwas* C ein 7 *die Menschheit — bilden* dass die Menschheit nur dasein sollte als eine gleichförmige Masse, die zwar äusserlich zerstükkelt erscheint, doch so, dass alles innerlich dasselbe ist. Es wunderte mich, dass die (+ C besondere) geistige eigene (*eigene* < C) Gestalt der Menschen ganz ohne innern Grund nur auf äussere Weise durch Reibung und Berührung als ein vorübergehendes Phänomen sich (*als ein — sich* C sich zur zusammengehaltenen Einheit der vorübergehenden Erscheinung) bilden sollte   12 *jezt* C seitdem | *meine — ist,* C am meisten mich erhebt; 13 *ist,* B ist; | *es* C so   14 *einer eignen* C eigner   16 *der Unendlichkeit* C des Raumes und der Zeit   17 *Alles* ∞ C vor *wirklich* (Z. 16) | nach *was* + C irgend verschieden   18 *Der Gedanke — mich* C Mich hat vorzüglich dieser Gedanke   19 *Gemeinen und Ungebildeten* C geringeren und ungebildeten 20 *, zu einem Werk* ; ich fühle mich durch ihn ein auserlesenes Werk | *einer besondern* besonderer

sondern Gestalt und Bildung sich zu erfreuen hat; und
die freie That, die ihn begleitete, hat um sich versammelt
und innig verbunden zu einem eigenthümlichen Dasein
die Elemente der menschlichen Natur. Hätt ich seitdem
das Eigene in meinem Thun auch so unausgesezt be- 5
trachtet, wie ich das Menschliche drin immer angeschaut;
wär ich jedes Handelns und Beschränkens, das Folge ist
von jener freien That, mir eigens bewusst geworden,
und | hätt ich unverrükt der weitern Bildung und jeder [41]
Aeusserung der Natur recht zugesehen: so könnt ich auch 10
darüber keinen Zweifel tragen, welches Gebiet der Menschheit mir angehört, und wo von meiner Ausdehnung und
meinen Schranken der gemeinschaftliche Grund zu suchen
ist; den ganzen Inhalt meines Wesens müsst ich genau
ermessen, auf allen Punkten meine Grenzen kennen, und 15
prophetisch wissen, was ich noch sein und werden kann.
Allein nur schwer und spät gelangt der Mensch zum
vollen Bewusstsein seiner Eigenthümlichkeit; nicht immer
wagt ers drauf hinzusehn, und richtet lieber das Auge
auf den Gemeinbesiz der Menschheit, den er so liebend 20
und so dankbar festhält; er zweifelt oft, ob er sich als
ein eignes Wesen wieder aus ihm ausscheiden soll, aus
Furcht zurükzusinken in die alte strafwürdige Beschränktheit auf den engen Kreis der äusseren Persönlichkeit, das
Sinnliche | verwechselnd mit dem Geistigen, und spät [42]
erst lernt er recht das höchste Vorrecht schäzen und

---

2 *, die — begleitete* mit der er zusammengehört | *
um sich <   4 vor *seitdem* + C stets   5 nach
so + bestimmt gefühlt und so | *unausgesext* C be-
harrlich es   6 nach *ich* + immer | *drin immer
angeschaut* B darin angeschaut C in mir geschaut   9 *der
weitern — Natur* jeder (C auch jeder) Aeusserung der
Natur bei ihrer weitern Bildung   11 *tragen* C hegen
19 *drauf* darauf   20 *so liebend und so dankbar*
liebend und dankbar schon länger   21 *; er* B *, und*
C *, ja* | *er sich — Furcht* B er sich als ein eignes
Wesen wieder gewissermassen ausscheiden darf ohne Gefahr
C ihm gebühre, sich als eignes Wesen wieder gewissermassen loszureissen aus der Gemeinschaft, und ob er
nicht Gefahr laufe wieder

gebrauchen. So muss das unterbrochene Bewusstsein lange schwankend bleiben; das eigenste Bestreben der Natur wird oftmals nicht bemerkt, und wenn am deutlichsten sich ihre Schranken offenbaren, gleitet an der
5 scharfen Eke das Auge allzuleicht vorbei, und hält da nur das Allgemeine fest, wo eben in der Verneinung sich das Eigne zeigt. Zufrieden darf ich damit sein, wie schon der Wille die Trägheit hat gezähmt, und wie die Uebung den Blik geschärft, dem wenig mehr entgeht.
10 Wo ich jezt, was es sei, nach meinem Geist und Sinne handle, da stellt die Fantasie zum deutlichsten Beweise der freien Wahl noch tausend Arten vor, wie ohne der Menschheit Geseze zu verlezen anders gehandelt werden konnte, in anderm Geist und Sinn; ich denke mich in
15 tausend Bildungen hinein, um desto deutlicher die eigne zu erbliken. |

[43]   Doch weil noch nicht vollendet das Bild in allen Zügen vor mir steht, und weil noch nicht der immer ununterbrochene Zusammenhang des hellen Selbstbewusst-
20 seins mir seine Wahrheit bürgt, darf auch noch nicht in immer gleicher und ruhiger Haltung die Selbstbetrachtung gehn, absichtlich muss sie öfter sich das ganze Thun und Streben und die Geschichte meines Selbst vergegenwärtigen, darf der Freunde Meinung, die ich gern
25 ins Innere schauen liess, nicht überhören, wenn ihre Stimme von dem eignen Urteil abweicht. Zwar schein ich mir derselbe noch zu sein, der ich gewesen, als mein besseres Leben anfing, nur fester und bestimmter. Wie sollt auch wohl der Mensch, nachdem er einmal zum un-
30 abhängigen und eigenen Dasein gelangt ist, mitten im Werden und sich Bilden plözlich eine andere Natur an-

---

4 *an — Eke* <   5 nach *Auge* + nur   5 vor *vorbei* + oft an den Umrissen   6 *Allgemeine* C unbestimmte gemeinsame   7 nach *wie* + C weit 8 *schon* < C (∞) | *hat* C schon   11 *handle* betreibe 12 *freien Wahl* inneren Bestimmtheit   18 *der —* *ununterbrochene* ein — ununterbrochener   20 vor *seine* + C für   22 *gehn,* gehn;   24 vor *darf* + C und   25 *liess* lasse   31 *Natur — können?* (S. 33 Z. 3) Richtung nehmen in sich selbst? oder

nehmen, eine andere Seite der Menschheit ergreifen, ohne
die erste zur höchsten Vollkommenheit gebracht zu haben? |
wie sollt ers wollen können? wie sollt es ihm begegnen, [44]
ohne dass ers wüsste? Entweder hab ich nie mich selbst
verstanden, oder ich bin noch jezt der ich zu sein ge- 5
glaubt, und jeder scheinbare Widerspruch muss mir, wenn
die Betrachtung ihn gelöst, nur um so sicherer zeigen,
wo und wie die lezten Enden meines Wesens verborgen
und verbunden sind.

Noch immer scheint der zwiefache Beruf der Menschen 10
auf der Erde, mir die grosse Trennungslinie der verschiedenen Naturen anzudeuten. Zu sehr ists zweierlei*
die Menschheit in sich zu einer entschiedenen Gestalt zu

---

4 nach *wüsste?* ─┼─ Was uns nicht selten so erscheint,
ist doch gewiss entweder nur Schein, der auf dem Wechsel
der äussern Gegenstände beruht, oder es ist Berichtigung
unserer früheren Ansicht, und enthüllt uns tiefer eines
Menschen inneres Wesen, den wir vorher zu flüchtig
falsch beurtheilt. | *Entweder — selbst* C Vor allem
aber mich selbst habe ich entweder nie   5 *geglaubt,*
C geglaubt;   8 vor *verborgen* ─┼─ C zur Harmonie
10 *Noch — zugänglich* (S. 34 Z. 10) Von allen Gegen-
säzen im Beruf und Thun der Menschen, in denen sich
(─┼─ C zugleich) die Verschiedenheit ihrer Naturen bekundet,
tritt immer noch dieser mir, was mich betrift, am stärksten
entgegen. Die Menschheit in sich zu einer entschiedenen
Gestalt durch wechselreiches Handeln bilden, und sie
kunstreiche Werke verfertigend äusserlich so darstellen,
dass jeder (C ─┼─ ,) was man zeigen wollte (C ─┼─ ,) erkennen muss, dies beides ist zu sehr zweierlei, um vielen
in gleichem Masse beides (*beides* < C) beschieden zu *
sein. Wer freilich noch in dem äussern Vorhof der
Sittlichkeit sich aufhält, (, < C) und aus Furcht sich zu
beschränken als Neuling (*als Neuling* ∞ C vor *aus Furcht*)
noch fester Bestimmung abhold ist, der wird gern beides
in rohen Versuchen durcheinander werfen, in beidem
wenig leistend; und so schwebt (C schwankt) auch das
Leben der meisten Menschen hin (*hin* C von einer zu
der andern Seite). Doch wer schon tiefer eingedrungen
ist in den Tempel selbst der Sittlichkeit, wird bald dem

bilden und in mannigfachem Handeln sie darzustellen,
oder sie kunstreiche Werke verfertigend äusserlich so
abzubilden, dass jeder erbliken muss, was einer zeigen
wollte. Nur wer noch auf dem niedrigsten Gebiet im
5 Vorhof der Eigenheit sich aufhält, und sich aus Furcht
vor der Beschränkung nicht fest bestimmen will, kann
[45] beides vereinen wollen, um in | beidem Weniges zu leisten:
wer Eines wirklich erreichen will, der muss das Andere
* sich versagen, erst am Ende der Laufbahn giebts einen
10 Uebergang, nur der Vollkommenheit zugänglich, die selten
der Mensch erreicht. Wie könnte mirs zweifelhaft erscheinen, welchen von beiden ich gewählt? so ganz ent-
* schieden vermied ich das zu suchen, was den Künstler
macht, so sehnsuchtsvoll ergriff ich Alles, was der eigenen
15 Bildung frommt, und ihre Bestimmung beschleunigt und
befestigt. Es jagt der Künstler Allem nach, was Zeichen
und Symbol der Menschheit werden kann; er wühlt den
Schatz der Sprachen durch, das Chaos der Töne bildet er
zur Welt; er sucht geheimen Sinn und Harmonie im
20 schönen Farbenspiele der Natur; in jedem Werk das ihm
sich darstellt, ergründet er den Eindruk aller Theile, des
Ganzen Zusammensezung und Gesez, und freuet sich des
[46] kunstreichen Gefässes mehr als des köstlichen Ge- | haltes,
den es darbeut. Dann bilden sich neue Gedanken zu
25 neuen Werken in ihm, sie nähren heimlich sich im Gemüth
und wachsen in stiller Verborgenheit gepflegt. Es rastet

---

einen vorzugsweise nachstreben, und nur sparsame Gemeinschaft bleibt ihm übrig mit dem andern. Erst am
Ende der Laufbahn (*der Laufbahn* $<$ C) scheint sich
beides (*scheint sich beides* C scheinen sich beide Bahnen
einander) wieder zu nähern, so dass beides zu vereinen
nur eine solche Vollkommenheit vermag   12 *welchen*
C welche   13 *das zu suchen* C immer mich um das
zu mühen   16 nach *befestigt* $+$ C , dass hier kein
Zweifel bleibt | *Allem nach* von allem   17 nach
kann $+$, mit ungetheilter Liebe einem nach | *er* der
18 *er* der   19 *er* der   20 *ihm sich* sich ihnen
21 *ergründet er* ergründen sie   22 *Zusammensezung*
C Zusammenfassung | *freuet* freuen   23 nach
mehr $+$ oft   24 nach *sich* $+$ in ihnen   25 *in
ihm* $<$ (∞)

nimmer der Fleiss, es wechselt Entwurf und Ausführung,
es bessert immer allmählig die Uebung unermüdet, das
reifere Urtheil zügelt und bändigt die Fantasie: so geht
die bildende Natur entgegen dem Ziele der Vollkommenheit.

Mir aber hat dies Alles nur der Sinn erspäht, denn 5
meinen Gedanken ist es fremd. Aus jedem Kunstwerk
strahlet mir die Menschheit, die drinn abgebildet, weit
heller hervor als des Bildners Kunst; nur mit Mühe er-
greif ich diese in späterer Betrachtung, und erkenne ein
wenig nur von ihrem Wesen. Ich lasse frei die freie 10
Natur, und wie sie ihre schönen bedeutungsvollen Zeichen
mir darbeut, weken sie Empfindung in mir und Gedanken,
ohne dass es mich gewaltsam drängte sie anders und
bestimmter zu eignem | Werke zu gestalten. Ich strebe [47]
nicht bis zur Vollendung den Stoff zu zwingen, dem ich*15
meinen Sinn eindrüke; drum scheue ich Uebung, und
wenn ich einmal in Handlung dargestellt, was in mir
wohnt, liegt mirs nicht an, dass etwas schöner immer
und fasslicher die That sich oft erneue. Die freie Musse
ist meine liebe Göttin, da lernt der Mensch sich selbst 20
begreifen und bestimmen, da gründet der Gedanke seine
Macht, und herrscht dann leicht über Alles, wenn die
Welt auch Thaten von ihm fordert. Drum darf ich auch

---

1 *wechselt* wechseln   2 *, es* . Es   3 *: so* C , so
5 nach *nur* + C an Andern   6 *denn meinen Ge-*
danken B denn meinem eignen Treiben,   C meinem
eignen Treiben | vor *Aus* + C Andächtig betrachte
ich der Künstler Werke; aber   7 *die Menschheit, die*
drinn C , was menschliches sich darin | *drinn* B darinn
8 *hervor* < (∞) | nach *Kunst* + entgegen   9 *ein*
wenig ∞ C *nur*   10 *lasse — Natur,* C gebe frei mich
hin der freien Natur: 12 vor *Empfindung* (C vor
in mir) + alle | *Empfindung* ∞ C *in mir*   13 *es*
mich C michs je | *drängte* drängte, | *sie* C , was
ich geschaut umbildend   14 *Ich strebe — eindrüke*
C Und muss ich irgend wie darstellen, niemals liegt es *
mir am Herzen dem Stoff die letzte Spur des Wider-
strebens wegzuglätten, das Werk bis zur Vollendung zu
zwingen, wie der Künstler strebt   18 *liegt mirs nicht*
an C so müh' ich mich nicht weiter,   20 nach *lernt*
+ B in stillem Sinnen   C im stillen Sinnen

nicht, wie der Künstler, einsam bilden; es troknen mir
in der Einsamkeit die Säfte des Gemüths, es stoket der
Gedanken Lauf; ich muss hinaus in mancherlei Gemeinschaft mit den andern Geistern zu schauen, was es für
5 Menschheit giebt, und was davon mir fremde bleibt, was
mein eigen werden kann, und immer fester durch Geben
[48] und Empfangen das eigne Wesen zu bestimmen. | Der
ungestillte Durst es weiter stets zu bilden verstattet nicht
der That, der Mittheilung des Innern auch äussere Voll-
10 endung zu geben; ich stelle die Handlung und die Rede
hin in die Welt, es kümmert mich nicht, ob auch die
Schauenden mit ihrem Sinn durchdringen durch die rauhe
Schale, ob sie den innersten Gedanken, den eignen Geist
auch in der unvollkommnern Darstellung glüklich finden.
15 Mir bleibet nicht die Zeit, nicht Lust zu fragen; fort
muss ich von der Stelle da ich stand, durch neues Thun
und Denken im kurzen Leben noch das. eigne Wesen,
wenn es möglich, zu vollenden. Schon zweimal zu wiederholen hass ich, ein unkünstlerisch Gemüth. Drum mag
20 ich alles gern in Gemeinschaft treiben: beim innern
Denken, beim Anschaun, beim Aneignen des Fremden
bedarf ich irgend eines geliebten Wesens Gegenwart,
dass gleich an die innere That sich reihe die Mittheilung,
[49] und durch die süsse und leichte | Gabe der Freundschaft
25 ich mich leicht abfinde mit der Welt. So war es, so ist
es, und noch bin ich so fern von meinem Ziele, dass
ichs verrechne jemals hinüber zu kommen. Wohl hab
ich Recht, was auch die Freunde sagen, mich auszu-
schliessen aus dem heiligen Gebiet der Künstler. Gern
30 sag ich Allem ab, was sie mir liehen, wenn ich nur in
dem Felde, wo ich mich hingestellt, mich weniger unvollendet finde als sie wähnen.

------

4 vor *zu* + nicht nur | *was — Menschheit*
C wieviel es menschliches   5 *, und was davon* C was
immer oder lange | *was* 2° C und was hingegen   6 *und*
nein auch   8 nach *nicht* + C , dass ich   9 *Innern*
Innern,   10 *zu geben* C gebe   11 *ob — Schauenden*
C ob Schauende und Hörer   15 *bleibet — Zeit*, bleibt
nicht Zeit | vor *zu* + darnach   16 *da* wo
18 *wenn* C so weit   27 *verrechne* C aufgebe | *hin-
über* C darüber hinaus   32 *als* B , als | *als sie
wähnen* < C

Oefne dich mir noch einmal, Anschauung des weiten
Gebietes der Menschheit, das die bewohnen, die nur sich
selbst zu bilden, und ohne bleibend Werk hervorzubringen,
in wechselreichem Thun sich darzustellen streben! Oefne
dich noch einmal, und lass mich schauen ob mir ein 5
eigner Platz gebührt, ob nicht; ob in mir ist was sich
zusammenreimet, oder ob ein innerer Widerspruch verhindert, dass das Bild sich schliesse, und bald als ein
verunglükter | Entwurf mein eignes Wesen statt die Voll- [50]
endung zu erreichen sich auflöst in ein leeres Nichts. 10
O nein, ich darf nicht fürchten, es erhebt sich kein
trauriges Gefühl im Innern des Bewusstseins! ich erkenne *
wie Alles ineinander greift ein wahres Ganzes zu bilden,
ich fühle keinen fremden Bestandtheil der mich drükt,
es fehlt mir kein Organ, kein edles Glied zum eignen 15
Leben.   Wer sich zu einem bestimmten Wesen bilden
will, dem muss der Sinn geöfnet sein für Alles was er *
nicht ist.   Auch hier im Gebiet der höchsten Sittlichkeit *
regiert dieselbe genaue Verbindung zwischen Thun und
Schauen.   Nur wenn der Mensch im gegenwärtgen Handeln 20
sich seiner Eigenheit bewusst ist, kann er sicher sein,
sie auch im Nächsten nicht zu verlezen; und nur wenn
er von sich beständig fordert die ganze Menschheit an- *
zuschaun, und jeder andern Darstellung von ihr sich und
die seinige entgegen zu sezen, kann er das Bewusstsein 25

---

1 *Oefne — mir* So öffne sich denn | *An-
schauung — Gebietes* meiner prüfenden Betrachtung das
weite (C weitverbreitete) Gebiet   2 *sich selbst — lass
mich schauen* C in sich hinein zu wirken trachten, nicht
ausser sich ein bleibend Werk hervorzubringen, die nur
den Geist durch alles, was sie umgiebt, zu nähren bedacht, und dann zufrieden sind in wechselreichem Thun
sich darzustellen, wie es Zeit und Ort ergiebt.   Hier will
ich schauen   4 *streben! — schauen* B streben, damit
ich schaue   8 *das Bild* die Zeichnung | *schliesse,*
nicht schliessen kann   12 *trauriges* C traurig
ahnendes | *Bewusstseins* C Gemüths   15 *es*
C auch   17 *Alles* C Alles,   20 *gegenwärtgen*
gegenwärtigen   22 *Nächsten* C künftigen   25 *seinige
— sezen* seine unterscheidend (C vergleichend) gegenüber
zu stellen

[51] seiner Eigenheit | erhalten: denn nur durch Entgegen-
sezung wird das Einzelne erkannt. Die höchste Bedingung
der eigenen Vollendung im bestimmten Kreise ist all-
*gemeiner Sinn. Und dieser, wie könnt er wol bestehen
5 ohne Liebe? Es müsste das furchtbare Missverhältniss
zwischen Geben und Empfangen bald das Gemüth im
ersten Versuch sich so zu bilden zerrütten, und weit
hinaus es treiben aus der Bahn, und den, der so ein
eignes Wesen werden wollte, ganz zertrümmern, oder zur
10*Gemeinheit ihn herunterstürzen. Ja Liebe, du anziehende
Kraft der Welt! Kein eignes Leben und keine Bildung
ist möglich ohne dich, ohne dich müsst alles in gleichförmige rohe Masse zerfliessen! Die weiter nichts zu sein
begehren, bedürfen deiner nicht; ihnen genügt Gesez und
15*Pflicht, gleichförmig Handeln und Gerechtigkeit. Ein
unbrauchbares Kleinod wär ihnen das heilige Gefühl:
[52] drum lassen sie auch das Wenige, was ihnen da-|von
gegeben ist, nur ungebaut verwildern; und das Heilige
verkennend, werfen sie es sorglos mit ein in das gemeine
20 Gut der Menschheit, das nach Einem Gesez verwaltet
werden soll. Uns aber bist du das Erste wie das Lezte:
Keine Bildung ohne Liebe, und ohne eigne Bildung keine
Vollendung in der Liebe; Eins das Andere ergänzend
wächst beides unzertrennlich fort. Vereint fühl ich in
25 mir die beiden höchsten Bedingungen der Sittlichkeit!
Ich habe Sinn und Liebe zu eigen mir gemacht, und
immer höher steigen beide noch, zum sichern Zeugniss,
dass frisch und gesund das Leben sei, und dass noch
fester die eigne Bildung werde. Was ists, wofür mein
30 Sinn verschlossen wäre? Die welche Jeden gern zum

---

1 *Eigenheit* Selbstheit   2 vor *Die erste Bedingung*
macht C einen Absatz | *höchste* erste   4 *Sinn.
Und* C Sinn, und   5 *Es* Schon im ersten Versuch
sich so zu bilden   6 *im ersten — bilden* < (∞)
10 *anziehende Kraft* C Anziehungskraft   11 vor *Welt*
+ C geistigen   13 *weiter nichts* freilich weiter nichts
als solche   15 *gleichförmig* C gleichmässig   24 *fühl*
C find'   25 *höchsten* grossen   27 *höher — noch*
C weiter noch entwikkeln beide sich   30 nach *Die*
+ C Freunde, | nach *Jeden* + C begabten Freund so

Virtuosen und Künstler in der Wissenschaft erheben
möchten, klagen genug, dass keine Beschränkung von mir
zu gewinnen sei, dass jede Hofnung trüge, wenn es
einmal scheint, als wollt ich alles Ernstes mich zu etwas |
begeben: denn wenn ich eine Ansicht mir errungen, so [53]
eile nach gewohnter Weise der flüchtige Geist bald wieder
zu andern Gegenständen fort. O möchten sie doch einmal mich in Ruhe lassen und begreifen, dass nicht anders
meine Bestimmung ist, dass ich die Wissenschaft nicht
bilden darf, weil ich mich selbst zu bilden gesonnen bin!*10
Vergönnten sie mir doch den Sinn für Alles, was sie
geschäftig thun und treiben, mir offen zu erhalten, und
möchten sie, was durch das Anschaun ihres Thuns ich
in mir bilde, doch auch für etwas achten, das ihrer Mühe
werth gewesen sei. Sie zeugen durch ihre Klagen für 15
mich: aber ihnen entgegen klagen Andere, die zwar verschiedener Natur, doch gleich mir in die Mitte der
Menschheit einzudringen streben, es sei im Grunde beschränkt mein Sinn; ich vermöcht es über mich gleich-   *
gültig vor vielem Heiligen vorüberzugehen, und durch 20
eitle Streitsucht den unbefangenen tiefen | Blik mir zu [54]
verderben. Ja ich gehe vor Vielem noch vorüber; aber
nicht gleichgültig; ich streite, ja: doch nur um un-
befangen den Blik mir zu erhalten. So und nicht anders
muss ich thun nach meiner Art, bestrebt gleichförmig 25
mir den Sinn zu füllen und zu erweitern. Wo sich mir
das Gefühl von etwas, das im Gebiet der Menschheit mir
noch unbekannt ist, aufdringt, da ist mein Erstes zu
streiten, nicht ob es sei, nur dass es nicht das, und das

------

1 *Virtuosen* C Meister   4 *mich — etwas* C aus-
schliessend mich zu einer Sache   8 *mich — lassen*
mir Ruhe gönnen   9 *dass ich — weil ich* und wie
sehr mirs in der Ferne liegen muss im einzelnen die
Wissenschaft zu bilden, weil meine Sorge nur ist, freilich
auch durch Wissen,   10 *gesonnen bin!* gleichgültig
ob sich (+ C gar nicht oder) spät vielleicht ob gar
nicht (*ob gar nicht* < C [∞]) auch jenes (+ C noch)
ergiebt.   15 *Sie* Diese nun   17 *die Mitte der Menschheit* C aller menschlichen Dinge Innres   22 *vorüber;*
vorüber,   23 *nicht* ∞ C *gleichgültig* | *ja:* ja,
25 *gleichförmig* C gleichmässig

allein sei, wofür es der mir giebt, an dem ich es zuerst
erblikte. Es fürchtet der spät erwachte Geist, erinnernd
wie lange er fremdes Joch getragen, immer wieder aufs
neue die Herrschaft fremder Meinung; und wo ein neuer
5 Gegenstand ihm neues Leben zeigt, da rüstet er sich erst,
die Waffen in der Hand, sich Freiheit zu erringen, um
nicht in der Erziehung Sklaverei ein jedes wieder, wie
das Erste, anzuheben. Hab ich die eigne Ansicht nur
[55] gewonnen, so ist die | Zeit des Streits vorüber, ich lasse
10 gern jede neben der meinigen bestehn, und der Sinn
vollendet friedlich das Geschäft sich jede zu deuten, und
in ihren Standpunkt einzudringen.

So ist, was oft Beschränkung des Sinnes scheinen
könnte, in mir nur seine erste Regung. Oft hat sie
15 freilich sich äussern müssen, in dieser schönen Periode
des Lebens, wo so vieles Neue mich berührt, wo manches
mir im hellen Lichte erschien, was ich bisher nur dunkel
geahndet, wofür ich nur den Raum mir leer gelassen
hatte! Oft hat sie feindlich die berühren müssen, die
20 mir der neuen Einsicht Quelle waren. Gelassen habe
ich es angesehn, vertrauend, dass sie es verstehen würden,
wenn auch in mich ihr Sinn erst tiefer dränge. So haben
mich auch oft die Freunde nicht verstanden, wenn ich
nicht streitend aber untheilnehmend ruhig vor dem vor-
[56] überging, was sie mit Wärme und frischem Ei-|fer rasch
umfassten. Nicht Alles kann auf einmal der Sinn ergreifen, vergeblich ists in einer einzigen Handlung sein
Geschäft vollenden wollen; unendlich geht es in zwie-
* facher Richtung immer fort, und Jeder muss seine Weise

------

1 *an dem* durch den   4 *ein neuer — zeigt* C in
neuen Gegenständen ein unerforschtes Leben sich ihm
enthüllt   6 *Hand,* B Hand   7 *der Erziehung
Sklaverei* des fremden Einflusses Knechtschaft | , *wie
— Erste,* C wie — Erste   8 *anzuheben* C zu be-
ginnen | nach *ich* + C so | *nur* C mir erst
9 *so* C dann | *vorüber,* vorüber;   13 *scheinen
— mir* C scheint zu sein, in Wahrheit   15 *müssen,*
müssen   21 *sie es* auch sie es einst | *würden*
werden   22 *auch — dränge* B erst in mich ihr
Sinn tiefer gedrungen sein wird C tiefer erst ihr Sinn
in mich wird eingedrungen sein

haben, wie er beides vereint, um so das Ganze zu vollbringen. Mir ists versagt, wenn etwas Neues das Gemüth
berührt, mit heftgem Feuer gleich ins Innerste der Sache
zu dringen, und bis zur Vollendung sie zu kennen. Ein
solches Verfahren ziemt der Gleichmuth nicht, die zu der 5
Harmonie von meinem Wesen der Grundton ist. Heraus
aus meines Lebens Mitte würde es mich werfen, so mir
etwas zu vereinzeln, und in dem Einen mich vertiefend
würd ich das Andre mir entfremden, ohne Jenes doch
als mein wahres Eigenthum zu haben. Niederlegen muss 10
ich erst jede neue Erwerbung im Innern des Gemüths,
und dann das gewohnte Spiel des Lebens mit seinem
mannigfaltigen Thun | forttreiben, dass sich mit dem [57]
Alten das Neue erst mische, und Berührungspunkte gewinne mit Allem was schon in mir war. Nur so gelingt 15
es mir durch Handeln mir eine tiefere und innigere Anschauung zu bereiten; es muss der Wechsel zwischen
Betrachtung und Gebrauch gar oft sich wiederholen, ehe ich *
etwas ganz durchdrungen und ergründet zu haben mich erfreuen mag. So und nicht anders darf ich zu Werke gehn, 20
wenn nicht mein inneres Wesen verlezt soll werden, weil
in mir Selbstbildung und Thätigkeit des Sinnes in jeglichem Momente das Gleichgewicht sich halten müssen.
So schreit ich denn langsam fort, und langes Leben kann
mir gewährt sein, ehe ich Alles in gleichem Grad um- 25
fasst: doch alles was ich umfasst wird meinen Stempel *
tragen, und wieviel vom unendlichen Gebiet der Mensch-

---

5 *zu der* — *Wesen* C von meines Wesens Harmonie
7 *so mir etwas* mir irgend etwas so　　8 *vereinzeln,*
C vereinzeln; |　　*würd* , würde　　16 *durch Handeln*
C allmählig |　　*mir* 2⁰ <　　17 vor *zu* + mir (∞)
22 vor *in* 2⁰ + C möglichst　　23 *müssen* sollen
24 *So* C Nur langsam |　　*denn langsam* C also
25 *Grad* C Grade　　26 *doch* — *tragen,* B doch
was ich dann umfasst wird meinen Stempel tragen,
C doch weniger als Andere habe ich auch zurückzunehmen;
denn was ich so aufgefasst, ist mir auch eigen, mit
meinem Stempel bezeichnet;　　27 *vom unendlichen —*
übergegangen sein C meinem Sinne vergönnt wird zu
ergreifen von der Welt, das wird auf diesem Wege in
mir durchgebildet werden und in mein Wesen übergehn

heit meine Sinne ergriffen hat, das wird in gleichem
[58] Maass | auch in mir eigen gebildet und in mein Wesen
übergegangen sein.

  O wie viel reicher ist es geworden! welches schöne
5 Bewusstsein des innern Werthes, welch erhöhetes Gefühl
des eignen Lebens und Daseins krönt mir die Selbstbetrachtung beim Blik auf den Gewinn so vieler guten
Tage! Nicht war vergebens die stille Thätigkeit, die
* ungeschäftig müssges Leben von aussen scheint: schön
10 hat sie das innere Werk der Bildung gefördert. Es wäre
nicht so weit gediehen bei verkehrtem Handeln und
Treiben, das der eignen Natur nicht angemessen, noch
* minder bei beschränktem Sinn. O Jammer, dass des
Menschen inneres Wesen so misskannt werden kann, von
15 denen selbst, die wohl es überall zu kennen vermöchten
und verdienten! dass doch auch ihrer so viele mit dem
äussern Thun das innere Handeln verwechseln, dies wie
jenes im Einzelnen aus abgerissenen Stüken zu erkennen
[59] meinen, und | wo Alles übereinstimmt · Widersprüche
20 ahnden! Ist denn der eigne Charakter meines Wesens
so schwer zu finden? Versagt mir diese Schwierigkeit
auf immer den liebsten Wunsch meines Herzens· sich
allen Würdigen mehr und mehr zu offenbaren? Ja,
auch jezt, indem ich tief in mein Inneres schaue, bestätigt
25 sich aufs neue mir, dass dies der Trieb sei der am
stärksten mich bewegt. So ists, wie oft mir auch gesagt
* wird, ich sei verschlossen und stosse der Lieb und Freundschaft heilges Anerbieten oft kalt zurük. Wohl dünkt
michs niemals nöthig von dem was ich gethan, was mir

----

  4 nach *es* + C schon | *schöne* C frohe   5 *innern*
C erworbenen   7 *guten* C schönen   9 *scheint:*
scheint; | *schön* C kräftig   11 *verkehrtem Handeln*
mancherlei verwikelt buntem Verkehr   12 *der eignen*
meiner   13 *beschränktem Sinn* erzwungener Be-
schränkung meines Sinnes | *O Jammer,* Drum kann
ich nur beklagen   14 *kann,* kann   16 *verdienten!*
C verdienten; | *mit — wie jenes* C nicht von der
äussern That zur innern Bewegung durchdringen mit
ihrem Blik, oder diese eben wie jene   19 vor *wo*
+ C deshalb, auch | *übereinstimmt* C übereinstimmt,

geschehen ist, zu reden; zu unbedeutend acht ich Alles,
was an mir Welt ist, als dass ich den damit verweilen
sollte, den ich das Innere gern erkennen liesse. Auch
red' ich davon nicht, was nur noch dunkel und ungebildet
in mir liegt, und noch der Klarheit mangelt, die es erst 5
zum Meinigen macht. Wie sollt ich eben das dem
Freund | entgegen tragen, was mir noch nicht gehört? [60]
warum ihm dadurch, was ich schon wirklich bin, verbergen? wie sollt ich hoffen ohne Missverstand das mitzutheilen, was ich selbst noch nicht verstehe? Das ist 10
nicht Verschlossenheit und Mangel an Liebe: es ist nur
heilige Ehrfurcht, ohne welche die Liebe nichts ist; es
ist zarte Sorgfalt das Höchste nicht zu entweihn noch
unnüz zu verstriken. So bald ich etwas Neues mir an-
geeignet, an Bildung und Selbstständigkeit hie oder dort 15
gewonnen, eile ich nicht in Wort und That dem Freund
es zu verkünden, dass er die Freude mit mir theile, und
meines innern Lebens Wachsthum wahrnehmend selbst
gewinne? Wie mich selbst lieb ich den Freund: sobald
ich etwas für mein erkenne, gebe ichs ihm hin. So nehm 20
ich freilich auch an dem, was er thut und was ihm geschieht, nicht immer so grossen Antheil, als die meisten
die sich Freunde nennen. Sein äusseres Handeln, | wenn [61]
ich das Innere, aus dem es herfliesst schon verstehe, und
weiss dass es so sein muss, weil er so ist wie er ist, 25
lässt mich so unbesorgt und ruhig. Es giebt meiner
Liebe weder Nahrung noch Aufforderung, hat nichts mit
ihr zu schaffen. Der Welt gehörts und unter der Nothwendigkeit Geseze muss es sich fügen mit Allem was

---

2 *Welt ist* C der Welt gehört   4 *davon nicht*
nicht von dem   10 *Das* C Solche Vorsicht   11 *Liebe:*
Liebe; | *es* C sie   12 *es* < C   16 *gewonnen,*
gewonnen: | vor *nicht* + dann   26 *so gar* |
Es giebt — schaffen. Es hat als That mit meiner
Liebe wenig zu schaffen, es gewährt ihr nicht so viel
Nahrung, noch regt es mir so sehr Bewunderung und
Freude auf, als denen, die minder vorher das Innere des
Handelnden verstanden. Auch als Ereigniss spannt es
mir nicht so (*nicht so* C weniger) die Erwartung, wie
(C als) denen, für die alles hängt an Glük und an Erfolg;

draus folgt; und was nun folget, was dem Freund geschiehet, er wird es schon mit Freiheit seiner würdig zu behandeln wissen; das Andere kümmert mich nichts, ich sehe ruhig seinem Schicksal wie dem meinen zu. Wer
5 achtet das für kalte Gleichgültigkeit? Es ist das helle Bewusstsein des Gegensazes zwischen Welt und Mensch der Grund, worauf die Achtung gegen mich und das Gefühl der Freiheit ruht: soll ich dem Freund es weniger weihen als mir?

10   Das ist es, dessen ich mich höchlich rühme, dass Lieb und Freundschaft immer so edlen Ursprungs in mir
[62] sind, mit keiner | gemeinen Empfindung je gemischt, nie der Gewohnheit, nie des weichen Sinnes Werk, immer der Freiheit reinste That, und auf das eigne Sein des
15 Menschen allein gerichtet. Verschlossen war ich immer jenen gemeinen Gefühlen: nie hat mir Wohlthat Freundschaft abgelokt, nie Schönheit Liebe, nie hat das Mitleid mich so befangen, dass es dem Unglük Verdienst geliehen, und den Leidenden mir anders und besser dargestellt.
20 So war für wahre Liebe und Freundschaft freier Raum gelassen dem Gemüth, und nimmer weicht die Sehnsucht ihn vollkommener stets und mannigfaltiger auszufüllen. Wo ich Anlage merke zur Eigenthümlichkeit, weil Sinn und Liebe die hohen Bürgen da sind, da ist auch für
25 mich ein Gegenstand der Liebe. Jedes eigne Wesen

------

3 *wissen;* wissen.   5 *das helle — Grund* die Frucht nur jenes hellen Bewusstseins davon, was an jedem Menschen er selbst ist, und was der Welt ausser ihm gehört, jenes Bewusstseins, wonach ich überall mich selbst behandle   8 *dem — mir* ihm minder folgen in dem was den Freund betrift als was mich selbst 10 *höchlich rühme* C hoch erfreue   11 *Lieb* B Liebe C meine Liebe | *immer so edlen* C nie unedlen | *in mir* < C   12 nach *sind,* + C nie auf des Geliebten sinnlich Wohlergehn gerichtet   13 vor *Werk* + C noch minder störriger Parteisucht   14 vor *Sein* + C innerste   19 nach *dargestellt* + C ; nie Uebereinstimmung im einzelnen mich so ergriffen, dass ich mich über die Verschiedenheit des tiefsten Innern je getäuscht   21 *dem* C im   24 *die — Bürgen* , die — Bürgen,

möcht ich mit Liebe umfassen von der unbefangenen
Jugend an in der die Freiheit keimet, bis zur reifsten
Vollendung der Menschheit; jedes das ich so | erblike [63]
begrüss ich in mir mit der Liebe Gruss, wenn auch die
That nur angedeutet bleibt, weil mehr nicht als ein 5
flüchtiges Begegnen uns vergönnet wird. Auch mess ich
nie nach irgend einem weltlichen Maassstab, nach der
äussern Ansicht des Menschen ihm Freundschaft zu. Es
überflieget Welt und Zeit der Blik, und sucht die innere
Grösse des Menschen auf. Ob schon jezt sein Sinn viel 10
oder wenig hat umfasst, wie weit er in der eignen Bildung fortgerükt, wie viel er Werke gebildet oder sonst
gethan, das darf mich nicht bestimmen, und leicht kann
ich mich trösten, wenn es fehlt. Sein eigenthümlich
Sein und das Verhältniss desselben zur Menschheit, ist 15
es, was ich suche: so viel ich jenes finde und dieses verstehe, so viel Liebe hab ich für ihn; allein so viel er
mich versteht kann ich ihm freilich nur beweisen. Ach
oft ist sie mir unbegriffen zurükgekehrt! des Herzens
Sprache wurde nicht vernommen gleich als wär ich 20
stumm | geblieben, und Jene meinten auch ich wäre [64]
stumm.

In nahen Bahnen wandeln oft die Menschen, und
kommen doch nicht einer in des andern Nähe; vergebens
ruft der Ahndungsreiche und den nach freundlicher Be- 25
gegnung verlangt: es horcht der Andere nicht. Oft
kommen die Entgegengesetzten einander nah; es meint
der Eine wohl es sei für immer, doch ists nur ein
Moment; es reisst entgegengezte Bewegung sie zurük,
und keiner begreift wo ihm der Andere hingekommen. 30
So ist es meiner Sehnsucht nach Liebe oft ergangen;

---

2 *an* C an, | vor *keimet* ┼ C erst   3 *das*
— *erblicke* ,das — erblicke,   12 *gebildet* vollendet
15 *Menschheit,* C gesammten menschlichen Natur, das
17 ·*hab* C habe | *so viel — beweisen* C beweisen kann
ich freilich ihm nur so viel, als er auch mich versteht
(∞)   18 *Ach — sie* Deshalb ach ist sie oft   21 *ge-*
blieben, C geblieben;   27 *kommen — nah* nähern
andre sich einander, deren Bahnen weit aus einander
gehn   29 *es* < C | *reisst* ∞ C nach *Bewegung* |
sie zurük jeden fort

wär es schmählig nicht, wenn sie nicht endlich sich ge-
* bildet hätte, die allzuleichte Hofnung geflohen wäre, und
ahndungsreiche Weisheit eingekehrt? „So viel wird Der
von dir verstehn, und Jener jenes; mit dieser Liebe magst
5 du Den umfassen, halte sie gegen Jenen doch zurük:"
* so ruft mir Mässigung oft zu, und oft vergebens. Es
[65] lässt der | innere Drang des Herzens nicht der Klugheit
Raum; viel weniger, dass die stolze Anmassung ich hegte,
den Menschen und ihrem Sinn für mich und meine Liebe
10 Schranken zu sezen. Mehr seze ich immer voraus, versuche stets aufs neue, und werde der Habsucht gleich
gestraft, oft im Versuch verlierend was ich hatte. Doch
es kann nicht anders dem Menschen der sich eigen bildet
ergehn, und dass es so mir geht ist nur der sicherste
15 Beweis, dass ich mich eigen bilde. Nur ein solcher vereinigt in sich auf eigne Art verschiedene Elemente der
* Menschheit; mehr als Einer Welt gehört er an: wie könnte
er in gleichförmiger Bahn mit einem Andern wandelnd,
der auch ein Eigner ist, in seiner Nähe immer bleiben?
20 Kometen gleich verbindet der Gebildete gar viele Weltsysteme, bewegt um manche Sonne sich. Jezt erblikt ihn
freudig ein Gestirn, es strebt ihn zu erkennen und freund-
[66] lich beugt er nähernd sich heran; dann siehts | ihn
wieder in fernen Räumen, verändert scheint ihm die Ge-
25 stalt, es zweifelt, ob er noch derselbe sei. Er aber
kehret wieder im raschen Lauf, begegnet ihm wieder mit
Lieb und Freundschaft. Wo ist das schöne Ideal vollkommener Vereinigung? die Freundschaft, die gleich

---

1 *sich gebildet hätte* reif geworden   2 *allzuleichte*
allzu leichte   6 *und* C doch   14 *ergehn,* C , ergehn;
15 *Nur — Kometen gleich* Je mehr ins Allgemeine strebt
der Sinn, von desto mehrern Kreisen fühlt auch wer sich
bildet sich angezogen, und die auf einen davon beschränkt
sind wähnen dann, jener (C der Theilnehmende) sei der
ihrigen einer. Je mehr sich alles eigen gestaltet in mir,
um desto mehr gehört auch allgemeiner Sinn dazu und
freie Liebe zu fremdartiger Bildung, wenn einer auf die
Dauer mich soll verstehn und lieben. Wie man es von
Kometen wohl geglaubt   26 *kehret* kehrt   27 *Lieb*
C Liebe

vollendet auf beiden Seiten ist? Nur wenn in gleichem
Maasse Beiden Sinn und Liebe fast über alles Maass
hinaus gewachsen sind. Dann aber sind mit der Liebe
zugleich auch sie vollendet, und es schlägt die Stunde —
o Allen hat sie früher schon geschlagen! — der Un-*5
endlichkeit sich wieder zu geben, und in ihren Schooss
zurükzukehren aus der Welt.   *

---

4 *schlägt — schon* schlüge dann gewiss die Stunde,
die wol Allen schon früher hat

[67]

III.

Weltansicht

Das trübe Alter, meinen sie, dürfe nur den Klagen
Raum vergönnen über die Welt: verzeihlich sei es, wenn
5 lieber sich das Auge hinüberwende zur bessern Zeit des
eignen Lebens in voller Stärke. Die fröhliche Jugend
müsse froh die Welt anlächeln, und nicht achtend des
Mangelnden, was da ist nuzen, und der Hofnung süssen
Täuschungen gern vertraun. Doch Wahrheit sehe nur
10 der, die Welt zu richten verstehe nur der, welcher zwischen
den beiden sich in sicherer Mitte glüklich halte, nicht
eitel trauernd noch trüglich hoffend. Solche Ruh ist |
[68] nur der thörichte Uebergang von der Hofnung zur Verachtung; solche Weisheit nur der dumpfe Wiederhall der
15 gern zurückgehaltenen Schritte, mit denen sie aus der
Jugend ins Alter gleiten; diese Zufriedenheit ist nur verkehrter höflicher Betrug, der nicht die Welt, die ihn ja
bald verlässt, zu schmähen scheinen will, noch weniger
sich selbst auf einmal Unrecht geben; dies Lob ist Eitel-
20 keit, die ihres Irrthums sich schämt, Vergessenheit die
nicht mehr weiss, was sie vor wenig Augenbliken begehrte,
feiger Sinn dem, wenn es Mühe gelten soll, die Armuth

---

3 *Das — vergönnen* C Dem trüben Alter, meinen
sie, seis vergönnt, nur Klagen Raum zu geben   5 *sich*
∞ *das Auge* | *hinüberwende* C rückwärts wende
6 *in — Stärke* < C   7 *und* C müsse   10 *die*
Welt — nur der C nur der verstehe die Welt zu
richten (∞)   12 vor *Solche* + C Doch   14 *solche*
Weisheit C solcher Weisheit Rede   16 *diese* C solche |
ist < C   17 *höflicher* C Höflichkeit   19 *sich —*
geben auf einmal Unrecht geben sich selbst (∞) | *dies*
C solch   20 *ihres Irrthums* ∞ *sich schämt* | nach
Vergessenheit + B ist es, (C <)   21 *vor — be-*
gehrte begehrte im vorigen Augenblick   22 *feiger* C
und träger | *die Armuth* ∞ lieber

lieber gnügt. Ich habe mir nicht geschmeichelt als ich jung war; so denk ich auch nicht jezt nicht jemals der Welt zu schmeicheln. Sie konnte den Nichts erwartenden nicht kränken: so werd auch ich sie nicht aus Rache verlezen. Ich habe wenig gethan um sie zu bilden: so 5 hab ich auch kein Bedürfniss sie vortreflicher zu finden. Allein des schnöden Lobes ekelt mich, das ihr von | allen Seiten verschwendet wird, damit das Werk die [69] Meister wieder lobe. Von Verbesserung der Welt spricht das verkehrte Geschlecht so gern, um selbst für besser 10 zu gelten, und über seine Väter sich zu erheben. O stiege von der schönen Blüte der Menschheit wirklich schon der erste süsse Duft empor; wären auf dem gemeinschaftlichen Boden in ungemessener Zahl die Keime der eigenen Bil- dung über jede Verlezung hinaus gediehen; athmete und 15 lebte Alles in heilger Freiheit; umfasste Alles mit Liebe sich, und trüge wunderbar vereinigt immer neue und wundervolle Früchte: sie könnten doch nicht glänzender den Zustand der Menschheit preisen. Als hätten ihrer gewaltigen Vernunft donnernde Stimmen die Ketten der 20 Unwissenheit gesprengt; als hätten sie von der mensch- lichen Natur, die nur als dunkles kaum kennbares Nacht- stück abgebildet war, nun endlich ein kunstreich Gemälde aufgestellt, wo geheimniss-|volles Licht von oben Alles [70] wunderbar erleuchtet, dass kein gesundes Auge mehr den 25 ganzen Umriss oder einzelne Züge verfehlen könne; als hätte ihrer Weisheit Musik die rohe räuberische Eigen- sucht zum zahmen geselligen Hausthier umgeschaffen und Künste sie gelehrt: so reden sie von der heutgen Welt,

---

1 nach *gnügt.* machen B C einen Absatz   2 *jezt* C jezt,   3 *Sie konnte* <   4 vor *nicht kränken* + konnte sie (∞)   5 *Ich habe wenig* Wenig hab ich | nach *bilden* + wie sie ist   8 *wieder* ∞ vor *das Werk*   10 *so gern* ∞ nach *spricht*   11 *O* Und 13 *erste* <   15 *Verlezung* Gefahr | *athmete und* <   16 nach *Alles* 1⁰ + und freute sich | *heilger* heiliger   18 *doch* <   19 *ihrer — Ver- nunft* C ihres gewaltigen Verstandes   21 *sie* ∞ nach *endlich* (Z. 23)   24 *von oben* C — ach kommts von oben oder von unten her? —   27 *rohe* B hohe (Druck- fehler)   28 *und* , und

und jeder kleine Zeitraum der verstrichen, soll reich an
neuem Gut gewesen sein. Wie tief im Innern ich das
Geschlecht verachte, dass so schaamlos als nie ein früheres
gethan sich brüstet, den Glauben kaum an eine bessere
5 Zukunft ertragen kann, und schnöde Jeden der ihr angehört, beschimpft, und nur darum dies Alles, weil das
wahre Ziel der Menschheit, zu welchem es kaum einen
Schritt gewagt, ihm unbekannt in dunkler Ferne liegt!

    Ja, wem es gnügt, dass nur der Mensch die Körper-
10 welt beherrsche; dass er alle ihre Kräfte erforsche, um
zu seinem Dienst sie zu gebrauchen; dass nicht der Raum
[71] die | Stärke seines Geistes lähme, und schnell des Willens
Wink an jedem Ort die Thätigkeit erzeuge, die er fordert;
dass Alles sich bewähre als unter den Befehlen des Ge-
15 dankens stehend, und überall des Geistes Gegenwart sich
offenbare; dass jeder rohe Stoff beseelt erscheine, und im
Gefühle solcher Herrschaft über ihren Körper die Menschheit sich ihres Lebens freue: wem das ihr leztes Ziel ist,
der stimme mit ein in dieses laute Lob. Es mag mit
20 Recht der Mensch sich dieser Herrschaft rühmen, wie ers
noch nie gekonnt; und wie viel ihm auch noch übrig sei,
so viel ist nun gethan, dass er sich fühlen muss als
Herr der Erde, dass ihm nichts unversuchtes bleiben
darf auf seinem eigenthümlichen Gebiet, und immer enger
25 der Unmöglichkeit Begrif zusammen schwindet. Hier fühl
ich die Gemeinschaft die mich mit Allen verbindet, in
jedem Augenblick des Lebens als Ergänzung der eigenen

---

    1 *der* , der   4 *gethan* gethan,   5 *schnöde Jeden*
— *beschimpft* C alle die ihr angehören, schnöde beschimpft
9 *der Mensch* ∞ C *die Körperwelt*   10 *beherrsche*
beherrscht | *erforsche* erforscht   11 *zu seinem*
Dienst zum Dienst des äussern Lebens   12 *Stärke*
— *lähme* Wirkung des Geistes auf die Körper zu gewaltsam lähmt   13 *erzeuge* erzeuget   14 *be-*
währe [die Änderung in „bewährt" ist nur vergessen]
16 *offenbare* offenbart | *erscheine* erscheint   18 *ihres*
Lebens freue: einer sonst nicht gekannten Kraft (+ C
und Fülle) des sinnlichen Lebens freut,   24 *Gebiet*
C Boden   25 *Begrif* C Gebiet | *Hier fühl ich* <
26 vor *mich* + hiezu | vor *in* + fühl ich (∞)

Kraft. Ein jeder treibet sein bestimmt Ge-|schäft, voll- [72]
endet des Einen Werk, den er nicht kannte, arbeitet dem
Andern vor, der nichts von seinen Verdiensten um ihn
weiss. So fördert über den ganzen Erdkreis sich der
Menschen Werk, es fühlet Jeder fremder Kräfte Wirkung 5
als eignes Leben, und wie elektrisch Feuer führt die
kunstreiche Maschine dieser Gemeinschaft jede leise Bewegung des Einen durch eine Kette von Tausenden ver-
stärkt zum Ziele, als wären sie Alle seine Glieder, und
alles was sie je gethan, sein Werk im Augenblick voll- 10
bracht. Lebendger wohl und schöner noch wohnt in mir
dies Gefühl des gemeinsam erhöhten Lebens, als in Jenen,
die es so laut rühmen. Mich stört nicht täuschend ihre
trübe Einbildung, dass es so ungleich die geniessen, die
doch Alle es erzeugen und erhalten helfen: durch Ge- 15
dankenleere und Trägheit im Betrachten verlieren Alle,
es fordert von Allen Gewohnheit ihren Abzug, und wo
ich auch Beschränkung und | Kraft vergleichend berechne: [73]
ich finde überall dieselbe Formel, nur anders ausgedrükt, *
und gleiches Maass von Leben verbreitet sich über Alle. 20
Und doch auch so acht ich dies ganze Gefühl gering;
nicht etwas besser noch in dieser Art wünscht ich die
Welt, es peinigt mich bis zur Vernichtung, dass dies
das ganze Werk der Menschheit sein soll, darauf unheilig
ihre heilige Kraft verschwendet. Es bleiben nicht be- 25
scheiden meine Forderungen stehn bei diesem bessern
Verhältniss des Menschen zu der äussern Welt, und wär

---

1 *treibet* treibt   5 vor *Werk* + C gemeinsames |
es fühlet Jeder C Jeder fühlet   9 *Alle* C alle (also
unbetont!)   10 *je* < C | *Werk* Werk,   11 *Le-*
bendger B Ja noch lebendiger   C Ja dies Gefühl gemein-
sam erhöhten Lebens wohnt noch lebendiger | *schöner*
C reicher | *noch* < | *wohnt* < C (∞)
12 *dies — Lebens* < C (∞)   13 *es so laut* C so
laut es   15 *helfen:* helfen. Denn   16 *Alle,* Alle;
17 *es — Allen* C von Allen fordert   18 *auch* immer |
berechne: berechne,   20 *Leben* Genuss   23 *es —*
zur sondern es würde mich peinigen wie | *dass dies*
wenn dies sollte   24 *soll* < (∞) | vor *darauf*
+ C und nur   25 *Es* Nein, meine Forderungen
26 *meine Forderungen* < (∞)

es auf den höchsten Gipfel der Vollendung schon gebracht!
Ist denn der Mensch ein sinnlich Wesen nur, dass auch
das höchste Gefühl des Lebens, der Gesundheit und Stärke
sein höchstes Gut sein dürfte? Genügts dem Geiste, dass
5 er nur den Leib bewohne, fortsezend und vergrössernd
ihn ausbilde, und herrschend seiner sich bewusst sei?
Darauf geht ihr ganzes Streben, es gründet darauf sich
[74] ihr | ungemessener Stolz. So hoch nur sind sie gestiegen
im Bewusstsein der Menschheit, dass von der Sorge für
10 das eigene körperliche Leben und Wolsein sie zur Sorge
für das gleiche Wolbefinden Aller sich erheben. Das ist
ihnen Tugend, Gerechtigkeit und Liebe; das ist über die
niedere Eigensucht ihr grosses Triumphgeschrei; das ist
ihnen das Ende ihrer Weisheit; nur solche Ringe ver-
15 mögen sie zu zerbrechen in der Kette der Unwissenheit,
dazu soll Jeder helfen, es ist nur dazu jegliche Gemeinschaft eingerichtet. O des verkehrten Wesens, dass der
Geist dem alle seine Kräfte für Andere widmen soll, was
er für sich um bessern Preis verschmäht! O des ver-
20 schrobenen Sinnes, dem in so niederm Gözendienste das
Höchste gern zu opfern Tugend scheint!

Beuge dich o Seele dem herben Schiksal, nur in dieser
schlechten und finstern Zeit das Licht gesehn zu haben.
Für dein Bestreben, für dein inneres Thun ist nichts |
[75] von einer solchen Welt zu hoffen! nicht als Erhöhung,
immer nur als Beschränkung deiner Kraft wirst du deine

----

1 nach *gebracht!* ┿ Wofür denn diese höhere Gewalt
über den Stoff, wenn sie nicht fördert das eigene Leben
des Geistes selbst? was rühmt ihr euch jener äussern
Gemeinschaft, wenn sie nicht fördert die Gemeinschaft der
Geister selbst? Gesundheit und Stärke sind wohl ein
hohes Gut: aber verachtet ihr nicht jeden, der sie nur
braucht zu leerem Gepränge? 3 vor *Lebens* ┿ leib-
lichen | *der Gesundheit — dürfte* denn sein Leib
ist ja die Erde, ihm alles sein darf 7 *Darauf geht*
Und darauf allein geht ja | *es gründet darauf*
darauf gründet 8 *ungemessener* ungemessner
10 *eigene* < | nach *Wolsein* ┿ des Einzelen
14 *ihrer* ◯ aller 18 *dem* ∞ vor *für Andre*
22 nach *dich* ┿ denn 24 *nichts* wenig

Gemeinschaft mit ihr empfinden müssen. So geht es
Allen die das Bessere kennen und wollen. Nach Liebe
dürstet manches Menschen Herz, es schwebt ihm deutlich
vor, wie der geartet müsste sein, mit dem er durch den
Tausch des Denkens und Empfindens zur gegenseitigen 5
Bildung und zum erhöhten Bewusstsein sich verbinden
könnte: doch wenn er nicht durch Zufall glüklich im
engen Umkreis seines äussern Lebens ihn selbst entdekt,
so seufzet jener wie er vergeblich im gleichen Wunsch
das kurze Leben hin. Was hie und dort die Erde bringt 10

---

4 nach *der* + C Freund   7 vor *könnte* + , wie die
Geliebte, der er sich ganz ergeben (C ganz sich geben)
und volles Leben bei ihr finden   8 *engen Umkreis*
seines gleichen Kreise des | *ihn selbst* auf gleicher
Höhe der Gesellschaft sie   9 *seufzet — er* seufzen
beide wol

Die Sätze von S. 53—56 sind in B C völlig umgestellt
und haben einen längeren Zusatz erhalten. Die Reihen-
folge ist dann diese:

Nach Z. 10 *das kurze Leben hin.* + Denn noch immer
fesselt den Menschen ja sein äusserer Stand, die Stelle
die er in jener dürftigen Gemeinschaft nicht sich erringen
kann, nein die ihm angewiesen wird, und fester hält der
Mensch an diesen Banden, als an der mütterlichen Erde
die Pflanze hängt. *[Vergl. S. 54 Z. 11—14.]* Warum
(+ C doch)? weil sie (*sie* C es ihnen wenig kostet) das
höhere geistige Leben hart (+ C zu) bedrüken, um
sicherer, wie sie meinen, das niedere zu geniessen. Darum
lassen sie (*lassen sie* C darf noch) keine heitere Gemeinschaft gedeihen, kein freies ofnes Leben; darum wohnen
sie wunderlich fast klostermässig gesondert in kleinen
dumpfen Zellen neben einander, nicht (, *nicht* C mehr, als)
mit einander; darum scheuen sie jeden grossen Verein, nur
einen elenden Schein davon zusammensezend aus vielen
kleinen; und wie das Vaterland lächerlich zerstükkelt ist,
so auch jede einzelne Gesellschaft wieder.

Dann folgt: (S. 55 Z. 4) *Wol ist Manchem der Sinn*
geöfnet bis zum Äquivalent der Worte *Keinem ists Be-*
ruf ..... *in besseres Klima liebreich ihn zu tragen*
[Quellen zuzuleiten]. (S. 55 Z. 14)

beschreiben Tausende; wo irgend eine Sache deren ich bedarf zu finden sei, kann ich in einem Augenblik erfahren, im zweiten kann ich sie besizen: kein Mittel aber giebt es zu erkunden, wo irgend ein solch Gemüth zu [76] finden sei, als mir zur Nahrung des innern | Lebens unentbehrlich ist; dazu giebts keine Gemeinschaft in der Welt, die Menschen die einander bedürfen, näher sich zu bringen, ist Keines Geschäft. Und wüsste der, aus dessen Herzen vergeblich sehnsuchtsvoll nach allen Seiten die 10 Liebe strömt, wo ihm der Freund und die Geliebte wohnen: es fesselt ihn sein äusserer Stand, die Stelle die er in jener dürftigen Gemeinschaft einnimmt; und fester hängt der Mensch an diesen Banden, als an der mütterlichen Erde Stein und Pflanze. Des Schwarzen jammervolles 15 Schiksal, der aus dem väterlichen Lande von den geliebten Herzen fortgerissen wird, zu niederm Dienst in unbekannter Ferne, täglich legts der Lauf der Welt auch

----

Dann: (S. 54 Z. 14) *Des Schwarzen jammervolles Schiksal — ihr inneres Leben* [verzehren] *verschmachten müssen.* (S. 55 Z. 4)

Dann: (S. 55 Z. 14) *Wol Manchen drängt innerlich der Trieb — So sucht vergebens der Mensch ..... Erleichterung und Hülfe.* (S. 56 Z. 5)

Dann: (S. 53 Z. 10) *Was hie und dort die Erde bringt — die Menschen ..... näher sich zu bringen, ist Keines Geschäft.* (S. 54 Z. 8)

Endlich: (S. 56 Z. 5) *ja sie* [Hülfe solcher Art zu] *fordern — wenn ich ..... nur an dem Wirklichen und seinen nächsten Folgen haften dürfte.* (S. 56 Z. 20)

1 *deren ich bedarf* , deren ich bedarf,   3 *ich sie* der glückliche sie schon | *kein Mittel — unentbehrlich ist;* (Z. 6) doch die Gemüther aufzufinden, durch deren Kraft ihr inneres Leben gedeihen könnte, vermögen nur wenige,   7 *Welt,* C Welt;   8 *Keines* keines | *Und wüsste — wohnen* <   11 *es fesselt — Pflanze* [vergl. Apparat zu S. 53] | *es* Denn noch immer | *ihn* den Menschen ja   12 *einnimmt;* nicht sich erringen kann, nein die ihm angewiesen wird, | *hängt* hält   14 *Stein und Pflanze* die Pflanze hängt 16 *wird* <   17 nach *Ferne* + verdammt ist

Bessern auf, die zu den unbekannten Freunden in die
ferne Heimath zu ziehn gehindert, in öder ihnen ewig
fremder Nähe bei schlechtem Dienst ihr inneres Leben
verschmachten müssen. Wol ist Manchem der Sinn ge-
öfnet, um das innere | Wesen der Menschheit zu ergreifen, [77]
verständig ihre verschiedene Gestalten anzuschauen, und
was gemeinsam ist zu finden: doch in öde Wildniss oder
in unfruchtbare Ueppigkeit ist er gestellt, wo ewiges
Einerlei des Geistes Verlangen keine Nahrung giebt; es
kränkelt in sich gekehrt die Fantasie, es muss in träu- 10
merischem Irrthum sich der Geist verzehren, denn es
leistet die Welt ihm keinen Beistand; Keinem ists Beruf
mit Nahrungsstoff den Dürftgen zu versehen, oder in
besseres Klima liebreich ihn zu tragen. Wol Manchen
drängt innerlich der Trieb kunstreiche Werke zu bilden, 15
doch den Stoff zu sichten, und was unschiklich wäre
sorgsam und ohne Schaden herauszusondern, oder wenn
in schöner Einheit und Grösse der Entwurf gemacht ist,
auch die lezte Vollendung und Glätte jedem Theile zu
geben, das ist ihm versagt: gewährt ihm Einer was ihm 20
fehlt, bietet ihm Einer mit Freiheit seinen Vorrath, oder
krönt | durch seine That das Unvollendete? Allein muss [78]
Jeder stehn und unternehmen was ihm nicht gelingt!
der Darstellung der Menschheit, dem Bilden schöner Werke
fehlt die Gemeinschaft der Talente, die schon lange im 25
äusseren Dienst der Menschheit gestiftet ist! nur schmerzlich fühlt der Künstler der Andern Dasein, wenn ihr

---

    1 *die ferne* ihre wahre   4 *verschmachten müssen*
verzehren   6 *und — finden:* oder in sich zu saugen
die Natur und mit Liebe sich einzuschmiegen in ihre
Geheimnisse.   9 *des Geistes Verlangen* C dem Verlangen des Geistes   11 *denn es — tragen* in miss-
gestalteten Versuchen erschöpfen die gebärende Kraft;
denn kein günstiger Wind trägt ihn in besseres Klima
liebreich (C lieblich) fort, keinen (+ C hülfreichen Freund)
kann er erreichen, dem Beruf es wäre, mit Nahrungsstoff
den Dürftigen zu versehen, befruchtend ihm der Erkenntniss Quellen zuzuleiten   15 *bilden,* bilden: 20 *versagt:* versagt.   22 *Allein* C Nein, vereinzelt   25 *schon
lange* ∞ C nach *Menschheit*   27 *fühlt — hemmt*

Urtheil tadelt was seinem Genius fremd war, wenn das fremde und mangelnde des Schönen und Eignen Wirkung hemmt! So sucht vergebens der Mensch für das, was ihm das Grösste ist, in der Gemeinschaft mit den Menschen
5 Erleichterung und Hülfe; ja sie fordern ist Aergerniss und Thorheit den geliebten Söhnen dieser Zeit, und eine höhere mehr innige Gemeinschaft der Geister ahnden, und beschränktem Sinn und kleinen Vorurtheilen zum Troz sie fördern wollen, ist eitle Schwärmerei. Ungeschikte
10 Begierde soll es sein nicht Armuth, was Schranken fühlen
[79] lässt, die so uns drüken, strafbare | Trägheit nicht Mangel an hülfreicher Gemeinschaft, was unzufrieden mit der Welt den Menschen macht, und seinen leeren Wünschen gebietet auf weitem Felde der Unmöglichkeit umherzu-
15 schweifen. Unmöglichkeiten nur für den, dessen Blik auf niederer Fläche der Gegenwart nur einen kleinen Horizont bestreicht. Wie müsst ich traurig verzweifeln, ob jemals ihrem Ziele die Menschheit näher kommen würde, wenn ich mit blöder Fantasie nur an dem Wirklichen und
20 seinen nächsten Folgen haften dürfte.

Es seufzet was zur bessern Welt gehört in düsterer Sklaverei! Was da ist von geistiger Gemeinschaft, ist herabgewürdigt zum Dienst der irdischen; nur dieser nüzlich wirkt es dem Geiste Beschränkung, thut dem
25 inneren Leben Abbruch. Wenn der Freund dem Freunde die Hand zum Bündniss reicht: es sollten Thaten draus hervor gehn, grösser als jeder Einzelne; frei sollte Jeder
[80] Jeden gewähren lassen, wozu der | Geist ihn treibt, und nur sich hülfreich zeigen wo es Jenem fehlt, nicht seinem
30 Gedanken den eignen unterschiebend. So fände Jeder im Andern Leben und Nahrung, und was er werden könnte, würd er ganz. Wie treiben sie es dagegen in der Welt? Zum irdischen Dienst ist Einer stets dem Andern ge-

---

C wird dem Künstler das Dasein der Andern bemerklich, indem an seinem Werk ihr Urtheil tadelt, was ihrem Genius fremd ist, und er erfahren muss, dass des schönen Eignen Wirkung gehemmt wird, weil sie fremdes verlangen   5 *Hülfe;* Hülfe. | *ja sie* Ja Hülfe solcher Art zu [der Text ist hier der grossen Umstellung wegen geändert]   11 *drüken,* C drükken;   14 *auf* , auf 21 *gehört* C gehört,   22 *da* C vorhanden

wärtig, bereit das eigne Wohlsein aufzuopfern; und Erkenntniss mitzutheilen, Gefühle mit zu leiden und zu
lindern, ist das Höchste. Doch in der Freundschaft ist
immer Feindschaft gegen die innere Natur; sondern
wollten sie des Freundes Fehler von seinem Wesen, und 5
was in ihnen Fehler wäre, scheints auch in ihm. So
muss jeder von seiner Eigenheit dem Andern opfern, bis
beide sich selber ungleich nur einander ähnlich sind,
wenn nicht ein fester Wille das Verderben aufhält, und
lange zwischen Streit und Eintracht die Freundschaft 10
kränkelt, oder plözlich abreisst. Verderben dém, der ein
weich Gemüth be-|sizt, wenn ihm ein Freund sich an- [81]
hängt! Von neuem und kräftigem Leben träumt dem
Armen, er freut der schönen Stunden sich, die ihm in
süsser Mittheilung vergehn; und merkt nicht wie im ver- 15
kehrten Wohlsein der Geist sich ausgiebt und verschuldet,
bis gelähmt von allen Seiten und bedrängt sein inneres
Leben sich verliert. So gehn der Bessern Viele umher,
kaum noch zu kennen der Grundriss des eignen Wesens,
beschnitten von der Freunde Hand, und überklebt mit 20
fremdem Zusaz. Es bindet süsse Liebe Mann und Frau, *
sie gehn den eignen Heerd sich zu erbaun. Wie eigne
Wesen aus ihrer Liebe Schooss hervorgehn, so soll aus
ihrer Naturen Harmonie ein neuer gemeinschaftlicher Wille
sich erzeugen; das stille Haus mit seinen Geschäften, 25
seinen Ordnungen und Freuden, soll als freie That sein
Dasein bekunden. O Thränen, dass sich immer und
überall das schönste Band der Menschheit so muss ent-
heiligt | sehn! Ein Geheimniss bleibt ihnen was sie thun, [82]
wenn sie es knüpfen; Jeder hat und macht sich seinen 30
Willen nach wie vor, abwechselnd herrscht der Eine und
der Andere, und traurig rechnet in der Stille Jeder, ob
der Gewinn wohl aufwiegt was er an baarer Freiheit gekostet hat; des Einen Schiksal wird der Andere endlich,

---

   1 *und Erkenntniss*   Einsicht und Welterfahrung
4 *sondern* absondern   9 *und* C dass   10 vor
Freundschaft + C falsche   15 *im verkehrten Wohl-*
sein C in eingebildetem Wohlergehen   21 *Zusaz.*
C Zusaz. —   26 *sein* C dessen   27 *O Thränen,*
dass Allein wie muss   28 *muss* $<$ (∞)

und im Anschaun der kalten Nothwendigkeit erlischt der
Liebe Gluth. Alle bringt so am Ende die gleiche Rechnung auf das gleiche Nichts. Es sollte jedes Haus der
schöne Leib, das schöne Werk von einer eignen Seele
5 sein, und eigne Gestalt und Züge haben, und Alle sind
in stummer Einförmigkeit das öde Grab der Freiheit und
des wahren Lebens. Macht sie ihn glüklich, lebt sie
ganz für ihn? macht er sie glüklich, ist er ganz Gefällig-
keit? Macht beide Nichts so glüklich, als wo Einer dem
10 Andern sich aufopfern kann? O quäle mich nicht Bild
des Jammers, der tief hinter ihrer Freude wohnt, des |
[83] nahen Todes der ihnen diesen lezten Schein des Lebens,
sein gewohntes Gaukelspiel nur vormahlt! Wo sind vom
Staat die alten Mährchen der Weisen? wo ist die Kraft
15 die dieser höchste Grad des Daseins dem Menschen geben,
das Bewusstsein das Jeder haben soll, ein Theil zu sein
von seiner Vernunft und Fantasie und Stärke? Wo ist
die Liebe zu diesem neuen selbstgeschafnen Dasein, die
lieber das alte eigene Bewusstsein opfern als dieses ver-
20 lieren will, die lieber das Leben wagt, als dass das Vaterland gemordet werde? Wo ist die Vorsicht, welche sorgsam wacht, dass auch Verführung ihm nicht nahe, und
sein Gemüth verderbe? Wo ist der eigne Charakter jedes
Staates, und wo die Werke, durch die er sich verkündet?
25 So fern ist dies Geschlecht von jeder Ahndung, was diese
Seite der Menschheit wohl bedeuten mag, dass sie von
einem bessern Organismus des Staates träumen, wie von
[84] einem Ideal | des Menschen, dass wer im Staate lebt, es
sei der neuen oder der alten einer, in seine Form gern
30 Alle giessen möchte, dass der Weise in seinen Werken
ein Muster für die Zukunft niederlegt, und hofft es
werde doch einmal zu ihrem Heil die ganze Menschheit
es als ein Symbol verehren; dass Alle glauben, der sei
* der beste Staat, den man am wenigsten empfindet, und
35 der auch das Bedürfniss, dass er da sein müsse, am

---

4 *schöne* C schönste   5 *, und Alle sind* C ; doch
fast alle werden sie   12 nach *Todes* + C Zeichen,
13 *vormahlt!* C vormahlt! —   18 *neuen* höhern
19 *alte eigene* enge persönliche | *dieses* jenes
27 *des Staates* B des Staats C der Gesellschaft | vor
wie + gerade

wenigsten empfinden lasse. Wer so das schönste Kunstwerk des Menschen, wodurch er auf die höchste Stufe
sein Wesen stellen soll, nur als ein nothwendiges Uebel
betrachtet, als ein unentbehrliches Maschinenwerk um
seine Gebrechen zu verbergen, und unschädlicher zu 5
machen, der muss ja das nur als Beschränkung fühlen,
was ihm den höchsten Grad des Lebens zu gewähren
bestimmt ist.

O schnöde Quelle solcher grossen Uebel, dass nur für
äussere Gemeinschaft der Sin-|nenwelt Sinn bei den [85]
Menschen zu finden ist, und dass nach dieser sie Alles
messen und modeln wollen. In der Gemeinschaft der
Sinnenwelt muss immer Beschränkung sein; es muss der
Mensch, der seinen Leib durch äusseren Besiz fortsezen
und vergrössern will, dem Andern ja auch den Raum *15
vergönnen das Gleiche zu thun; wo Einer steht da ist
des Andern Grenze, und nur darum dulden sie es gelassen, weil sie doch die Welt nicht könnten allein besizen, weil sie doch des Andern Leib und Besiz auch
brauchen können. Darauf ist Alles andere auch gerichtet: 20
vermehrten äussern Besiz des Habens und des Wissens,
Schuz und Hülfe gegen Schiksal und Unglük, vermehrte
Kraft im Bündniss zur Beschränkung der Andern, das
nur suchet und findet der Mensch von Heute in Freundschaft, Ehe und Vaterland; nicht Hülfe und Ergänzung 25
der Kraft zur eignen Bildung, nicht Gewinn an neuem
innerm Leben. Daran hindert | ihn jegliche Gemeinschaft [86]
die er eingeht vom ersten Bande der Erziehung an, wo *
schon der junge Geist, statt freien Spielraum zu gewinnen, und Welt und Menschheit in ihrem ganzen Um- 30
fang zu erbliken, nach fremden Gedanken beschränkt und
früh zur langen Sklaverei des Lebens gewöhnt wird.
O mitten im Reichthum beklagenswerthe Armuth! Hülf-
loser Kampf des Bessern, der die Sittlichkeit und Bildung

---

1 *lasse* C lässt | *schönste* herrlichste   **5** *ver-*
bergen, verbergen   9 *O — Uebel* C Und dieses ist
so grosser Uebel schnöder Ursprung   16 *da* C , da
21 *des* 2⁰ <   23 , *das* C : das   27 *innerm*
B innern C inneren | *Daran* C Hieran vielmehr
32 *früh — Lebens* zeitig (C früh schon) zu des Lebens
langer Knechtschaft

* sucht mit dieser Welt, die nur das Recht erkennt, statt
Lebens nur todte Formeln bietet, statt freien Handelns
nur Regel und Gewohnheit kennt, und hoher Weisheit
sich rühmt, wenn irgend eine veraltete Form sie glück-
5 lich bei Seite schafft, und etwas Neues gebährt, was
Leben scheint, und allzubald auch wieder Formel und
todte Gewohnheit sein wird. Was könnte mich retten,
wärst du nicht göttliche Fantasie, und gäbest mir der
bessern Zukunft sichre Ahndung! |

[87]   Ja Bildung wird sich aus der Barbarei entwikeln,
und Leben aus dem Todtenschlaf! da sind die Elemente
des bessern Lebens. Nicht immer wird ihre höhere Kraft
verborgen schlummern; es wekt der Geist sie früher oder
später, der die Menschheit beseelt. Wie jezt die Bildung
15 der Erde für den Menschen erhaben ist über jene wilde
Herrschaft der Natur, da schüchtern der Mensch vor
jeder Aeusserung ihrer Kräfte floh: nicht weiter kann
doch die selge Zeit der wahren Gemeinschaft der Geister
entfernt von diesen Kinderjahren der Menschheit sein.
20 Nichts hätte der rohe Sklave der Natur geglaubt von
solcher künftgen Herrschaft über sie, noch hätte er begriffen was die Seele des Sehers der davon geweissagt,
so bei dieser Ahndung hob; denn es fehlte ihm an der
Vorstellung sogar von solchem Zustand, nach dem er
25 keine Sehnsucht fühlte: so begreift auch nicht der Mensch
von heute, wenn Jemand ihm andere Zwecke vorhält, |

[88] von andern Verbindungen und einer andern Gemeinschaft
der Menschen redet, er fasst nicht was man Besseres und
Höheres wollen könne, und fürchtet nicht, dass jemals
30 etwas kommen werde, was seinen Stolz und seine träge
Zufriedenheit so tief beschämen müsste. Wenn aus jenem
Elend, das kaum die ersten Keime des bessern Zustandes
auch dem durch den Erfolg geschärften Auge zeigt,
dennoch das gegenwärtge hochgepriesne Heil hervorging:

---

1 *sucht* sucht, |	*Welt,* Welt |	*nur das Recht*
C statt deren nur Recht	und Gebot	3 *kennt* liebt
6 *und* 1⁰ C doch |	*auch* C selbst	7 *sein wird*
∞ C nach *Formel*	9 *sichre* sichere	11 nach
sind + C sie schon,	12 *ihre* die	16 nach *da*
+ C noch	21 *künftgen* künftigen	22 *Sehers*
C Sehers,	26 *heute* Heute	

wie sollte nicht aus unserer verwirrten Unbildung, in der
das Auge, welches schon sinkend der Nebel ganz nah
umfliesst, die ersten Elemente der bessern Welt erblikt,
sie endlich selbst hervorgehn, das erhabene Reich der
Bildung und der Sittlichkeit. Sie kommt! Was sollt 5
ich zaghaft die Stunden zählen, welche noch verfliessen,
die Geschlechter, welche noch vergehn? Was kümmert
mich die Zeit, die doch mein innres Leben nicht umfasst? |

Der Mensch gehört der Welt an, die er machen half,*[89]
diese umfasst das Ganze seines Wollens und Denkens, 10
nur jenseit ihrer ist er ein Fremdling. Wer mit der
Gegenwart zufrieden lebt und Anders nichts begehrt, der
ist ein Zeitgenosse jener frühen Halbbarbaren, welche zu
dieser Welt den ersten Grund gelegt; er lebt von ihrem
Leben die Fortsezung, geniesst zufrieden die Vollendung 15
dessen, was sie gewollt, und das Bessere, was sie nicht
umfassen konnten, umfasst auch er nicht. So bin ich
der Denkart und dem Leben des jezigen Geschlechts ein
Fremdling, ein prophetischer Bürger einer spätern Welt,
zu ihr durch lebendige Fantasie und starken Glauben 20
hingezogen, ihr angehörig jede That und jeglicher Gedanke. Gleichgültig lässt mich, was die Welt, die jezige,
thut oder leidet; tief unter mir scheint sie mir klein
und leichten Blikes übersieht das Auge die grossen ver-'
worrnen Kreise ihrer Bahn. Aus | allen Erschütterungen [90]
im Gebiete des Lebens und der Wissenschaft, stets wieder
auf denselben Punkt zurükkehrend, und die nemliche Gestalt erhaltend, zeigt sie deutlich ihre Beschränkung und
ihres Bestrebens geringen Umfang. Was aus ihr selbst
hervorgeht kann sie nicht weiter bringen, bewegt sie 30
immer nur im alten Kreise; und ich kann dessen mich
nicht erfreun, es täuscht mich nicht mit leerer Erwartung
jeder günstge Schein. Doch wo ich einen Funken des
verborgenen Feuers sehe, das früh oder spät das Alte

---

2 *schon sinkend der* der schon sinkende   8 *die
doch — umfasst* C an welche doch mein innres Leben
sich nicht gefesselt fühlt   14 *dieser* C seiner
24 vor *grossen* + C wenn gleich   26 *, stets* stets
27 *zurükkehrend,* zurückkehrend   30 *kann —
bringen,* C , das vermag nicht sie weiter zu fördern, das
31 *Kreise;* C Kreise:

verzehren und die Welt erneuen wird, da fühl ich mich
in Lieb und Hoffnung hingezogen zu dem süssen Zeichen
der fernen Heimath. Auch wo ich stehe soll man in
fremdem Licht die heilge Flamme brennen sehen, dem
5 Verständgen ein Zeugniss von dem Geiste der da waltet.
Es nahet sich in Liebe und Hoffnung jeder, der wie ich
der Zukunft angehört, und durch jegliche That und Rede
[91] eines Jeden | schliesst sich enger und erweitert sich das
schöne freie Bündniss der Verschwornen für die bessere Zeit.
10   Doch auch dies erschwert so viel sie kann die Welt,
und hindert jedes Erkennen der befreundeten Gemüther,
und trachtet die Saat der bessern Zukunft zu verderben.
Die That, die aus den heiligsten Ideen entsprungen ist,
giebt tausendfacher Deutung Raum; es muss geschehen,
15 dass oft das reinste Handeln im Geist der Sittlichkeit
verwechselt wird mit dem Sinne der Welt. Zu Viele
schmüken sich mit falschem Schein des Bessern, als dass
man Jedem, wo sich Besseres ahnden lässt, vertrauen
dürfte; schwergläubig weigert sich mit Recht dem ersten
20 Schein der, welcher Brüder im Geiste sucht; so gehn sie
oft einander unerkannt vorüber, weil des Vertrauens Kühn-
heit Zeit und Welt danieder drüken. So fasse Muth und
hoffe! Nicht du allein stehst eingewurzelt in den tiefen
[92] Boden der spät | erst Oberfläche wird, es keimet überall
25 die Saat der Zukunft! Fahr immer fort zu spähen wo
du kannst, noch Manchen wirst du finden, noch Manchen
erkennen, den du lange verkannt. So wirst auch du von
Manchen erkannt: der Welt zum Troz verschwindet end-

---

2 *zu — süssen* C wie zu den geliebten   4 *Flamme*
C Flammen (aber vorher: heilge!) | *dem Verständgen*
C den abergläubigen Knechten der Gegenwart eine schauer-
liche Mahnung, den Verständigen   6 *nahet* C nahe
8 *schliesst* C schliesse | *erweitert* C erweitere   9 *Ver-
schwornen* C Verschworenen   11 *hindert* C verhindert |
der befreundeten C befreundeter   12 *und trachtet*
C trachtend   13 *den heiligsten Ideen* C dem reinsten
Gedanken   15 *reinste* C schlichteste   16 *Sinne*
C verworrenen Sinn   20 *Schein* C Scheine | *sie
oft* C oft Gleichgesinnte   22 *So* C Drum   24 *, es*
; es   27 nach *lange* + C vielleicht   28 nach
Manchen + C noch

lich Misstraun und Argwohn, wenn immer das gleiche
Handeln wiederkehrt und gleiche Ahndung das fromme
Herz ermahnt. Nur kühn den Stempel des Geistes jeder
Handlung eingeprägt, dass dich die Nahen finden; nur
kühn hinaus geredet in die Welt des Herzens Meinung, 5
dass dich die Fernen hören!

Es dienet freilich der Zauber der Sprache auch nur
der Welt nicht uns. Sie hat genaue Zeichen und schönen
Ueberfluss für Alles was im Sinn der Welt gedacht wird
und gefühlt; sie ist der reinste Spiegel der Zeit, ein 10
Kunstwerk, worinn ihr Geist sich zu erkennen giebt.
Uns ist sie noch roh und ungebildet, ein schweres Mittel
der Gemein-|schaft. Wie lange hindert sie den Geist [93]
zuerst, dass er nicht kann zum Anschaun seiner selbst
gelangen! Durch sie gehört er schon der Welt eh er 15
sich findet, und muss sich langsam erst aus ihren Ver-
strikungen entwinden; und ist er dann troz alles Irrthums
und verkehrten Wesens, das sie ihm angelernt zur Wahrheit hindurch gedrungen: wie ändert sie dann betrügerisch
den Krieg, und hält ihn eng umschlossen, dass er Keinem 20
sich mittheilen, keine Nahrung empfangen kann. Lange
sucht er im vollen Ueberfluss ein unverdächtiges Zeichen
zu finden, um unter seinem Schuz die innersten Gedanken
abzusenden: es fangen gleich die Feinde ihn auf, fremde
Deutung legen sie hinein, und vorsichtig zweifelt der 25
Empfänger, wem es wol ursprünglich angehöre. Wohl
manche Antwort kommt herüber aus der Ferne dem Ein-
samen, doch muss er zweifeln, ob sie das bedeuten soll
was er fasst, ob Freundes Hand ob Feindes sie ge-|
schrieben. Dass doch die Sprache gemeines Gut ist für [94]
die Söhne des Geistes und für die Kinder der Welt! dass

---

2 *wiederkehrt* C wiederkehrt, | *das fromme Herz*
C oft das fromme Bruderherz   4 *dass* C damit | *dich*
∞ C *die Nahen*   5 *geredet* ∞ C *in die Welt*
6 nach *dass* ✝ C auch | *dich* ∞ C vor *hören*
7 *nur — nicht* C mehr — als   8 *Sie hat* C Der
Welt bietet sie   9 *im — Welt* C in ihrem Sinn
21 *keine* C von Keinem   22 nach *Ueberfluss* ✝ C
,ehe er   23 *zu finden* C findet | *seinem* dessen
24 *es fangen gleich* gleich fangen es | *ihn* <
28 *soll* soll,

doch so lehrbegierig diese sich stellen nach der hohen
Weisheit! Doch nein, gelingen soll es ihnen nicht, uns
zu verwirren oder einzuschreken! Dies ist der grosse
Kampf um die geheiligten Paniere der Menschheit, welche
5 wir der bessern Zukunft den folgenden Geschlechtern erhalten müssen; der Kampf der alles entscheidet, aber
auch das sichere Spiel, das über Zufall und Glük erhaben, nur durch Kraft des Geistes und wahre Kunst
gewonnen wird.

10   Es soll die Sitte der innern Eigenthümlichkeit Gewand
und Hülle sein, zart und bedeutungsvoll sich jeder edlen
Gestalt anschmiegend, und ihrer Glieder Maass verkündigend jede Bewegung schön begleiten. Nur dies
schöne Kunstwerk mit Heiligkeit behandelt, nur es immer
15 durchsichtiger und feiner gewebt, und immer dichter an
[95] sich es | gezogen: so wird der künstliche Betrug sein
Ende finden müssen, so wird es bald sich offenbaren,
wenn unheilige gemeine Natur in edler hoher Gestalt
erscheinen will. Es sieht der Wissende bei jeder Regung
20 das geheime Spiel der schlechten Glieder, nur lose liegt
um den trügerischen leeren Raum das magische Gewand,
und kenntlich entflattert es bei jedem raschen Schritte,
und zeigt das innere Missverhältniss an. So soll und
wird der Sitte Beständigkeit und Ebenmaass ein untrüg-
25 lich Merkmahl von des Geistes innerm Wesen, und der
geheime Gruss der Bessern werden. Abbilden soll die
Sprache des Geistes innersten Gedanken, seine höchste
Anschauung, seine geheimste Betrachtung des eignen
Handels soll sie wiedergeben, und ihre wunderbare Musik
30 soll deuten den Werth den er auf jedes legt, die eigne
Stufenleiter seiner Liebe. Wohl können sie die Zeichen,
die wir dem Höchsten widmeten missbrauchen, und dem

---

    5 *Zukunft* Zukunft,   **7** *auch das sichere* C er
ist auch ein sicheres   **12** *verkündigend* verkündend
14 *schöne* edle   **19** *Es — Wissende* C Der Kenner
unterscheidet   **20** *das geheime — um den* C auch
der verhüllten Glieder Wuchs und Kraft, vergeblich bildet
22 *und kenntlich* C denn leicht   **25** *Wesen,* Wesen
27 *Gedanken,* Gedanken;   **29** *Handels* [Druckfehler]
Handelns   **31** *sie* C Andre   **32** *widmeten* widmeten,

Heiligen, das sie | andeuten sollen ihre kleinlichen Ge- [96]
danken unterschieben und ihre beschränkte Sinnesart: doch
anders ist des Weltlings Tonart als des Geweihten; anders
als dem Weisen reihen sich dem Sklaven der Zeit die
Zeichen der Gedanken zu einer andern Melodie; etwas 5
anders erhebt er zum Ursprünglichen, und leitet davon
ab, was ihm ferner und unbekannter liegt. Es bilde nur
jeder seine Sprache sich zum Eigenthum und zum kunstreichen Ganzen, dass Ableitung und Uebergang, Zusammenhang und Folge der Bauart seines Geistes genau ent- 10
sprechen, und die Harmonie der Rede der Denkart Grundton,
den Accent des Herzens wieder gebe. Dann giebts in
der gemeinen noch eine heilige und geheime Sprache, die
der Ungeweihte nicht deuten noch nahahmen kann, weil
nur im Innern der Gesinnung der Schlüssel liegt zu ihren 15
Charakteren; ein kurzer Gang nur aus dem | Spiele der [97]
Gedanken, ein paar Accorde nur aus seiner Rede werden
ihn verrathen.

O wenn nur so an Sitte und Rede sich die Weisen
und Guten erkennen möchten, wäre die Verwirrung nur 20
gelöst, gezogen die Scheidewand, käme zum Ausbruch erst
die innere Fehde: so würde der Sieg auch nahn, aufgehn
die schönre Sonne, denn auf die bessre Seite müsste sich
neigen der jüngeren Geschlechter freies Urtheil und un-
befangner Sinn. Verkündet doch nur bedeutungsvolle Be- 25
wegung des Geistes Dasein, Wunder nur bezeugen eines *
Götterbildes Ursprung. Und so müsste sichs offenbaren,
dass es am Bewusstsein des innern Handelns fehle, wo
schöne Einheit der Sitte mangelt, oder nur als kalte Ver-
stellung da ist, als übertünchte Unförmlichkeit; dass der 30
von eigner Bildung nichts weiss, noch je das innere der
Menschheit in sich angeschaut hat, dem das feste Grund-
gestein der Sprache zu Tage gefördert aus dem | Innern [98]

---

4 *Sklaven* B Knecht   C Knechte   6 *anders*
C anderes | *er* C dieser   7 *Es* $<$ C   11 *der*
Denkart Grundton ∞ C *den Accent des Herzens*
14 *deuten* C vermag zu deuten | *nahahmen kann*
C nachzuahmen   23 *Sonne,* Sonne;   24 *jüngeren*
jüngern | *unbefangner* unbefangener   28 *fehle*
fehlt   29 *oder* C wo sie   33 *zu Tage* C ans Licht

in kleine Bruchstücke verwittert, dem der Rede Kraft, die tief das Innere ergreifen soll, in leere Unbedeutenheit und flache Schönheit sich auflöst, und ihre hohe Musik in müssige Schallkünstelei die nicht vermag des Geistes eignes Wesen darzustellen. Harmonisch in einfacher schöner Sitte leben kann kein Anderer, als wer die todten Formeln hassend eigne Bildung sucht und so der künftigen Welt gehört; ein wahrer Künstler der Sprache kann kein Anderer werden, als wer freien Blikes sich selbst betrachtet, und des innern Wesens der Menschheit sich bemächtigt hat.

Aus dieser Gefühle stiller Allmacht, nicht aus frevelhafter Gewaltsamkeit vergeblichen Versuchen, muss endlich die Ehrfurcht vor dem Höchsten, der Anfang eines bessern Alters hervorgehn. Sie zu befördern sei mein Trachten in der Welt, womit ich meiner Schuld mich gegen sie entlade, und meinem Beruf genüge. So einiget sich meine | Kraft dem Wirken aller Auserwählten, und mein freies Handeln hilft die Menschheit fortbewegen auf der rechten Bahn zu ihrem Ziele.

----

1 *in — Bruchstücke* C zu kleinen Bruchstücken 2 *Unbedeutenheit* Unbedeutsamkeit 4 *die* , die 6 *todten* C abgestorbnen 7 *eigne — sucht* C nach eigner Bildung trachtet 9 *betrachtet* C beschaut 10 *bemächtigt* C bemächtiget 16 *Welt, womit* C Welt! so will 17 *entlade* C entladen | *und* C so | *genüge* C genügen 20 *Ziele* C Ziel

IV. [100]

Aussicht

Ist es wahr, dass wir alle auf Erden abhängig wandeln,
und ungewiss der Zukunft? dass ein dichter Schleier dem
Menschen was er sein wird verbirgt, und dass des Schick- 5
sals blinde Macht, seis auch der höhern Vorsicht fremde
Willkühr — beides gälte für mich hier gleich — mit
unsern Entschlüssen wie mit unsern Wünschen spielt?
O freilich, wenn Entschlüsse nur Wünsche sind, so ist
der Mensch des Zufalls Spiel! Wenn er nur im Wechsel 10
flüchtiger Empfindungen und einzelner Gedanken, die die
Wirklichkeit erzeugt, sich selbst zu finden weiss; wenn
er im ungewissen Haben äussrer Gegenstände, im schwin-|
delnden Betrachten des ewgen Wirbels in dem er mit [101]
diesem Sein und Haben sich auch bewegt, sein ganzes 15
Leben hindurch begriffen ist, und niemals tiefer in sein
eignes Wesen dringt; wenn er von diesem oder jenem
einzelnen Gefühl geleitet immer nur auf etwas Einzelnes
und Aeusseres sieht, und das betreiben und besizen will,
wie die Empfindung des Augenbliks gebietet: dann kann 20
ihm das Schiksal feindselig rauben was er will und spielt
mit seinen Entschlüssen, die ein Spiel zu sein verdienen;
dann mag er klagen über Ungewissheit, denn nichts steht
fest für ihn; dann erscheint ihm als ein dichter Schleier
die eigne Blindheit, und dunkel muss es freilich sein, 25
wo nicht das Licht der Freiheit scheint; dann muss

---

7 *für mich hier* C mir in dieser Beziehung 11 *die*
die Wirklichkeit C wie die Wirklichkeit sie 13 *äussrer*
äusserer 14 *Wirbels* C Wirbels, | er < C (∞)
15 *sich auch* C auch er sich 17 nach *er* + C bald |
oder C bald von 18 *auf* < C | *etwas* <
19 *das* < C 20 nach *wie* + C ihm 21 *will*
C begehrt 25 *freilich* C ja wol

es freilich für ihn das Höchste sein zu wissen, ob jener
Wechsel der ihn beherrscht von Einem Willen über alle
* Willen abhängt, oder vom Zusammentreffen vieler Kräfte
[102] die neigungslose Wir-|kung ist. Denn schreklich muss
5 es den Menschen ergreifen, wenn er nimmer dazu gelangt
sich selbst zu fassen; wenn jeder Lichtstral, der in die
unendliche Verwirrung fällt, ihm klarer zeigt, er sei kein
freies Wesen, sei eben nur ein Zahn in jenem grossen
Rade, das ewig kreisend sich, ihn und alles bewegt, und
10 Hofnung, immer wieder aller Erfahrung allem Bewusstsein zum Troz erneute Hofnung auf höheres Erbarmen
muss seine einzige Stüze sein.

Willkommen mir, in jedem Augenblik, wo ich die
Sklaven zittern sehe, aufs neue willkommen, geliebtes
15 Bewusstsein der Freiheit! schöne Ruhe des klaren Sinnes,
mit der ich heiter die Zukunft, wol wissend was sie ist
und was sie bringt, mein freies Eigenthum, nicht meine
Herrscherin begrüsse. Mir verbirgt sie nichts, sie nähert
sich ohne Anmassungen von Gewalt. Die Götter nur be-
20 herrscht ein Schiksal, die nichts in sich zu wirken haben,
[103] und die schlechtesten | der Sterblichen, die in sich nichts
wirken wollen; nicht den Menschen, der auf sich selbst
sein Handeln richtet wie sichs geziemt. Wo ist die Grenze
meiner Kraft? wo denn finge sich an das fürchterliche
25 fremde Gebiet? Unmöglichkeit liegt mir nur in der Beschränkung meiner Natur durch meiner Freiheit erste
*That, nur was ich aufgegeben als ich bestimmte wer ich

---

1 *es freilich — Höchste sein* er freilich, wiewol vergeblich, weil er beides nur (+ C so) wähnt wie es nicht
gedacht werden kann, sich bestreben   9 *, und* 2⁰
C . Nur   10 *wieder* C wieder,   11 *Troz* C Troz, |
höheres C glücklichen Wechsel oder endliches   19 *An-
massungen* C Anmassung | nach *Götter nur* + die
gedichteten,   20 *die* weil sie | *nichts* ∞ C *in sich*
21 *die* 2⁰ weil sie   32 *sichs* C ihm   25 *liegt mir*
ist für mich | *der Beschränkung — gesprochen hat*
in dem was ausgeschlossen ist durch der Freiheit in mir
ursprüngliche That, (+ C durch) ihre Vermählung mit
meiner Natur. Nur das kann ich nicht (+ C ,) was
dieser widerspricht; (C :) aber wie könnt ich auch wollen,
was jenen ersten Willen, durch den ich bin der ich bin

werden wollte, das nur kann ich nicht; nichts ist mir unmöglich als was jenen Willen, wie er einmal gesprochen hat, rükgängig machen müsste. Wem diese Beschränkung ⁎ als fremde Gewalt erscheint, diese, die seines Daseins, seiner Freiheit, seines Willens Bedingung und Wesen ist, 5 der ist mir wunderbar verwirrt. Und fühl ich mich in diesen Grenzen denn beschränkt? Ja, wenn ich selbst auf dem Gebiet der Sittlichkeit und Bildung nur dies und jenes in jedem Augenblick bestimmt begehrte, wenn je- mals irgend eine einzelne That das Ziel von mei-|nem [104] Wollen wäre; dann könnte sich mir dies Ziel wenn ichs ergreifen wollte weit aus den Augen rüken; dann find ich unter fremder Herrschaft mich; doch wenn ich auch darüber das Schiksal verklagte, verfehlt ich nur den eigentlichen Gegenstand der Schuld mich selbst. Aber 15 niemals kann mir es so ergehn! Leb ich doch im Be- wusstsein meiner ganzen Natur. Immer mehr zu werden was ich bin, das ist mein einziger Wille; jede Handlung ist eine besondere Entwiklung dieses Einen Willens; so gewiss ich immer handeln kann, kann ich auch immer 20 auf diese Weise handeln, nichts kommt in die Reihe meiner Thaten, es sei denn so bestimmt. Begegne denn, was da wolle! So lang ich alles auf diesen ganzen Zwek beziehe, und jedes äussere Verhältniss, jede äussere Gestalt des Lebens mich gleichgültig lässt, und alle mir gleich 25 werth sind, wenn sie nur meines Wesens Natur aus- drüken, und zu seiner innern Bildung, seinem | Wachsthum [105] mir neuen Stoff aneignen; so lange des Geistes Auge auf

---

3 *müsste.* müsste!   6 *verwirrt.* C verwirrt. — | *mich — denn* etwa innerhalb dieser Grenzen mich noch (*noch* < C) enger   8 *nur* doch | *dies und jenes* C den und jenen Erfolg   9 *jedem* C irgend einem | *begehrte,* C begehrte;   11 *wäre;* wäre: | *wenn — wollte* , wenn ichs (C indem ich es) ergreifen wollte, 12 *find* fänd   13 *wenn* C wollt   14 *darüber* C hierüber | *verklagte,* C verklagen, so   15 *Schuld* Schuld,   16 *mir* ∞ *es*   22 *Begegne denn* Lass also begegnen   23 *So lang — Zwek* C So lange ich auf diesen Zwek alles ausschliessend   24 *und* < C | nach *Verhältniss* + C aber   25 *und* C ja   28 *lange* C lange,

dies Ganze allgegenwärtig gerichtet ist, ich jedes Einzelne nur in diesem Ganzen, und in diesem alles einzelne erblike, nie aus dem Bewusstsein verliere, was ich unterbreche, und immer auch das noch will was ich nicht

5 thue, und was ich thue auf alles was ich will beziehe: so lange beherrscht mein Wille das Geschik, und wendet Alles, was es bringen mag zu seinen Zweken mit Freiheit an. Nie kann solchem Wollen sein Gegenstand entzogen werden, und es verschwindet beim Denken eines

10 solchen Willens der Begrif des Schiksals. Woher ent-
* springt denn jener Wechsel des Menschlichen, den sie so drükend fühlen, als eben aus der Gemeinschaft solcher Freiheit? So ist er also der Freiheit Werk und meines. Wie könnt ich ihn für Andre durch mein Thun bereiten

15 helfen, wenn ich nicht auch für mich ihn von den Andern
[106] forderte? Ja, ich verlange | ihn laut! es komme die Zeit und bringe wie sie kann zum Handeln zum Bilden und Aeussern meines Wesens mir mannigfachen Stoff. Ich scheue nichts; gleich gilt mir die Ordnung, und alles

20 was äussere Bedingung ist. Was aus der Menschen gemeinschaftlichem Handeln hervorgehen kann, soll alles an mir vorüber ziehn, mich regen und bewegen um von mir wieder bewegt zu werden, und in der Art wie ichs aufnehme und behandle will ich immer meine Freiheit

25 finden, und äussernd bilden meine Eigenthümlichkeit.

Ists leere Täuschung etwa? Verbirgt sich hinter dies Gefühl der Freiheit die Ohnmacht? So deuten gemeine Seelen was sie nicht verstehn! Doch das leere Geschwäz der Selbsterniedrigung ist längst für mich verhallt, zwischen

30*mir und ihnen richtet in jedem Augenblik die That. Sie klagen immer wenn sie die Zeit verstreichen sehen, und
[107] fürchten wenn sie kommt, und bleiben | ungebildet nach wie vor, bei allem Wechsel immer dieselbe gemeine Natur. Wo ist ein einzges Beispiel wo sie läugnen durften, dass

35 sie anders was ihnen begegnete, behandeln konnten? So

---

1 *ist* $<$ C | *ich* $<$ C   2 *erblike* C mir erscheint
3 vor *verliere* $+$ C ich   4 *und* $<$ 5 vor *thue* 2⁰
$+$ eben   7 *mag* C mag,   24 *behandle* C behandle,
26 *dies* C solch   27 vor *die* $+$ C nur   31 *immer*
C immer,   34 *wo* 2⁰ an dem   35 *sie* $<$ |
behandeln konnten behandelt werden konnte

wäre mirs leicht sie mitten im Schmerz noch ärger zu
zermalmen, und dem zerknirschten Sinn noch das Ge-
ständniss auszupressen, dass nur innre Trägheit war, was
sie als äussere Gewalt bejammern, oder dass sie nicht
wollten, was sie nur gewollt zu haben scheinen möchten; 5
und so die niedrige Beschränkung ihres eignen Bewusstseins und Willens ihnen zeigend, sie eben dadurch glauben
zu lehren an Willen und Bewusstsein.

Doch mögen sie es lernen oder nicht; dass nichts was
mir begegnet der eignen Bildung Wachsthum zu hindern, 10
und vom Ziel des Handelns mich zurükzutreiben vermag;
der Glaube ist lebendig in mir durch die That. So bin
ich seitdem meines Wesens sich die Vernunft bemächtiget,
und | Freiheit und Selbstbewusstsein in mir wohnen, die [108]
wechselreichen Bahnen des Lebens durchgewandelt. Im 15
schönen Genuss der jugendlichen Freiheit hab ich die
grosse That vollbracht, hinwegzuwerfen die falsche Maske, *
das lange mühsame Werk der frevelnden Erziehung, be-
trauern hab ich gelernt das kurze Leben der Meisten die
sich wieder von neuen Ketten binden lassen, verachten*20
gelernt das schnöde Bestreben der kraftlos Abgelebten,
die auch die lezte Erinnerung an den kurzen Traum der
Freiheit verloren haben, nicht wissen was der Jugend,
in der sie eben erwacht, begegnet, und gern der alten *
Weise sie getreu erhielten. Im fremden Hause ging der*25
Sinn mir auf für schönes gemeinschaftliches Dasein, ich
sah wie Freiheit erst veredelt und recht gestaltet die
zarten Geheimnisse der Menschheit, die dem Ungeweihten
immer dunkel bleiben, der sie nur als Bande der Natur

---

9 *nicht;* nicht: |　　　　*was — begegnet* C , was — be-
gegnet,　　　13 *meines Wesens* ∽ C *sich*　　　14 *und*
C seit　　15 *durchgewandelt* C durchwandelt　　17 *grosse*
< C　　18 *das lange — Erziehung* C frevelnder Er-
ziehung langes mühsames Werk　　20 vor *wieder* + C
, auch wenn ihnen dasselbe gelungen, doch　　21 vor
gelernt + C hab ich |　　　vor *kraftlos* + C oft schon
in der kräftigsten Lebenszeit　　22 *die lexte* der
lezten　　23 *verloren haben* schon verlustig　　24 *in
der — erwacht* die eben anfängt sich ihrer zu erfreun
25 *sie* sich　　28 *Menschheit* C menschlichen Natur
29 *nur* < C

[109] verehrt. Im buntesten Gewühl von | allen weltlichen Verschiedenheiten lernt ich den Schein vernichtend in jeder Tracht die gleiche Natur erkennen und die mancherlei Sprachen übertragen, die sie in jedem Kreise lernt. Im
5 Anschaun der grossen Gährungen, der stillen und der lauten, lernt ich den Sinn der Menschen verstehen, wie sie immer nur an der Schale haften; und in der stillen Einsamkeit die mir zu Theil ward, habe ich die innere Natur betrachtet, alle Zweke, die der Menschheit durch
10 ihr Wesen aufgegeben sind, und alle Verrichtungen des Geistes in ihrer ewigen Einheit angeschaut, und in lebendger Anschauung gelernt das todte Wort der Schulen recht zu schäzen. Ich habe Freud und Schmerz empfunden, ich kenne jeden Gram und jedes Lächeln, und
15 was giebts unter Allem, was mich betraf seitdem ich wirklich lebe, woraus ich meinem Wesen nicht Neues angeeignet, und Kraft gewonnen hätte, die das innre Leben nährt? |

[110]   So sei denn die Vergangenheit mir Bürge der Zu-
20 kunft; sie ist ja dasselbe, was kann sie mir anders thun wenn ich derselbe bin? Bestimmt und klar seh ich den Inhalt meines Lebens vor mir. Ich weiss worin mein Wesen schon fest in seiner Eigenthümlichkeit gebildet und abgeschlossen ist; durch gleichförmiges Handeln nach
25 allen Seiten mit der ganzen Einheit und Fülle meiner Kraft werd ich mir dies erhalten. Wie sollt ich nicht des Neuen und Mannigfachen mich erfreun, wodurch sich neu und immer anders die Wahrheit meines Bewusstseins mir bestätigt. Bin ich meiner selbst so sicher, dass ich
30 dessen nicht bedürfte? dass nicht Leid und Freude und was sonst die Welt als Wohl und Wehe bezeichnet mir gleich willkommen müssten sein, weil jedes auf eigne

------

1 vor *verehrt* $+$ C oft mehr nur erträgt als   4 *lernt* C sich bildet   8 *die* C , die   13 *recht zu* richtig   20 *anders* anderes   21 *wenn* , wenn anders   22 *worin* , wiefern   29 . *Bin* C ? Oder bin   30 nach *nicht* 1° $+$ C mehr | *bedürfte?* *dass nicht* C bedürfte, sondern auf wechsellose Stille gerechten Anspruch hätte? Nein, noch immer sollen | *Freude* C Freude,   31 *bezeichnet* bezeichnet, 32 *müssten* $<$ C

Weise diesen Zwek erfüllt und meines Wesens Verhältnisse mir offenbart? Wenn ich nur dies erreiche, was
kümmert mich glüklich sein! Ich weiss | auch was ich [111]
mir noch nicht zu eigen gemacht, ich kenne die Stellen,
wo ich, noch in unbestimmter Allgemeinheit schwebend, 5
seit langer Zeit den Mangel eigner Ansicht schmerzlich
fühle. Dem Allen strebt schon lange Zeit die Kraft entgegen, und irgend wann werd ichs mit Thätigkeit und
mit Betrachtung umfassen, und innig verbinden mit Allem
was schon in mir ist? Wissenschaften, ohne deren Kennt- 10
niss nie meine Ansicht der Welt vollendet werden kann,
sind mir noch zu ergründen. Fremd sind mir noch viele
Gestalten der Menschheit, Zeitalter und Völker giebts die *
ich nur erst wie jeder Andre kenne, in deren Denkart
und Wesen sich nicht auf eigne Weise die Fantasie ver- 15
sezt, die keinen bestimmten Plaz einnehmen in meiner
Anschauung von den Entwiklungen des Geschlechts.
Manche von den Thätigkeiten die in mein eignes Wesen
nicht gehören, begreif ich nicht, und über ihre Verbin-|
dungen mit Allem was gross und schön ist in der Mensch- [112]
heit, fehlt mir das eigne Urtheil oft. Das Alles werd
ich miteinander nach einander gewinnen; die schönste
Aussicht breitet sich vor mir aus. Wie viele edle Naturen,
die ganz von mir verschieden die Menschheit in sich
bilden, kann ich in der Nähe betrachten! Von wieviel 25
kenntnissreichen Menschen bin ich umgeben, die gastfrei
oder eitel in schönen Gefässen mir ihres Lebens goldne
Früchte bieten, und die Gewächse ferner Zeiten und Zonen
durch ihre Treue ins Vaterland verpflanzt. Kann mich
das Schiksal fesseln, dass ich mich diesem Ziele nicht 30
nähern darf? Kanns mir die Mittel der Bildung weigern,
mich entfernen aus der leichten Gemeinschaft mit dem *
Thun des jezigen Geschlechtes, und mit der Vorwelt

---

 3 *sein!* C sein! — 5 *,noch — schwebend,* noch —
schwebend 6 *seit langer Zeit* von frühe her | nach
Ansicht + C und eigner Regel 7 *strebt* C streckt
sich | *entgegen,* C entgegen; 9 *ist?* ist.
13 *Menschheit,* C Menschheit; | *die* C ,die 14 *wie
jeder Andre* B wie jeder Andere C durch fremde Bilder
oberflächlich 18 *die* ,die 19 *nicht* 1⁰ C minder |
nicht 2⁰ C noch nicht

Monumenten? mich weit von der schönen Welt in der
ich lebe hinaus in öde Wüsteneien schleudern, wo Kunde
[113] von der andern Mensch-|heit zu erlangen vergeblich ist,
wo in ewgem Einerlei mich die gemeine Natur von allen
5 Seiten eng umschliesst, und in der diken verdorbnen
Luft, die sie bereitet, nichts schönes, nichts bestimmtes
das Auge trift? Wol ist es Vielen so geschehen; doch
mir kanns nicht begegnen: ich troze dem, was Tausende
gebeugt. Nur durch Selbstverkauf geräth der Mensch in
10 Sklaverei, und nur den, der sich selbst den Preis sezt
und sich ausbietet, wagt das Schicksal anzufeilschen.
Was lokt den Menschen unstätt von dem Orte weg wo
seinem Geiste wohl ist? Was treibt ihn wol mit feiger
Thorheit die schönsten Güter von sich zu werfen, wie
15 die Waffen der Krieger auf der Flucht? Es ist der
* schnöde äussere Gewinn, es ist der Reiz der sinnlichen
Begierde, den schon verdampft das alte Getränk nicht
mehr befriedigt. Wie könnte meiner Verachtung solcher
Schatten dies geschehen! Mit Fleiss und Mühe hab ich
[114] mir den Ort | errungen wo ich stehe, mir mit Bewusst-
sein und Anstrengung die eigne Welt gebildet, in der
mein Geist gedeihen kann: wie sollte dies feste Band ein
flüchtger Reiz der Furcht oder Hofnung lösen? wie sollte
ein eitler Tand mich aus der Heimath loken, und aus
25 dem Kreise der lieben Freunde?

Doch diese Welt mir zu erhalten und immer genauer
zu verbinden, ist nicht das Einzige was ich fordere: ich
sehne mich nach einer neuen Welt. Manch neues Bündniss ist noch zu knüpfen, mancher noch unbekannten
30 Liebe neu Gesez muss noch das Herz bewegen, dass sich
zeige, wie sich dies in meinem Wesen zum Anderen fügt.
In Freundschaft jeder Art hab ich gelebt; der Liebe
süsses Glük hab ich mit heilgen Lippen gekostet, ich
weiss was mir in beiden ziemt, und kenne meiner Schik-
35 lichkeit Gesez: noch aber muss die heiligste Verbindung
auf eine neue Stufe des Lebens mich erheben, verschmelzen

---

10 *Sklaverei* Knechtschaft | *der sich — ausbietet*
∞ *wagt — anzufeilschen*   15 *die Waffen — Flucht*
fremdes Gut in tobendem Sturme der Schiffer auswirft
17 *schon verdampft* C , schon verdampft,   18 vor
meiner ✝ C mir bei   30 *noch* C mir

muss ich mich zu Einem Wesen | mit einer geliebten [115]
Seele, dass auch auf die schönste Weise meine Menschheit auf Menschheit wirke; dass ich wisse, wie das ver-
klärte höhere Leben nach der Auferstehung der Freiheit
sich in mir bildet, wie der alte Mensch die neue Welt 5
beginnt. In Vaterrecht und Pflichten muss ich mich ein-
weihn, dass auch die höchste Kraft, die gegen freie Wesen
Freiheit übt, nicht in mir schlummre, dass ich zeige,
wie wer an Freiheit glaubt, die junge Vernunft bewahrt
und schüzt, und wie in diesem grossen Problem die*10
schönste Verwirrung des Eigenen und des Fremden der
klare Geist zu lösen weiss. Ergreift mich hier nicht
gerade beim liebsten Wunsch des Herzens das Schicksal?
Wird sich hier die Welt nicht rächen für den Troz der
Freiheit, für das übermüthige Verschmähen ihrer Macht? 15
Wo mag sie wohnen mit der das Band des Lebens zu
knüpfen mir ziemt? Wer mag mir sagen, wohin ich
wandern | muss um sie zu suchen? denn solch hohes Gut [116]
zu gewinnen ist kein Opfer zu theuer, keine Anstrengung
zu gross! Und wenn ich sie nun finde unter fremden 20
Gesez, das sie mir weigert; werd ich sie erlösen können?
Und wenn ich sie gewonnen, hängts dann von meinem
Willen ab, ob auch dem Gattenrecht der süsse Vatername
sich beigesellen wird? Hier steh ich an der Grenze
meiner Willkühr durch fremde Freiheit, durch den Lauf*25
der Welt, durch die Mysterien der Natur. Ich hoffe; viel *
vermag der Mensch, und manches Schwere erringt des
Willens Kraft und ernstliches Bestreben. Doch wenn
nun Hoffen und Bestreben vergeblich ist; wenn Alles

---

12 *Ergreift — nicht* Wird mich nicht hier   13 nach
Schicksal + ergreifen   18 *muss* soll   19 *ist*
C , ist   20 *wenn* ob | nach *finde* + frei, oder
wenn   21 *weigert; — können* weigert, ob ich vermögen werde sie (+ C mir) zu erlösen (C lösen)
22 *gewonnen, — wird* gewonnen — spielt etwa nicht
oft das unbegreifliche auch mit der süssesten und treusten
Liebe, und wehrt dass nicht dem Gattenrecht der süsse
Vatername sich beigeselle   25 *fremde — Natur* die
Mysterien der Natur, und früher schon vielleicht durch
fremde Freiheit, durch den Lauf der Welt

sich mir weigert: bin ich dann vom Schiksal hier besiegt?
Hat es dann wirklich der Erhöhung meines innern Lebens
sich widersezt, und meine Bildung zu beschränken ver-
mocht durch seinen Eigensinn? Es hindert nicht der
5 äussern That Unmöglichkeit das innere Handeln; und
[117] mehr | als mich und sie würd ich die Welt bedauern, die
Welt, die wol ein schönes und seltnes Beispiel dann ver-
löre, eine Erscheinung aus der bessern Zukunft hieher
verirrt, an der sie ihre todten Begriffe erwärmen und
10 beleben könnte. Uns, so gewiss einander wir gehören,
trägt doch auch unbekannt in unser schönes Paradies
die Fantasie. Nicht vergeblich hab ich mancherlei Gestalten des weiblichen Gemüthes gesehn, und ihres stillen
Lebens schöne Weisen mir bekannt gemacht. Je weiter
15 ich noch selbst von seinen Grenzen stand, desto sorg-
samer nur hab ich der Ehe heiliges Gebiet erforscht:
ich weiss was Recht dort ist, was nicht; und alle möglichen Gestalten des Schiklichen hab ich mir ausgebildet,
wie erst die späte freie Zukunft sie zeigen wird, und
20 welche drunter mir geziemt, weiss ich genau. So kenn
ich die auch unbekannt, mit der ich mich fürs Leben
auf innigste vereingen könnte, und in dem schönen Leben, |
[118] das wir führen würden, bin ich eingewohnt. Wie ich
jezt trauernd in öder Einsamkeit mir manches einrichten
25 und beginnen, verschweigen, versagen und in mich ver-
schliessen muss, im Kleinen und Grossen: es schwebt
mir doch immer lebendig dabei vor, wie das in jenem
Leben anders und besser würde sein. So ists gewiss
auch ihr, wo sie auch sein mag, die so geartet ist, dass
30 sie mich lieben, dass ich ihr genügen könnte; gleiche
Sehnsucht, die mehr als leeres Verlangen ist, enthebt
auch sie wie mich der öden Wirklichkeit für die sie nicht
gemacht ist, und wenn ein Zauberschlag uns plözlich
zusammenführte, würde Nichts uns fremd sein, als wären
35 wir alter süsser Gewohnheit verpflichtet, so anmuthig und
leicht würden wir in der neuen Lebensweise wandeln.

---

7 *dann* mehr   8 *Erscheinung* von den Erscheinungen aus tugendlicher Vorzeit oder   17 *nicht;*
nicht, | *möglichen* <   20 *drunter* darunter
32 *für* C , für   34 *sein,* sein;   36 *wandeln* uns
bewegen

So fehlt uns also nicht, auch ohne jenen Zauberschlag, in uns das höhere Dasein; für dieses Leben und durch dasselbe sind wir doch gebildet, und nur die äussre Darstellung entgeht der Welt. |

O wüssten doch die Menschen diese Götterkraft der [119] Fantasie zu brauchen, die allein den Geist ins freie stellt, ihn über jede Gewalt und jede Beschränkung weit hinaus trägt, und ohne die des Menschen Kreis so eng und ängstlich ist! Wie Vieles berührt denn Jeden im kurzen Lauf des Lebens? Von wieviel Seiten müsste der 10 Mensch nicht unbestimmt und ungebildet bleiben, wenn nur auf das Wenige, was ihn von aussen wirklich anstösst, sein innres Handeln ginge? Aber so sinnlich sind sie in der Sittlichkeit, dass auch sie selbst nur da sich recht vertraun, wo ihnen die äussre Darstellung des 15 Handelns Bürgschaft leistet für ihres Bewusstseins Wahrheit. Umsonst steht in der grossen Gemeinschaft der Menschen der, der so sich selbst beschränkt! es hilft ihm nicht, dass ihm vergönnt ist ihr Thun und Leben anzuschaun; vergebens muss er sich über die träge Lang- 20 samkeit der Welt und über ihre matten Bewegungen beklagen. Er | wünscht sich immer neue Verhältnisse, von [120] aussen immer andre Aufforderungen zum Handeln, und neue Freunde nachdem die Alten was sie konnten auf sein Gemüth gewirkt, und allzulangsam weilt ihm überall 25 das Leben. Und wenns auch in beschleunigterem Lauf ihn tausend neue Wege führen wollte, könnte denn in der kurzen Spanne des Lebens sich die Unendlichkeit erschöpfen? Was Jene niemals sich erwünschen können, gewinne ich durch das innere Spiel der Fantasie. Sie 30 ersezt mir was der Wirklichkeit gebricht; jedes Verhältniss, worin ich einen Andern erblike, mach ich mir durch sie zum eigenen; es bewegt sich innerlich der Geist, gestaltets seiner Natur gemäss, und bildet wie er handeln würde, im Urtheil vor. Auf gemeines Urtheil 35

---

2 *dieses* solches   4 vor *der Welt* $+$ C uns und
6 vor *die* $+$ sie   8 *und* sie   14 *auch* — *sich*
sie auch sich selbst nur da   21 *über* $<$ C   25 *ge-*
wirkt, gewirkt;   28 *des Lebens* C Zeit   29 nach
Was $+$ C so   30 *Spiel* C Leben   35 *im Urtheil*
C mit sicherem Gefühle

der Menschen über fremdes Sein und fremde That, das
mit todten Buchstaben nach leeren Formeln berechnet
wird, ist freilich kein Verlass, und gar anders als sie
[121] vorher ge-|urtheilt haben, handeln sie hernach. Hat
5 aber, wie es sein muss, wo wahres Leben ist, ein inneres
Handeln das Bilden der Fantasie begleitet, und ist das
Urtheil dieses innern Handelns lautes Bewusstsein: dann
hat das angeschaute Fremde den Geist gebildet, eben als
wär es auch in der Wirklichkeit sein Eigenes, als hätte
10 er äusserlich gehandelt. So nehm ich wie bisher auch
ferner kraft dieses innern Handelns von der ganzen Welt
Besiz, und besser nuz ich Alles in stillem Anschaun, als
wenn jedes Bild in raschem Wechsel auch äussere That
begleiten müsste. Tiefer prägt so sich jedes Verhältniss
15 ein, bestimmter ergreifts der Geist, und reiner ist des
eignen Wesens Abdruk im freien unbefangnen Urtheil.
Was dann das äussere Leben wirklich bringt ist nur des
frühern und reichern innern Bestätigung und Probe, und
in das dürftige Maass von jenem ist nicht die Bildung
20 des Geistes eingeschränkt. Ueber des Schiksals Träg-|
[122] heit klag ich nicht mehr, als über seinen schnellen und
krümmungsvollen Lauf. Ich weiss, dass nie mein äusseres
Leben von allen Seiten das innere Wesen darstellen und
* vollenden wird. Nie wird es mir ein grosses Verhältniss
25 *bieten, wo meine That das Wol und Weh von Tausenden
entscheidet, und sichs äusserlich beweisen kann, wie Alles
mir Nichts ist gegen ein einzges von den hohen und
heiligen Idealen der Vernunft. Nie werd ich vielleicht
in ofne Fehde mit der Welt gerathen, und zeigen können,
30 wie wenig Alles, was ihr zu geben und zu nehmen vergönnt ist, meinen innern Frieden und die stille Einheit

---

3 *Verlass,* C Verlass;   6 *begleitet* C geleitet |
das Urtheil — lautes C so die vorgebildete That des
gewohnten innern Handelns reines   10 vor *äusserlich*
+ C auch   15 *ergreifts* C ergreift es   17 *ist*
C , ist   18 *Probe, — nicht* Probe; nicht aber ist in
das dürftige Maass von jenem   20 *Ueber — klag ich*
Drum klag ich über des Schiksals Trägheit   21 *nicht
mehr* C eben so wenig   26 *entscheidet* entschiede |
kann könnte   29 *mit der Welt* ∞ gerathen   30 *zu*
1° — *nehmen* ∞ *vergönnt ist*   31 *meinen* den

meines Wesens stört. Doch weiss ich in mir selbst, wie
ich auch das behandeln würde, wie zu dem allen schon
lange mein Gemüth bereitet und gebildet ist. So leb ich
in stiller Verborgenheit doch auf dem grossen thaten-
reichen Schauplaz der Welt. So ist der Bund mit der 5
geliebten Seele schon dem Einsamen ge-|stiftet, die [123]
schöne Gemeinschaft besteht, und ist der bessre Theil des
Lebens. So werd ich auch der Freunde Liebe die einzige
theure Habe mir gewiss erhalten, was auch mir oder
ihnen in Zukunft mag begegnen. 10
   Wol fürchten die Menschen, dass nicht lange die
Freundschaft währe, wandelbar scheint ihnen das Gemüth,
es könne der Freund sich ändern, mit der alten Gesinnung
fliehe die alte Liebe, und Treue sei ein seltenes Gut.
Sie haben Recht; es liebt ja, wenn sie über das Nüzliche 15
hinaus noch etwas kennen, doch Einer vom Andern nur
den leichten Schein der das Gemüth umfliesst, die oder
jene Tugend, die was sie eigentlich im Innern sei, sie
nie erforschen; und wenn in den Verwirrungen des Lebens
ihnen das zerfliesst, so schämen sie sich nicht nach langen 20
Jahren noch zu gestehn, sie haben am Menschen sich
geirrt. Mir ist nicht schöne Gestalt noch was sonst im *
ersten Anblik das Herz der Menschen fängt ver-|liehen: [124]
doch webt sich Jeder der mein Innres nicht durchschaut
auch einen solchen Schein. Da wird das gute Herz ge- 25
liebt das ich nicht möchte, das bescheidne Wesen das
ich nicht habe, die Klugheit auch die ich von Herzen
verachte. Ja solche Liebe hat mich schon oft verlassen;
auch gehört sie nicht zu jener Habe die mir theuer ist.
Nur was ich selbst hervorgebracht und immer wieder 30
aufs Neue mir erwerbe, ist für mich Besiz: wie könnt
ich zu dem Meinen rechnen, was nur aus jenem Schein

---

   1 *weiss* C hoff | nach *selbst* + C zu wissen
4 vor *in* + wiewol | *doch* ,dennoch   8 *die* —
Habe C ,die — Habe,   12 *währe,* währe;   17 *der*
C ,der   18 *was* C ,was   24 *sich* ∞ *auch*
25 *das gute* C an mir ein gutes   26 *das ich* C wie
ich es | *das bescheidene* C ein bescheidenes | *das*
— *habe* C was ganz anders in mir ist, als sie meinen
27 *die Klugheit* C ja Klugheit   28 *Ja* — *hat*
C Drum hat auch solche Liebe

entsteht den ihr blödsichtig Auge dichtet. Rein weiss
ich mich davon, dass ich sie nicht betrüge; aber warlich
es soll die falsche Liebe mich auch nicht länger als ich
es tragen mag verfolgen. Nur eine Aeusserung des
5 innern Wesens, die sie nicht missverstehen können, kostets
mich; nur einmal sie grade hin auf das zu führen, was
ich im Gemüth am köstlichsten bewahre, und was sie
[125] nicht dulden mögen: so bin ich ledig der Qual, dass | sie
mich für den ihren halten, dass mich lieben, die mich
10 hassen sollten. Gern geb ich ihnen die Freiheit wieder,
die in falschem Schein befangen war. Die aber sind mir
sicher, die wirklich mich, mein innres Wesen lieben
wollen, und fest umschlingt sie das Gemüth, und wird sie
nimmer lassen. Sie haben mich erkannt, sie schauen
15 den Geist, und die ihn einmal lieben wie er ist, die
müssen ihn immer wieder und immer tiefer lieben, je
mehr er sich entwikelt und bildet.

Dieser Habe bin ich so gewiss als meines Seins; auch
hab ich Keinen noch verloren, der mir je in Liebe theuer
20 ward. Du der in frischer Blüthe der Jugend, mitten
* im raschen frohen Leben unsern Kreis verlassen musstest
— ja, ich darf anreden das geliebte Bild das mir im
Herzen wohnt, das mit dem Leben und der Liebe fort-
lebt, und mit dem Gram — nimmer hat dich mein Herz
[126] verlassen; es hat dich mein Ge-|danke fortgebildet, wie
du dich selbst gebildet haben würdest, hättest du erlebt
die neuen Flammen, die die Welt entzünden, es hat dein
Denken mit dem Meinen sich vereint, und das Gespräch
der Liebe zwischen uns, der Gemüther Wechselanschauung
30 hört nimmer auf, und wirket fort auf mich als lebtest
* du neben mir wie sonst. Ihr Geliebten, die ihr wirklich,
nur in der Ferne lebt, und oft von eurem Geist und
Leben ein frisches Bild mir sendet, was kümmert uns
der Raum? Wir waren lange bei einander und waren

---

1 *den* , den   3 *als — mag* C , als — mag,
6 *grade* gerade   9 *mich hassen* C sich von mir
wenden   13 *wollen,* C wollen;   16 *wieder* treuer |
tiefer inniger   17 vor *entwikelt* + C vor ihnen |
bildet B gestaltet C immer fester gestaltet   20 nach
der + C du   27 *entzünden,* entzünden;   31 *wirk-*
lich C noch hier   32 *lebt* C weilt

uns weniger gegenwärtig als wir jetzt sind: denn was
ist Gegenwart als die Gemeinschaft der Geister? Was
ich nicht sehe von Eurem Leben bild ich selbst, Ihr seid
mir nahe bei allem in mir, um mich her, was Euren
Geist lebendig berühren muss, und wenig Worte be- 5
stätigen mir alles oder leiten auf rechte Spur mich wo
noch Irrthum möglich war. Ihr, die Ihr mich jezt um- *
gebt in süsser Liebe, Ihr | wisst wie wenig die Lust mich [127]
quält die Erde zu durchwandeln; ich stehe fest an meinem
Ort, und werde nicht verlassen den schönen Besiz, in 10
jedem Augenblik Gedanken und Leben mit Euch tauschen
zu können; wo solche Gemeinschaft ist, da ist mein
Paradies. Gebietet über Euch ein anderer Gedanke, wol:
es giebt für Uns doch keine Entfernung — Aber Tod?
Was ist denn Tod, als grössere Entfernung?   15

Düstrer Gedanke, der unerbittlich jedem Gedanken an
Leben und Zukunft folgt! Wol kann ich sagen, dass *
die Freunde mir nicht sterben; ich nehm ihr Leben in
mich auf, und ihre Wirkung auf mich geht niemals
unter: mich aber tödtet ihr Sterben. Es ist das Leben 20
der Freundschaft eine schöne Folge von Accorden, der,
wenn der Freund die Welt verlässt, der gemeinschaftliche
Grundton abstirbt. Zwar innerlich hallt ihn ein langes
Eccho ununterbrochen nach, und weiter geht die Musik:
doch erstorben | ist die begleitende Harmonie in ihm, zu [128]
welcher ich der Grundton war, und die war mein, wie
diese in mir sein ist. Mein Wirken in ihm hat auf-
gehört, es ist ein Theil des Lebens verloren. Durch
Sterben tödtet jedes liebende Geschöpf, und wem der
Freunde Viele gestorben sind, der stirbt zulezt den Tod 30
von ihrer Hand, wenn ausgestossen von aller Wirkung
auf die, welche seine Welt gewesen, und in sich selbst
zurück gedrängt, der Geist sich selbst verzehrt. Zwiefach
ist des Menschen nothwendiges Ende. Vergehen muss,
wem so unwiederbringlich das Gleichgewicht zerstört ist 35
zwischen dem innern und äussern Leben. Vergehen müsste

------

1 vor *sind* + C es   2 *die* < C   3 *Leben*
Leben, | *selbst,* mir selbst;   6 *wo* , wo   13 *, wol:*
: wol,   14 *Entfernung* — C Entfernung. — (Der
Punkt beruht wohl auf Druckfehler.)   24 *Eccho* Echo
36 *und* — *Leben* C Leben und äussern Dasein

auch, wem es anders zerstört ist, wer, am Ziele der Vollendung seiner Eigenthümlichkeit angelangt, von der
reichsten Welt umgeben, in sich nichts mehr zu handeln
*hätte; ein ganz vollendetes Wesen ist ein Gott, es könnte
5 die Last des Lebens nicht ertragen, und hat nicht in der
[129] Welt der Menschheit | Raum. Nothwendig also ist der
Tod, und dieser Nothwendigkeit mich näher zu bringen
sei der Freiheit Werk, und sterben wollen können mein
höchstes Ziel! Ganz und innig will ich die Freunde um-
10 fassen und ihr ganzes Wesen ergreifen, dass jeder mich
mit süssen Schmerzen tödten helfe, wenn er mich verlässt, und immer fertiger will ich mich bilden, dass auch
so dem Sterbenwollen immer näher die Seele komme.
Aus beiden Elementen ist immer der Tod des Menschen
15 zusammengesezt, und so werden nicht die Freunde alle
mich verlassen, noch werd ich jemals ganz der Vollendung Ziel erreichen. In schönem Ebenmaass werd ich
nach meines Wesens Natur mich ihm von allen Seiten
nähern; dies Glück gewähren mir meine schöne Ruhe,
20 und mein stilles gedankenvolles Leben. Es ist das höchste
für ein Wesen wie meines, dass die innere Bildung auch
übergeh in äussre Darstellung, denn durch Vollendung
[130]*nähert jede Natur sich ih-|rem Gegensaz. Der Gedanke
*in einem Werk der Kunst mein innres Wesen, und mit
25 ihm die ganze Ansicht, die mir die Menschheit gab,
zurükzulassen, ist in mir die Ahndung des Todes. Wie
ich mir der vollen Blüthe des Lebens bewusst zu werden
anfing, keimte er auf, jetzt wächst er in mir täglich und
nähert sich der Bestimmtheit. Unreif, ich weiss es,
30 werd ich ihn aus freiem Entschluss aus meinem Innern
lösen, ehe das Feuer des Lebens ausgebrannt ist; liess
ich ihn aber reifen und vollkommen werden das Werk:
so müsste dann, so wie das treue Ebenbild erschiene in
der Welt, mein Wesen selbst vergehn; es würde vollendet.

---

4 *könnte* kann   19 *gewähren mir* wird mir ge-
sichert durch | *schöne* nnre   26 *in* < | vor
die Ahnung + wie

V.   [131]

Jugend und Alter

Wie der Uhren Schlag mir die Stunden, der Sonne
Lauf mir die Jahre zuzählt, so leb ich — ich weiss es —
immer näher dem Tode entgegen. Aber dem Alter auch? 5
dem schwachen stumpferen Alter auch, worüber Alle so
bitter klagen, wenn unvermerkt ihnen verschwunden ist
die Lust der frohen Jugend, und der innern Gesundheit
und Fülle übermüthiges Gefühl? Warum lassen sie verschwinden die goldene Zeit, und beugen dem selbst- 10
gewählten Joch seufzend den Naken? Auch ich glaubte
schon einst, dass nicht länger dem Manne geziemten die
Rechte der Jugend; leiser und be-|dächtig wollte ich [132]
einhergehn, und durch der Entsagung weisen Entschluss
mich bereiten zur trüberen Zeit. Aber es wollten nicht 15
dem Geist die engeren Grenzen genügen, und es gereute
mich bald des verkümmerten nüchternen Lebens. Da
kehrte auf den ersten Ruf die freundliche Jugend zurük,
und hält mich immer seitdem umfasst mit schüzenden
Armen. Jezt wenn ich wüsste, dass sie mir entflöhe wie 20
die Zeiten entfliehen, ich stürzte mich lieber bald dem
Tode freiwillig entgegen, dass nicht die Furcht vor dem
sicheren Uebel mir jegliches Gute bitter vergällte, bis
ich mir endlich doch durch unfähiges Dasein ein schlech-
teres Ende verdient.   25
     Doch ich weiss, dass es nicht also sein kann: denn
es soll nicht. Wie? es dürfte das Leben des Geistes,
das freie, das ungemessne mir eher verrinnen als das
irdische, das beim ersten Schlage des Herzens schon die

---

4 *zuzählt,* C zuzählt: 20 *Jezt* Jezt, | ent-
flöhe C entflöhe,   22 *dass* damit   23 *vergällte*
vergälle   27 *dürfte* müsste | *Leben des Geistes*
geistige Leben   29 *das* welches

[133] Keime des Todes enthielt? Nicht immer | sollte mir mit
der vollen gewohnten Kraft aufs Schöne gerichtet die
Fantasie sein? Nicht immer so leicht der heitere Sinn,
und so rasch zum Guten bewegt und liebevoll das Ge-
5 müth? Bange sollt ich horchen den Wellen der Zeit,
und sehen müssen, wie sie mich abschliffen und aushölten,
bis ich endlich zerfiele? Sprich doch Herz, wie viel
Male dürft ich noch zählen, bis das Alles käme, die
Zeit, die mir jezt eben verging bei dem Jammergedanken?
10 Gleich wenig wären mir, wenn ichs abzählen könnte,
Tausende oder Eins. Dass du ein Thor wärest zu weiss-
sagen aus der Zeit auf die Kraft des Geistes, dessen
Maass jene nimmer sein kann! Durchwandeln doch die
Gestirne nicht in gleicher Zeit dasselbe von ihrer Bahn,
15 sondern ein höheres Maass musst du suchen um ihren
Lauf zu verstehn: und der Geist sollte dürftigern Gesezen folgen als sie? Auch folgt er nicht. Frühe sucht
[134] Manchen das Alter heim, das | mürrische dürftige hofnungs-
lose, und ein feindlicher Geist bricht ihm ab die Blüthe
20 der Jugend, wenn sie kaum sich aufgethan; lange bleibt
Andern der Muth, und das weisse Haupt hebt noch und
schmükt Feuer des Auges und des Mundes freundliches
Lächeln. Warum soll ich nicht länger noch, als der am
längsten da stand in der Fülle des Lebens, mir im glük-
25 lichen Kampf abwehren den verborgenen Tod? Warum
nicht ohne die Jahre zu zählen und des Körpers Ver-
wittern zu sehen, durch des Willens Kraft festhalten bis
an den lezten Athemzug die geliebte Göttin? Was denn
soll diesen Unterschied machen, wenn es der Wille nicht
30 ist? Hat etwa der Geist sein bestimmtes Maass und
Grösse, dass er sich ausgeben kann und erschöpfen?
Nuzt sich ab seine Kraft durch die That, und verliert
etwas bei jeder Bewegung? Die des Lebens sich lange
freuen, sind es nur die Geizigen, welche wenig gehandelt
[135] haben? Dann | treffe Schande und Verachtung jedes
frische und frohe Alter: denn Verachtung verdient wer
Geiz übt in der Jugend.

---

7 *viel* viele   8 *noch — käme* bis das Alles käme
noch zählen (∞)   17 *sucht* suchte   21 *hebt* C heben
22 *schmükt* C schmükken   28 nach *Göttin* + der
Jugend   35 *treffe* C träfe   36 *frische* ∞ *frohe*

Wäre so des Menschen Loos und Maass, möcht ich lieber zusammendrängen was der Geist vermag in engen Raum: kurz möchte ich leben um jung zu sein und frisch so lange es währt! Was hilfts die Stralen des Lichts dünn auszugiessen über die grosse Fläche? es 5 offenbart sich nicht die Kraft und richtet Nichts aus. Was hilft Haushalten mit dem Handeln, und Ausdehnen in die Länge, wenn du schwächen musst den innern Gehalt, wenn doch am Ende nicht mehr ist was du gehabt hast? Lieber gespendet in wenig Jahren das Leben*10 in glänzender Verschwendung, dass du dich freuen könnest deiner Kraft, und übersehen was du gewesen bist. Aber es ist nicht so unser Loos und Maass; es vermag nicht solch sinnlicher Begrif in seinen Kreis zu bannen den Geist. Woran sollte sich brechen seine Gewalt? was | 15 verliert er von seinem Wesen, wenn er handelt und sich [136] mittheilt? was giebts das ihn verzehrt? Klarer und reicher fühl ich mich jezt nach jedem Handeln, stärker und gesunder: denn bei jeder That eigne ich etwas mir an von dem gemeinschaftlichen Nahrungsstoffe der Mensch- 20 heit, und wachsend bestimmt sich genauer meine Gestalt. Ists nur so, weil ich jezt noch die Höhe des Lebens hinaufsteige? wol; aber wann kehrt sich denn plözlich um das schöne Verhältniss? wenn fang ich an durch die That nicht zu werden sondern zu vergehen? und wie 25 wird sich mir verkünden die grosse Verwandlung? Kommt sie, so muss ich sie erkennen, und erkenne ich sie, so wähle ich lieber den Tod, als in langem Elend anzuschaun an mir selbst der Menschheit nichtiges Wesen.

Ein selbstgeschafnes Uebel ist das Verschwinden des 30 Muthes und der Kraft; ein leeres Vorurtheil ist das Alter, die schnöde Frucht von dem tollen Wahn, dass der | Geist [137] abhänge vom Körper! Aber ich kenne den Wahn, und es soll mir nicht seine schlechte Frucht das gesunde Leben vergiften. Bewohnt denn der Geist die Faser des 35 Fleisches, oder ist er eins mit ihr, dass auch er ungelenk

---

1 nach *Maass* + : dann   5 *auszugiessen* aus-giessen   6 *Nichts* C dass nichts   14 *sinnlicher* — *Kreis* C irdisch Gesez unter seine Formeln   24 *wenn* wann   27 *erkennen,* erkennen;   28 *wähle — den* C ist mir lieber der   32 *tollen* C trüben

zur Mumie wird, wenn diese verknöchert? Dem Körper bleibe was sein ist. Stumpfen die Sinne sich ab; werden schwächer die Bilder von den Bildern der Welt: so muss wol auch stumpfer werden die Erinnerung, und schwächer
5 manches Wohlgefallen und manche Lust. Aber ist dies das Leben des Geistes? dies die Jugend, deren Ewigkeit ich anbete? Wie lange wär ich schon des Alters Sklave, wenn dies den Geist zu schwächen vermöchte! Wie lange hätte ich schon der schönen Jugend das lezte Lebewol
10 zugerufen! Aber was noch nie mich gestört hat im kräftigen Leben, soll es auch nimmer vermögen. Wozu denn haben Andere neben mir besseren Leib und schärfere
[138] Sinne? werden sie | mir nicht immer gewärtig sein zum liebreichen Dienste wie jezt? Dass ich trauren sollte
15 über des Leibes Verfall wäre mein leztes! was kümmert er mich? Und welches Unglük wird es denn sein, wenn ich nun vergesse was gestern geschah? Sind eines Tages kleine Begebenheiten meine Welt? oder die Vorstellungen des Einzelnen und Wirklichen aus dem engen Kreise den
20 des Körpers Gegenwart umfasst, die ganze Sphäre meines innern Lebens? Wer also in niedrigem Sinn die höhere Bestimmung verkennt, wem die Jugend nur lieb war, weil sie das besser gewährt, der klage mit Recht über das Elend des Alters! Aber wer wagt es zu behaupten,
25 dass auch das Bewusstsein der grossen heiligen Gedanken, die aus sich selbst der Geist erzeugt, abhänge vom Körper, und der Sinn für die wahre Welt von der äusseren Glieder Gebrauch? Brauch ich um anzuschaun die Menschheit
[139]*das Auge, dessen Nerve sich | jezt schon abstumpft in
30 der Mitte des Lebens? Oder muss, auf dass ich lieben könne, die es werth sind, das Blut, das jezt schon langsam fliesst, sich in rascherem Lauf drängen durch die engen Kanäle? Oder hängt mir des Willens Kraft an der Stärke der Muskeln? am Mark der gewaltigen
35 Knochen? oder der Muth am Gefühl der Gesundheit? Es betrügt ja doch die es haben; in kleinen Winkeln verbirgt sich der Tod, und springt auf einmal hervor

---

21 *also* so   23 *das* dieses   25 *das Bewusstsein* C die Kraft und Fülle   34 *der gewaltigen* C gewaltiger   37 *hervor* hervor,

und umfasst sie mit spottendem Gelächter. Was schadets
denn, wenn ich schon weiss, wo er wohnt? Oder vermags der wiederholte Schmerz, vermögens die mancherlei
Leiden niederzudrüken den Geist, dass er unfähig wird *
zu seinem innersten eigensten Handeln? Ihnen wider- 5
stehn ist ja auch sein Handeln, und auch sie rufen
grosse Gedanken zur Anwendung hervor ins Bewusstsein.
Dem Geist kann kein Uebel sein, was sein Handeln
nur ändert. |

Ja, ungeschwächt will ich ihn in die späteren Jahre [140]
bringen, nimmer soll der frische Lebensmuth mir vergehn;
was mich jezt erfreut soll mich immer erfreun; stark soll
mir bleiben der Wille und lebendig die Fantasie, und
nichts soll mir entreissen den Zauberschlüssel, der die
geheimnissvollen Thore der höhern Welt mir öfnet, und 15
nimmer soll mir verlöschen das Feuer der Liebe. Ich
will nicht sehn die gefürchteten Schwächen des Alters;
kräftige Verachtung gelob ich mir gegen jedes Ungemach,
welches das Ziel meines Daseins nicht trift, und ewige
Jugend schwör ich mir selbst.   *20

Doch verstoss ich auch nicht mit dem Schlechten das
Gute? Ist denn das Alter, entgegengestellt der Jugend,
nur Schwäche? Was verehren denn die Menschen an den
greisen Häuptern, auch an denen die keine Spur haben
von der ewigen Jugend, der schönsten Frucht der Frei- 25
heit? Ach oft ist es nichts, als dass die Luft die sie
einath-|meten und das Leben das sie führten wie ein [141]
Keller war, worin ein Leichnam sich lange erhält ohne
die Verwesung zu sehen, und dann verehrt sie als heilige
Leiber das Volk. Wie das Gewächs des Weinstocks ist 30
ihnen der Geist: ist es auch schlechter Natur; es wird
doch besser, und höher geschäzt, wenn es alt wird. Aber
nein! sie reden gar viel von den eigenen Tugenden der
höheren Jahre, von der nüchternen Weisheit, von der
kalten Besonnenheit, von der Fülle der Erfahrung, und 35
von der bewunderungslosen gelassenen Vollendung in der
Kenntniss der bunten Welt. Nur der Menschheit vergängliche Blüthe sei die reizende Jugend; aber die reife

----

2 *vermags* vermag   3 *vermögens* vermögen
28 *lange* C länger   31 *Natur;* Natur,

Frucht sei das Alter, und was es dem Geiste bringt. Da
sei erst aufs höchste geläutert durch Luft und Sonne,
und in schöner bedeutender Gestalt vollendet und zum
Genuss bereitet das Innerste der menschlichen Natur.
[142] O der nordischen Barbaren, die das schönere Kli-|ma
nicht kennen, wo zugleich glänzt die Frucht und die
Blüthe, und in schönem Wetteifer sich immer beide vereinigen! Ist die Welt so kalt und unfreundlich, dass
sich der Geist nicht zu dieser höhern Schönheit und
10 Vollendung erheben dürfte? Wol kann nicht Jeder Alles
haben was schön und gut ist; aber unter die Menschen
sind die Gaben vertheilt, nicht unter die Zeiten. Ein
ander Gewächs ist Jeder; aber dies kann blühen und
Früchte tragen immerdar. Was sich in Demselben ver-
15 einigen kann, das kann er auch Alles neben einander
haben und erhalten, kann es und soll es auch.

Wie kommt dem Menschen die besonnene Weisheit
und die reife Erfahrung? wird sie ihm gegeben von oben
herab, und ists höhere Bestimmung, dass er sie nicht
20 eher erhält, als wenn er beweisen kann, dass seine Jugend
verblüht ist? Ich fühle, wie ich sie jezt erwerbe; es ist
das Treiben der Jugend und das frische Leben des Geistes,
[143] was | sie hervorbringt. Umschaun nach allen Seiten,
aufnehmen Alles in den innersten Sinn, besiegen einzelner
25 Gefühle Gewalt, dass nicht die Thräne, seis der Freude
oder des Kummers, trübe das Auge des Geistes und ver-
dunkle seine Bilder, rasch sich von einem zum andern

---

3 *schöner bedeutender* C *versprechender*   **4** *Genuss*
C köstlichen Genuss für die Verständigen   **5** *das
schönere Klima* ∞ C *nicht*   **7** *schönem* C reichem |
sich ∞ C *immer beide*   **8** nach *Ist* -|- C denn
9 *sich* ∞ C *der Geist*   **10** *kann* C besitzt   **11** *haben*
< C | *was — ist* C schöne und gute   **13** *dies
kann* wie er ist kann er | nach *blühen* -|- C zugleich
15 *kann er* ∞ C *alles* | vor *neben* -|- C auch
16 *erhalten,* erhalten: **22** *das Treiben -- Jugend*
C eben der Jugend treibende Kraft   **26** *trübe* ∞ nach
Geistes | *des Geistes* C der Seele   **27** *seine
Bilder* (hier hat C vergessen *seine* [des Geistes] in *ihre*
[der Seele] umzuändern)

bewegen, und unersättlich im Handeln auch fremdes Thun
noch innerlich nachahmend abbilden; das ist das muntere
Leben der Jugend, und das ist das Werden der Weisheit
und der Erfahrung. Je beweglicher die Fantasie, je
schneller die Thätigkeit des Geistes: desto eher wachsen 5
und werden sie. Und wenn sie geworden sind, dann
sollte dem Menschen nicht mehr ziemen das muntere
Leben, das sie erzeugt hat? Sind sie denn je vollendet
die hohen Tugenden? und wenn sie durch die Jugend
und in ihr geworden sind, bedürfen sie nicht immer der- 10
selben Kraft um noch mehr zu werden und zu wachsen?
Aber mit leerer Heuchelei betriegen sich die Menschen
um | ihr schönstes Gut, und auf den tiefsten Grund der [144]
beschränktesten Unwissenheit ist die Heuchelei gebaut.
Der Jugend Beweglichkeit, meinen sie, sei das Treiben 15
dessen der noch sucht, und Suchen zieme nicht mehr
dem, der am Ende des Lebens ist; er müsse sich schmücken
mit träger Ruhe, dem verehrten Symbol der Vollendung,
mit der Leerheit des Herzens, dem Zeichen von der Fülle
des Verstandes; so müsse der Mensch einhergehn im 20
Alter, dass er nicht, wenn er noch immer zu suchen
scheine, unter dem Gelächter des Spottes über das eitle
Unternehmen hinab steigen müsse in den Tod. Nur wer
Schlechtes und Gemeines sucht, dem sei es ein Ruhm
Alles gefunden zu haben! Unendlich ist was ich erkennen 25
und besizen will, und nur in einer unendlichen Reihe
des Handelns kann ich mich selbst ganz bestimmen.
Von mir soll nie weichen der Geist, der den Menschen
vorwärts | treibt, und das Verlangen, das nie gesättigt [145]
von dem, was gewesen ist, immer Neuem entgegen geht. 30
Das ist des Menschen Ruhm, zu wissen, dass unendlich
sein Ziel ist, und doch nie still zu stehn im Lauf; zu

----

3 vor *das* 1⁰ + C eben　　　　　6 *sie* 1⁰ C beide
7 *das* C jenes　　　17 nach *der* + C schon |　　*am* —
ist C an des Lebens Ende steht　　　18 *träger Ruhe*
C weiser Stille　　　19 *der Leerheit* C Ruhe　　　23 nach
Tod. + C So jene; aber ihre weise Stille ist nur träge
Ruhe, und ein leeres ist ihr gelassenes Herz.　　24 *sucht*
C suchte　　　31 *ist des Menschen Ruhm* C sei der
Ruhm den ich suche　　　32 *sein* C mein

wissen, dass eine Stelle kommt auf seinem Wege die ihn
verschlingt, und doch an sich und um sich nichts zu
ändern, wenn er sie sieht, und doch nicht zu verzögern
den Schritt. Darum ziemt es dem Menschen immer in
5 der sorglosen Heiterkeit der Jugend zu wandeln. Nie
werd ich mich alt dünken, bis ich fertig bin; und nie
werd ich fertig sein, weil ich weiss und will, was ich
soll. Auch kann es nicht sein, dass das Schöne des
Alters und der Jugend einander widerstrebe: denn nicht
10 nur wächst in der Jugend weshalb sie das Alter rühmen;
es nährt auch wieder das Alter der Jugend frisches
Leben. Besser gedeiht ja, wie Alle sagen, der junge
Geist, wenn das reife Alter sich seiner annimmt: so ver-
[146] schönt sich auch | des Menschen eigne innere Jugend,
15 wenn er schon errungen hat, was dem Geiste das Alter
gewährt. Schneller übersieht was da ist der geübte Blik,
leichter fasst Jeder wer schon viel ähnliches kennt, und
wärmer muss die Liebe sein, die aus einem höhern Grade
eigener Bildung hervorgeht. So soll mir bleiben der
20 Jugend Kraft und Genuss bis ans Ende. Bis ans Ende
will ich stärker werden und lebendiger durch jedes
Handeln, und liebender durch jedes Bilden an mir selbst.
Die Jugend will ich dem Alter vermählen, dass auch dies
habe die Fülle und durchdrungen sei von der allbelebenden
25 Wärme. Was ists denn worüber sie klagen im Alter?
Es sind nicht die nothwendigen Folgen der Erfahrung
der Weisheit und der Bildung. Macht der Schaz der
bewahrten Gedanken stumpf des Menschen Sinn, dass ihn
nicht reizt weder Neues noch Altes? Wird die Weisheit
30 mit ihrem festen Wort zulezt banger Zweifel, der jedes |
[147] Handeln zurükhält? Ist die Bildung ein Verbrennungsgeschäft, das in todte Masse den Geist verwandelt? Was
sie klagen ist nur, dass ihnen die Jugend fehlt. Und
die Jugend warum fehlt sie ihnen? Weil in der Jugend
35 ihnen das Alter gefehlt hat. Doppelt sei die Vermählung.

---

1 *seinem* C meinem | *die* , die | *ihn* C mich
2 *sich* 1⁰ C mir | *sich* 2⁰ C mich   3 *er sie sieht*
C ich sie sehe   6 *fertig bin; und* C auch fertig wäre;
aber   8 *das Schöne des Alters* C des Alters Schöne
17 *Jeder* C Jedes   24 *allbelebenden* C belebenden

Jezt schon sei im starken Gemüthe des Alters Kraft,
dass sie Dir erhalte die Jugend, damit später die Jugend
Dich schüze gegen des Alters Schwäche. Wie sie es
theilen, soll gar nicht das Leben getheilt sein. Es erniedrigt sich selbst wer zuerst jung sein will, und dann 5
alt, wer zuerst allein herrschen lässt, was sie den Sinn
der Jugend nennen, und dann allein folgen, was ihnen
der Geist des Alters scheint; es verträgt nicht das Leben
diese Trennung seiner Elemente. Ein doppeltes Handeln
des Geistes ist es, das vereint sein soll zu jeder Zeit; 10
und das ist die Bildung und die Vollkommenheit, dass
Beider sich immer inniger bewusst werde der Mensch |
in ihrer Verschiedenheit, und dass er in Klarheit sondere [148]
eines jeden eignes Geschäft.

Für die Pflanze ist das Höchste die Blüthe, die 15
schöne Vollendung des eigenthümlichen Daseins; für die
Welt ist das Höchste die Frucht, die Hülle für den Keim
des künftigen Geschlechtes, das Geschenk was jedes eigene
Wesen darbieten muss, dass die fremde Natur es mit
sich vereinigen möge. So ist auch für den Menschen 20
das muntere Leben der Jugend das Höchste, und weh
ihm, wenn es von ihm weicht: aber die Welt will, er
soll alt sein, damit Früchte reifen, je eher je lieber.
Also ordne dir das Leben einmal für immer. Was all-
zuspät die Menschen erst das Alter lehrt, wohin gewalt- 25
sam in ihren Fesseln die Zeit sie führt, das sei schon
jezt aus des kräftigen Willens freier Wahl deine Weise
in Allem was der Welt gehört. Wo die Blüthe des
Lebens aus freiem Willen eine Frucht ansezt, da werde
sie ein süsser Genuss der Welt, | und verborgen liege [149]
darin ein befruchteter Keim, der sich einst entwikelt zu
eignem neuen Leben. Was du der Welt bietest, sei
Frucht. Opfere nicht den kleinsten Theil deines Wesens
in falscher Grossmuth! Lass dir kein Herz ausbrechen,
kein Blättchen pflüken, welches Nahrung dir einsaugt aus 35

------

6 *den Sinn — nennen* rühmen als jugendlichen Sinn
15 nach *Pflanze* + C selbst   17 *das Höchste* C ihr
Höchstes   31 *entwikelt* entwikle   33 vor *Frucht*
+ C leicht sich ablösende   33 nach *Wesens* + C
selbst   35 *pflüken* C abpflükken

der umgebenden Welt! Treib auch nicht leeres Gewächs,
ungestaltet und ungeniessbar, wo etwa ein verderbliches
Thierchen dich sticht; sondern Alles was nicht für dich
selbst ist Wachsthum der Gestalt oder Bildung neuer
5 Organe, das sei wahre Frucht, aus der innern Liebe des
Geistes erzeugt, als freie That seines jugendlichen Lebens
Denkmal. Wenn sie aber empfangen ist, tritt sie heraus
aus dem Gebiet des innern Lebens, und dann werde sie
weiter gebildet nach des äussern Handelns Gesez. Dann
10 sei Klugheit um sie geschäftig und nüchterne Weisheit
und kalte Besonnenheit, dass auch wirklich der Welt zu
[150] Gute komme, was | freigebig die Liebe ihr zugedacht hat.
Dann wäge bedachtsam Mittel und Zwek, sorge und
schaue umher mit weiser Furcht, halte zu Rath Kraft
15 und Arbeit, lege hoch an deine Mühe, und harre ge-
duldig und unverdrossen des glüklichen Augenbliks.

Wehe, wenn die Jugend in mir, die frische Kraft die
Alles zu Boden wirft, der leichte Sinn, der immer weiter
will, sich je bemengte mit des Alters Geschäft, und mit
20 schlechtem Erfolg auf dem fremden Gebiete des äusseren
Thuns die Kraft verschwendete, die sie dem innern Leben
entzöge! So mögen nur die untergehn, die das innere
Handeln nicht kennen, und also missverstehend den
heiligen Trieb jugendlich sein wollen im äusseren Thun.
25 Im Augenblik soll eine Frucht reifen, wie eine Blüthe
sich entfaltet in einer Nacht; es drängt ein Entwurf den
andern, und keiner gedeiht; und im raschen Wechsel
widersprechender Mittel zerstört sich jedes angefangene
[151] Werk. Haben sie so in | vergeblichen Versuchen die
30 schöne Hälfte des Lebens verschwendet, und nichts gewirkt
und gethan, da Wirken und Thun ihr ganzer Zweck war:
so verdammen sie den leichten Sinn und das rasche Leben,
und es bleibt ihnen allein das Alter zurük, schwach und

---

1 *Treib* C Aber treibe | *leeres Gewächs* C zornigen
Gemüthes gleich hervor täuschenden Auswuchs 7 *Wenn
— Lebens,* C Hat sie aber eignes Leben gewonnen: so trete
sie allmählig hervor aus ihren Umhüllungen; 10 *Weisheit und kalte* < 14 *Rath* Rathe 18 nach
wirft + C was sie einzwängen will, 19 *will* C strebt
22 *das — Handeln* C den ganzen Reichthum des Lebens
31 *und* 1⁰ C noch | *da* C wo

elend wie es sein muss, wo die Jugend verscheucht und
verzehrt ist. Dass sie mir nicht auch fliehe, will ich sie
nicht missbrauchen; sie soll mir nicht dienen auf fremdem
Gebiete zu ungebührlichem Geschäft; in den Grenzen ihres
Reichs will ich sie halten, dass ihr kein Verderben nahe. 5
Da aber soll sie mir walten jezt und immer in ungestörter
Freiheit; und kein Gesez, welches nur dem äusseren Thun
gebieten darf, soll mir das innere Leben beschränken.

Alles Handeln in mir und auf mich, das der Welt
nicht gehört, und nur mein eigenes Werden ist, trage 10
ewig der Jugend Farbe, und gehe fort nur dem innern
Triebe folgend in schöner sorgloser Freude. Lass dir |
keine Ordnung gebieten, wenn du anschauen sollst oder [152]
begreifen, wenn in dich hineingehn oder aus dir heraus!
lustig das fremde Gesez verschmäht und den Gedanken 15
verscheucht, der in todten Buchstaben verzeichnen will
des Lebens freien Wechsel. Lass dir nicht sagen, dies
müsse erst vollendet sein, dann jenes! Gehe weiter wenns
dir gefällt mit leichtem Schritt: lebt doch Alles in dir
und bleibt was du gehandelt hast, und findest es wieder 20
wenn du zurük kommst. Lass dir nicht bange machen,
was wol daraus werden möchte, wenn du jezt dies beginnst
oder jenes! Wird immer Nichts als du: denn was du
wollen kannst gehört auch in dich hinein. Wolle ja
nicht mässig sein im Handeln! Lebe frisch immer fort: 25
keine Kraft geht verloren, als die du ungebraucht in dich
zurükdrängst. Wolle ja nicht dies jezt, damit du hernach wollen könnest jenes! Schäme dich, freier Geist,
wenn etwas in dir sollte dienen dem andern; | nichts [153]
darf Mittel sein in dir, ist ja Eins so viel werth als das 30
Andere; drum was du wirst werde um sein selbst willen.
Närrischer Betrug, dass du wollen solltest was du nicht
willst! Lass dir nicht gebieten von der Welt, wenn
und was du leisten solltest für sie! Verlache stolz die

---

18 *wenn* wann | *sollst* sollest   **14** *wenn*
wann   **15** *lustig das* C fröhlich jedes   **18** *wenns*
wie und wann es   **22** *beginnst* begönnest   **23** *wird*
∞ C *immer*   **24** *dich hinein* C dein Leben   **29** *etwas*
das eine | *andern:* andern;   **32** *Närrischer*
C Thörichter   **33** *wenn* C wann   **34** *solltest* sollest

thörichte Anmassung muthiger Jüngling, und leide nicht
den Druk. Alles ist deine freie Gabe: denn in deinem
innern Handeln muss aufgehn der Entschluss ihr etwas
zu thun; und thue nichts als was dir in freier Liebe
5 und Lust hervorgeht aus dem Innern des Gemüthes. Lass
dir keine Grenzen sezen in deiner Liebe, nicht Maass,
nicht Art nicht Dauer! Ist sie doch dein Eigenthum:
wer kann sie fordern? Ist doch ihr Gesez bloss in dir:
wer hat etwas zu gebieten? Schäme dich fremder Meinung
10 zu folgen in dem was das Heiligste ist! Schäme dich
der falschen Schaam, dass sie nicht verstehen möchten,
wenn du den Fragenden sagtest: darum liebe ich. Lass
[154] dich nicht | stören, was auch äusserlich geschehe, in des
innern Lebens Fülle und Freude! Wer wollte vermischen
15 was nicht zusammen gehört, und grämlich sein in sich
selbst? Härme dich nicht, wenn du dies nicht sein
kannst, und Jenes nicht thun! Wer wollte mit leerem
Verlangen nach der Unmöglichkeit hinsehn, und mit hab-
süchtigem Auge nach fremdem Gut?
20   So frei und frölich bewegt sich mein inneres Leben!
Wenn und wie sollte wol Zeit und Schiksal mich andere
Weisheit lehren? Der Welt lass ich ihr Recht: nach
Ordnung und Weisheit, nach Besonnenheit und Maass
streb ich im äussern Thun. Warum sollt ich auch ver-
25 schmähen was sich leicht und gern darbietet, und willig
hervorgeht aus meinem innern Wesen und Handeln? Ohne
Mühe gewinnt das Alles in reichem Maasse wer die Welt
anschaut; aber durch das Anschaun seiner selbst gewinnt
[155] der Mensch, dass sich ihm nicht nähern | darf Muth-
30 losigkeit und Schwäche: denn dem Bewusstsein der innern
Freiheit und ihres Handelns entspriesst ewige Jugend
und Freude. Dies habe ich ergriffen und lasse es nimmer,
und so seh ich lächelnd schwinden der Augen Licht, und
keimen das weisse Haar zwischen den blonden Loken.
35 Nichts was geschehen kann mag mir das Herz be-
klemmen; frisch bleibt der Puls des innern Lebens bis
an den Tod.

---

9 *etwas* C dort   19 *fremdem* C fremden

Anmerkungen

(Vgl. Vorwort S. XII.)

Die am Anfang jeder Anmerkung stehenden Zahlen bezeichnen Seite
und Zeile dieser Ausgabe, ebenso die in den Anmerkungen bei Zitaten
aus den Monologen gegebenen Zahlen.

3, 6 edle Gemüter] Twesten, Schl.s Grundriß der philos. Ethik 1841, S. LXXV, Anm. 1 bemerkt dazu: „Unter ihnen, (wie ich aus guter Quelle gehört zu haben meine,) auch den ersten Gatten seiner nachherigen Frau, daß also mittelbarerweise die Monologen selbst die Verbindung einleiteten, über deren Bedeutung für sein Leben sie der Zukunft vorgreifend sich so anziehend (S. 75, Z. 1) aussprechen“.

3, 31 Idee eines Menschen] vgl. Strauß, Charakteristiken und Kritiken S. 27.

4, 11 Urbild = Ideal.

4, 19 Örter], wie in der Mathematik z. B. der „geometrische Ort“ aufgesucht wird.

4, 27 Religiöse] Die Andeutung des Religiösen fehlt indessen nicht ganz. Vgl. z. B. S. 21 Z. 25, S. 66 Z. 14. Das Verhältnis der Reden zu den Monologen ist in dieser Hinsicht das folgende: „Selbstanschauung und Anschauung des Universums sind Wechselbegriffe“ (Denkm. S. 118, Nr. 34). Jene Anschauung stellen die Reden dar, diese die Monologen. Vgl. Dilthey 314.

4, 30 Zerrbild] gegen die mit dem damals (1821) mächtig werdenden neuen Pietismus verbundene Art, des Menschen sündige Verdorbenheit recht kraß zu malen, so daß dann der christliche Glaube wesentlich als die „Stimmung getrösteten Sündenelends“ erscheint.

4, 35 bis jetzt] der Plan ist nicht zur Ausführung gekommen.

9, 3 Auch die äußere Welt] denn unmittelbar erleben wir nur innere Vorgänge. Wie Schleiermacher es sich vermittelt dachte, daß äußere Vorgänge von uns wahrgenommen werden, wie er sich das Ineinander von Geist und Natur vorstellte, hat er in seinen größeren philosophischen Werken dargelegt. Worauf es hier ankommt, ist, daß die Natur den Stempel des Geistes trägt, von ihm erkannt, „Symbol" des Geistes geworden ist; so strahlt auch die äußere Welt unser innerstes Wesen zurück (auch der Titel des ersten Monologs in der ersten Ausgabe klingt damit zusammen: Reflexion heißt wörtlich Zurückstrahlung, vgl. auch Reden S. 171: alles ist der Widerschein seines Geistes).

9, 15 Linie der Zeit] die Monologen sind „eine Neujahrsgabe".

10, 18 Den zurückgeworfenen Strahl (vgl. Anm. zu 9, 3) — in C: das zurückgeworfene Bild —: in meiner Erkenntnis, Erfahrung von der Außenwelt wird mein Innerstes zurückgestrahlt, wie in der von mir bearbeiteten, beherrschten Natur mein Geist wirkt, ohne doch selbst darin zu wohnen, in ihr aufgegangen zu sein. Was Schl. hier „Bild" und „äußere Berührung" nennt, entspricht dem, was im System der Sittenlehre in der Formel ausgesprochen ist, die Natur werde „Symbol" und „Organ" des Geistes. Der tiefere Sinn, das ethische Motiv dieser ganzen Betonung der Innerlichkeit tritt uns entgegen S. 13, Z. 21—26. „Wer statt . . . ein Sklave", die Sache selbst ist deutlicher umschrieben in dem Text, den B und C statt S. 15 Z. 21ff. geben, s. S. 15 unten.

10, 33 meine er in C ist vielleicht einfach Druckfehler für meint in AB. Durch die Änderung in meine wird die Sache verwickelt (die 4. Aufl. mit „meinen sie" gestaltet den Satz wieder viel schlichter). Der Text von C wäre so zu verstehen: Die Vielen sind der Ansicht, er (der Mensch) meine, eine Hand ziehe. Von „meine er" sind nur die beiden Verben „ziehe" und „drehe" abhängig; „weiter sei nichts" ist dagegen schon wieder indirekte Rede der Vielen. Die Partizipien „entwickelnd" und „verschlingend" sind Attribute zu „Hand". Der Sinn ist: Nach Ansicht der Vielen ist das Leben des Menschen nur eine unbegreifliche Komplikation von Vorstellung (Gedanke), intellektueller, symbolisierender Funktion einerseits und Empfindung (organischer Funktion) andererseits.

11, 7 Einladung]. Zur „Betrachtung" (Titel!) lädt eben der Wechsel des Jahres, des Jahrhunderts ein.

11, 13 nichts] = gar nichts.

11, 21 nun gar auf einen Tag] bei der Neujahrsfeier.

13, 2 die sie (d. h. die Leute, die am Neujahrstag in so verkehrter Weise nachdenken) jetzt nur feindlich begrüßen wollen.

14, 25 es ist der Mensch ein bleibendes Werk] deutlicher wird der Gedanke durch den veränderten Wortlaut in B und C.

15, 21 das erste und das einzige] wirklich das einzige, nicht nur das erste? So scheint es nach 16, 14 ff., Schleiermacher geht da über den ethischen Idealismus, dem der Geist über die Natur triumphiert, hinaus zu einem absoluten metaphysischen Idealismus. Vgl. Index S. 125 rechts.

15 Z. 4 v. u. Vermählung] von Leib und Geist. Vgl. Lucindenbriefe W. 3. Abt. 1. Bd. S. 482: „Sie wissen ja doch von Leib und Geist und der Identität beider, und das ist doch das ganze Geheimnis".

16, 9 beherrschen und verkünden] im System der Sittenlehre: organisierende und symbolisierende Tätigkeit, vgl. auch den folgenden Satz.

16. Z. 7 v. u. in denen auch] Auch in den Gefühlen, worin ich ihre (der Erde) Gemeinschaft mit dem Universum (vgl. die Reden) empfinde (d. h. selbst in den religiösen Gefühlen, die in mir lebendig sind, wenn ich die Erde im Zusammenhang des Universums anschaue), ist mir dennoch freie innere Tätigkeit meines Geistes enthalten, gegeben.

17, 8 Notwendigkeit] Das Verhältnis der hier genannten Begriffe ist folgendes: Die individuelle Freiheit ist das Ursprüngliche. Durch die Gemeinschaft, in der die Individuen stehen, übt ihre Freiheit wechselseitige Beschränkung. Das Produkt bez. die Gesamtheit dieser Determination ist die (geistig gedachte) Welt. Das Weltgeschehen vollzieht sich demnach mit Notwendigkeit. Die Gesetze der Notwendigkeit sind ewig, denn als ewig gilt das Wirkliche, sofern es als im Wesen der Menschheit notwendig gegründet (Reden[1] S. 19) erkannt wird. — Beim Weltbegriff ist zu beachten, daß Schl., wo er genau redet, nicht etwa neben dieser einen „Welt der Geister" noch irgend eine andere „Welt" als wirklich anerkennt, sondern „wer einen Unterschied macht zwischen dieser und jener Welt, betört sich selbst; alle wenigstens, welche Religion haben, glauben nur an Eine" (Reden[1] S. 34) Demgemäß muß auch die Unterscheidung einer „äußern Welt" (dort = Natur) im ersten Satze der Monologen verstanden werden. Wirklich ist diese eben nur, sofern sie immer schon irgendwie ethisiert ist, sofern sie „mit ihren ewigen Gesetzen wie mit ihren flüchtigsten Erscheinungen gleich einem Zauberspiegel unseres Wesens Höchstes und Innerstes auf uns zurückstrahlt": unseres Wesens, denn wirklich und ewig ist, was sich im Wesen der Menschheit notwendig gründet s. o. Das Mißverständnis, dem diese Fassung des Begriffs der „Welt" ausgesetzt ist, hat Schl. später — aber erst in C — veranlaßt, statt „Welt" an dieser Stelle „Welt der Geister" zu setzen. Der Sinn wird dadurch nur klargestellt.

18, 19 Körper] = Außenwelt, Körperwelt.

20, 8 finde mich — nur] Daß der Sinn des Lebens nur in der Selbstbetrachtung zu finden sei, ist schon der Grundgedanke des Schlobittener Fragments vom Werte des Lebens. Dieser ist im Gegensatz zu Kant erfaßt. Kant erschließt den Sinn des Lebens aus einer jenseitigen Weltordnung, die die Tatsache des Sittlichen sinnvoll zu ergänzen berufen ist. Schl. will von Ergänzung und Jenseits nichts wissen, er weist die Ansicht jener als falsch zurück, die „ihre Bestimmung in den Gesetzen einer höchsten Intelligenz" (eines weltordnenden Gottes) „suchen" usw. (D52), und entscheidet sich zu sagen: „Die Vermögen meiner Seele enthalten meine Bestimmung . . . und was sie schlechterdings brauchen, um fortzudauern und erhöht zu werden, das fordre vom Leben, und das Verhältnis, in welchem es dir das reichen kann, sei der einzige Maßstab seines allgemeinen Wertes" (s. u. S. 176).

20, 14 weilet] wie ihm das Verständnis für Menschheit und Freiheit fehlt, so ist R 20 gesagt, daß der am wenigsten vertraut mit der Religion sein, am wenigsten das Universum, das Göttliche finden kann, der sich „täglich am mühsamsten mit dem Irdischen abquälet".

21, 5 alles Eins] „Insofern das Einzelne wieder auf etwas Einzelnes und Endliches bezogen wird, kann freilich eins das andere zerstören durch sein Dasein; im Unendlichen aber steht alles Endliche ungestört nebeneinander, alles ist eins und alles ist wahr" (R¹ 64). Das Endliche, das Individuum ist also im Zusammensein mit anderem Individuellen determiniert und negiert. Aber auf das Verhältnis zum Universum gesehen, ist die individuatio bei Schl. im Gegensatze zu Spinoza nicht bloß negativ, sondern hat wertvollen positiven Inhalt, das Individuum ist, wie bei Leibniz, ein ens positivum.

21, 7 enthalten] nicht nur in dem Sinn, daß die Sonderung der sittlichen Tätigkeiten nur eine relative ist und sich nur nach dem Überwiegen des einen oder anderen Elements bemißt (s. Index unter „Handeln"), sondern aus jeder Handlung eines Menschen, der Charakter hat, spricht sein ganzes Wesen; im Innern ist alles eins.

21, 10 hinaus] von der Selbstanschauung zum „unermeßlichen Gebiet aller Gestaltungen und Stufen des Geistes", zur Anschauung des Universums, die von der Selbstanschauung unzertrennlich, ihr „Wechselbegriff" ist (D. S. 118, No. 34. 35). Ebenso gewinnt die Religion aus dem Hinsehen auf das Gemüt die Anschauung der Welt, wie umgekehrt das Gemüt, wenn es Religion erzeugen und nähren soll, in einer Geister-Welt angeschaut werden muß (R¹ 87 f.).

21. Z. 5. v. u. Sehnsucht], sich ins Unermeßliche zu verlieren. Dies ist es, was Schl. in den Reden Religion nennt = Anschauung des Universums.

22, 6 erschafft] „Die ewige Menschheit ist unermüdet geschäftig sich selbst zu erschaffen, und sich in der vorüber-

gehenden Erscheinung des endlichen Lebens aufs mannigfaltigste
darzustellen". R¹ 92. Die Betrachtung des Selbst ist Betrachtung (des Universum) der „ewigen Menschheit". — Der Geist
ist das Schaffende gegenüber der Natur; vgl. über den Primat
des Geistes die Anm. zu 15, 21. — Das ‚Erschaffen‘ ist nicht im
Sinne der Fichteschen Philosophie zu nehmen, da gerade hier-
gegen die R¹ ausdrücklich polemisieren: ohne den „höheren
Realismus", den die Religion ahnen läßt, würde der Idealismus
der Ich-philosophie das Universum zu einem „nichtigen
Schattenbilde" „unsrer eigenen Beschränktheit" [R² der einsei-
tigen Beschränktheit eines leeren Bewußtseins] machen. R¹ 54.
— Der Geist erschafft die Welt, aber das Ich soll nicht „die
Realität der Welt und ihrer Gesetze" aus sich „entspinnen".
R¹ 42. —

22, 15 die Weisen] geht wohl gegen Fichtes Scheidung
zwischen (empirischem) Leben und „ursprünglichem und höch-
stem Denken" (= Philosophie).

23, 7 Bilden und Dichten] sind parallele Ausdrücke für
ποιεῖν. Gegensatz: πράττειν.

23, 20 nimmer erreichen] Auch nach Schl.s späterer Darstellung gibt es keine eigentliche Gotteserkenntnis, da die Gottes-
idee jenseits des Gegensatzes von Kraft und Erscheinung, von
Ursache und Wirkung liegt, vgl. Bender I 88.

24, 6 Unsterblichkeit] vgl. R¹ S. 15: „Religion blieb mir,
als Gott und Unsterblichkeit dem zweifelnden Auge verschwanden."

26, 15 Zuchtmeister] vgl. D 118 Nr. 32 „Ein kleines
Bruchstück von der göttlichen Reflexion haben sie Alle und
zum Schulmeister erniedrigt nennen sie es Gewissen".

26, 19 Gewissen] Das G. als „Bewußtsein der Menschheit",
als deren „Finden", als deren „innere Anschauung" entspricht
der Lehre Fichtes vom Gewissen (Dilthey 342). Nach F. schaut
das endliche Ich sein absolutes Vermögen (das in jedem endlichen Ich selbige Absolute) innerlich an. Das absolute Ich
(die Menschheit) fordert im Gewissen, daß das endliche Ich
(das Individuum) mit ihm übereinstimme. Für Schl. aber ist
die Anschauung des in jedem Ich selbigen Absoluten, das Bewußtsein der Menschheit nur die Vorstufe für ein höheres Ziel
(s. 28, 27), für die Anschauung des in jedem Ich differenten
Individuellen, für das Bewußtsein des eigenen, eigentümlichen
Ich. Vgl. Einl. S. XIX.

27, 1 einmal] = eben.

27, 8 Toren und trägen Sinnes] Luk. 24, 25.

27, 9 Verbindung] Die Verbindung zwischen Tun (Handeln,
Wollen) und Schauen (Erkennen, Wissen) (vgl. auch „Wirkung auf die Welt" und „Beschauung der Welt" Versuch einer

Theorie des gesell. Betragens Ph. B. 137 S. 3) ist also im „edelsten Gefühl des eigenen Selbstes“ gegeben. Dem Ausdruck „Verbindung“ entspricht auch der A. „Indifferenz“ in der bekannten Schl.schen Definition des Gefühls als der Indifferenz von Wollen und Wissen (Dialektik W. 3. Abt. 4. Bd. II. S. 429 u. sonst).

27, 26 nie gewesen] (vgl. oben: „Dies Bewußtsein läßt kein anderes als der Menschheit würdiges Handeln zu“ und 28, 9 „was sie Gewissen nennen, kenne ich nicht mehr, es straft mich kein Gefühl, es braucht mich keins zu mahnen“). Die Zuspitzung, die Schleiermacher dem Gedanken hier gibt — als ethischem Gedanken, ohne religiöse Wendung —, entspricht der im Christentum wie in anderen Religionen von Zeit zu Zeit aufgetretenen Ansicht, der wahrhaft Fromme (Bekehrte, Heilige) tue keine Sünde mehr, falle nicht mehr aus der Gnade (1. Joh. 3, 9 Wer aus Gott geboren ist, tut nicht Sünde, ... kann nicht sündigen). Aber dieser Ansicht hat immer und immer wieder die Wirklichkeit, die Erfahrung ernster Menschen, die psychologische Beobachtung widersprochen. Vgl. allerdings über den Vorbehalt, der in Schl.s Sinne hier zu machen ist, Einl. S. XXXI ff.

28, 1 Von innen] Schl. beschreibt das Erlebnis nach Analogie der Bekehrung, der Erweckung, des „Durchbruchs“ im Leben des Pietisten.

28, 9 es braucht mich keines zu mahnen] vgl. zu der ganzen Stelle die verwandte aus dem Schluß der „Bekenntnisse einer schönen Seele“ in Goethes Wilhelm Meister: „Daß ich immer vorwärts, nie rückwärts gehe, daß meine Handlungen immer mehr der Idee ähnlich werden, die ich mir von der Vollkommenheit gemacht habe, daß ich täglich mehr Leichtigkeit fühle, das zu tun, was ich für recht halte, selbst bei der Schwäche meines Körpers, der mir so manchen Dienst versagt: läßt sich das alles aus der menschlichen Natur, deren Verderben ich so tief eingesehen habe, erklären? Für mich nun einmal nicht.

Ich erinnere mich kaum eines Gebotes; nichts erscheint mir in Gestalt eines Gesetzes; es ist ein Trieb, der mich leitet und mich immer recht führt; ich folge mit Freiheit meinen Gesinnungen und weiß so wenig von Einschränkung als von Reue.“ Vgl. auch Schillers ethisches Ideal.

28, 14 ununterbrochen] Im Fragmente vom Wert des Lebens erschien es noch unterbrochen, s. u. S. 179.

29, 11 Gleichheit d. Einen Daseins] Schl. kritisiert hier die Ethik Kants, deren auch von Fichte nicht überwundene Schranke in dem Satze lag, daß es sich in der moralischen Welt nur um die Verwirklichung einer in allen Menschen gleichen, unbedingten Vernunft durch die einzelnen Individuen handle. (Vgl. bes. Dilthey S. 242.) Schl. erkennt diese

Wahrheit an, aber er läßt es nicht bei ihr bewenden, sondern
stellt neben das in allen notwendig gleiche das in allen notwendig verschiedene Handeln und spricht damit hier schon die
fundamentale Distinktion seines späteren ethischen Systems
aus: den Gegensatz zwischen dem allgemein gleichen, i d e n t i -
s c h e n , und dem individuell eigentümlichen, d i f f e r e n z i e r e n -
d e n Handeln. Diese beiden Arten des Handelns kreuzen sich
im System (ja schon im Tagebuche von 1802, D. 136, Nr. 130)
mit den beiden anderen Grundrichtungen des Handelns, dem
O r g a n i s i e r e n und S y m b o l i s i e r e n , die aber schon in den
M entdeckt sind (s. o. S. 16, 9).

29, 25 die Natur] „die (Objekt) sich die Freiheit selbst
(Subjekt) erwählt". Daß die Freiheit sich selbst die Natur erwählt hat, ist derselbe metaphysische Willensakt, der M¹ 103
als „meiner Freiheit erste Tat" geschildert wird.

30, 10 Reibung und Berührung] 1793—94: „Was macht
die Individualität der Erscheinungen aus? Offenbar nichts anders,
als die K o h ä s i o n , die identische Vereinigung der Kräfte einer
gewissen Masse an einem Punkte" W. 3. Abt. 4. Bd. I. S. 299.

30, 15 Mischung] (Zu dieser Definition der Individualität
vgl. Reden¹ S. 92 ff.:) „Was wäre wohl die einförmige Wiederholung eines höchsten Ideals, wobei die Menschen doch, Zeit
und Umstände abgerechnet, eigentlich einerlei sind, dieselbe
Formel, nur mit andern Koeffizienten verbunden, was wäre sie
gegen diese unendliche Verschiedenheit menschlicher Erscheinungen. Nehmt welches Element der Menschheit ihr wollt . . . in
jeder Mischung mit jedem andern, bis fast zur innigsten Sättigung
mit allen übrigen . . . und die Mischung auf jedem möglichen
Wege bereitet, jede Spielart und jede seltene Kombination":
so ist die ewige Menschheit unermüdet geschäftig, sich selbst
zu erschaffen. — Die Ableitung der Individualität aus „M i -
s c h u n g e n der verschiedenen Kräfte und Größen" erkennt Schl.
bei Plato (Kr S¹ 90 W. 3. Abt. 1. Bd. S. 66), während sie bei
Spinoza mit dem Grundgedanken seines Systems in Verbindung
stehe, daß jedes e i n z e l n e Wesen (nicht etwa jede Gattung)
die Grundkräfte des Unendlichen auf eine besondere Weise
darstellt (Kr S¹ 91. W. S. 67).

30, 18 hervorgehen kann] Zahl und Art der möglichen
individuellen Bildungen erscheint hier als im Weltplan voraus-
bestimmt, sonach als nicht unerschöpflich, aber als für den
Weltgeist höchst wichtig, ein geordneter Kosmos von Individualitäten als das Ziel seiner Schöpferarbeit. (Vgl. auch Wilhelm
Meisters Lehrjahre, 8. Buch, 5. Kapitel: Nur alle Menschen
machen die Menschheit aus, nur alle Kräfte zusammengenommen
die Welt.) Und wie die Gesamtheit der Individualitäten ein
Kunstwerk ist, so ist es jede einzelne, und darum ist sie un-

verletzlich, vgl. Versuch einer Theorie des geselligen Betragens
(Ph. B. 137 S. 13): Ein Mensch ist nur insofern ein Individuum,
als alles in ihm zusammenhängt, einen Mittelpunkt hat und sich
gegenseitig bestimmt und erklärt. Nehmt ihm irgend einen Teil
seiner Grundsätze, seiner Meinungen, seiner Art sich auszu-
drücken und zu betragen, so hat er sein Charakteristisches verloren und ist nicht mehr geschickt, uns eine eigene Ansicht
der Menschheit vorzustellen.

30, 29 ohne innern Grund] Noch 1793—94 in den Spinoza-
Studien hatte Schl. auf einen äußern Grund zurückgegriffen:
„Das individualisierende Bewußtsein . . . bezieht' sich nur auf
die Erscheinung; gerade das, was gewiß am nächsten mit demjenigen zusammenhängt, was in uns wirklich existiert, nämlich
die Vernunft, individualisiert uns am wenigsten, und ihre Betrachtung führt uns fast eher vom Wahn der Individualität zurück" (W. 3. Abt. 4. Bd. I S. 299).

31, 2 freie Tat] der geheimnisvolle Akt, als das Ich sich
aus dem Universum erschaffen ließ und durch seiner Freiheit
erste Tat bestimmte, was es werden wollte. Vgl. 68, 27.

31, 27 er] dieser Gedanke.

33, 12 zweierlei] vgl. Denkm. 113, 1 und 136, 130.

33, Z. 10 v. u. in gleichem Maße] es handelt sich also nur
um ein Überwiegen der rezeptiven oder der produktiven Funktion
in den Individuen.

34, 9 am Ende] In einer Tagebuchnotiz (mitgeteilt von
Dilthey, Denkmale S. 113 Nr. 1) schreibt Schl. es allein der
Gottheit zu, beides zu vereinen. Schl. entwickelte diese Gedanken, wie das Tagebuch ergibt, zur Zeit schmerzlicher Miß-
verständnisse, die sein Freund Friedrich Schlegel verschuldet
hatte.

34, 13 vermied ich] vgl. Reden [1] S. 166 „Ich kenne ihn
(d. h. den Weg vom Kunstsinn zur Religion) nicht, das ist
meine schärfste Beschränkung, es ist die Lücke, die ich tief
fühle in meinem Wesen, aber mit Achtung behandle". Die
Lücke war seiner religiösen Genialität um so schmerzlicher, als
diese enge Beziehung von Kunst und Religion nicht etwa ein
flüchtiges Aperçu der Reden ist, sondern zum festen Bestande
seiner Überzeugungen gehört. „Kunst verhält sich zur Religion, wie Sprache zum Wissen". (W. 3. Abt. 5. Bd, S. 247; Ausg.
v. Braun Phil. Bibl. Bd. 137 S. 315.) Die Abneigung gegen das
Produzieren war auch in F. Schlegels Augen Schl.s größter Fehler.
„Ich treibe und martere ihn alle Tage". Aber er hat „kein
rechtes Interesse, etwas zu machen" (bei Haym S. 446).

35, 15 Vollendung] Wer sich bildet, begnügt sich mit
einer unvollendeten Symbolisierung des Stoffes („dem ich meinen
Sinn eindrücke"), im Gegensatz zum Künstler, der den Stoff

als vollendetes „Symbol der Menschheit“ darstellt. Der Rezeptive ist zufrieden, den Inhalt erfaßt zu haben, der Produktive strebt noch vollkommener Form und „freuet sich des kunstreichen Gefäßes mehr als des köstlichen Gehaltes“.

35, Z. 6 v. u. irgendwie darstellen] in Schrift, Rede, Gebärde. Vgl. in Schl.s theologischer Ethik (Die christliche Sitte) (W. 1. Abt. 12. Bd.) den Abschnitt: Das darstellende Handeln.

37, 12 Gefühl] Aus den Worten „Gefühl“, „erkenne“, „Organ“ tritt die Schl.sche Dreiteilung der seelischen Funktion entgegen.

37, 17—23 Sinn] Sinn bedeutet hier, um Schl.s spätere Ausdrucksweise zu gebrauchen, das individuell-eigentümliche („differenzierende“) Handeln der Vernunft, sofern sie sich die Natur (= „Alles, was er nicht ist“) aneignet, sie erkennt oder (nach Schl.s späterer Terminologie) symbolisiert oder bezeichnet, jedoch mit der näheren Bestimmung, daß das Objekt des Sinns nicht das Einzelne in der Natur, sondern die Totalität ist (vgl. R¹ 144—150). Hier: Wer sich zu einem bestimmten (differenten) Wesen bilden will, dem muß der Sinn geöffnet sein für Alles (für die Totalität, fürs Universum), für die „ganze Menschheit“. Das „Einzelne“ (S. 38. Z. 2), das erkannt werden soll, ist das Ich, das sich in der Entgegensetzung gegen die „ganze Menschheit“ erst begreift. Zu Sinn vgl. im Index Anschauung des Universums. In gleicher Weise ist die Liebe das eigentümliche Handeln der Vernunft, sofern sie die Natur bildet, auf sie wirkt, sie „organisiert“. Sinn und Liebe entsprechen also gewissermaßen den späteren ethischen Fundamentalbegriffen Symbol und Organ, genauer den ethischen Verhältnissen Offenbarung (entspr. Sinn) und Geselligkeit (u. Liebe). „Sinn ist überwiegend Empfangen“, „Liebe“ überwiegend „Geben“. Wo die „Liebe“ fehlt, „müßte das furchtbare Mißverhältnis zwischen Geben und Empfangen bald das Gemüt zerrütten“ (S. 38. Z. 6). Vgl. a. S. 44 Z. 24 „Sinn und Liebe, die hohen Bürgen“. Daß hier lediglich von dem individuellen (differenzierenden) Handeln die Rede ist, geht daraus hervor, daß es dem gleichförmigen, also identischen Handeln im nächsten Absatz ausdrücklich entgegengestellt wird. Vgl. Wilhelm Meisters Lehrjahre, 8. Buch, 5. Kapitel: Der Sinn erweitert, aber lähmt; die Tat belebt, aber beschränkt.

37, 18 Auch hier] wie schon im Gebiet der für alle gleichen Pflichten, s. S. 27 Z. 9.

38, 4 allgemeiner Sinn] vgl. die im Index S. 138 angeführte Stelle aus Wilhelm Meisters Lehrjahren.

38, 10 Gemeinheit] Doppelsinnig: Das Gemeine (= Allgemeine) würde das Besondere verschwinden machen; aber auch im schlechten Sinne.

38,15 Gesetz und Pflicht] Polemik gegen Kant und Fichte. Da ihnen das Sittengesetz für alle Menschen das gleiche sei, so wird ihnen vorgeworfen, daß auch die Liebe von ihnen nur ins „gemeine Gut der Menschheit" hineingeworfen und in ihrer Bedeutung für die höchste Stufe der Sittlichkeit, die individuelle, verkannt werde.

39,10 die Wissenschaft nicht bilden darf] d. h. nicht Zeit und Kraft an Fertigstellung einzelner wissenschaftlicher Werke wenden darf.

39,10 bilden] Das Bilden (= *Organisieren*), das aus der „Liebe" hervorgeht, kann also zweifach bezogen sein:
1. auf die Wissenschaft (= das was aus dem *symbolisierenden* Handeln des „Sinns" hervorgeht),
2. auf mich selbst (= die Einheit von „Sinn" und „Liebe").

39,19 beschränkt] Die Freunde dagegen klagten, daß „keine Beschränkung von mir zu gewinnen sei" S. 39 Z. 2.

gleichgültig] Schl. verteidigt sich hier gegen die Vorwürfe, die Fr. Schlegel in seiner Lucinde gegen ihn (Antonio) erhoben hatte. Lucinde S. 272 ff. Dilthey S. 459.

40,29 in zwiefacher Richtung] Das überwiegend rezeptive Ergreifen des „Sinns" und das überwiegend spontane Handeln (der „Liebe"), das *Symbolisieren* und das *Organisieren*.

41,18 Betrachtung und Gebrauch] = das Handeln des „Sinns" und der „Liebe" = Schauen und Bilden halten sich dadurch im „Gleichgewicht", daß das Erschaute (*Symbol*) sofort dem Bilden (dem *Organisieren*) des Selbst dienstbar gemacht wird. Dem Gehandelthaben in der „Tätigkeit des Sinnes" entspricht also „in jeglichem Momente" ein Handelnwerden zur „Selbstbildung". Dies ist der „Wechsel zwischen Betrachtung und Gebrauch". Das Schleiermacher individuell Eigentümliche liegt darin, daß bei ihm im „Gebrauch" sich ein Handeln zur inneren „Selbstbildung" vollzieht, während bei dem Künstler der „Gebrauch" die äußere Darstellung kunstreich verfertigter Werke ist (S. 34 Z. 2).

41,26 Stempel tragen] „*bezeichnendes* Handeln" der Vernunft ist hierfür in Schl.s späteren Schriften der herrschende Terminus geworden. Stempel = *Symbol*.

42,9 müßiges L.] vgl. Schlegel über den Müßiggang (Lucinde); gegen wirklichen Müßiggang wandte sich Schl. sehr energisch (vgl. die aus jener Zeit stammende Predigt über Leben und Ende des Trägen W. 2. Abt. 1. Bd. S. 109 ff.

42,13 beschränktem Sinn] = die notwendige Beschränkung des Künstlers auf sein Werk. Vgl. S. 39 Z. 2.

42,27 verschlossen] vgl. Schl.s Spottwort über die konventionelle Tugend der Offenheit: „Offen ist, wer für ein Billiges

den Kastellan von sich selbst macht, oder auch, wer nur aus
Türen und Fenstern besteht". Dilthey S. 252. D. S. 81.

46, 2 sich gebildet hätte] sich schärfer ausgebildet hätte,
zurückhaltender geworden wäre, B reif geworden wäre.

46, 6 Mäßigung] vgl. die Ausführungen im Fragment über
den Wert des Lebens S. 195/196.

46, 17 mehr als eine Welt] Wenn die Welt die Gemeinschaft der Geister ist, so kann doch nur Eine Welt sein? Es
ist nur Ein Universum; aber jedes Individuum spiegelt es eigentümlich wider. Je nach der Art, wie der sich eigen Bildende
die verschiedenen „Elemente der Menschheit" in sich vereint,
ordnet er sich auch diese Elemente in eigner Art zu Seiner
Welt, zu einem eigenen Weltsystem mit eigener „Sonne" (dem
überwiegenden Elemente seiner Eigenart). Das erschwert
das wechselseitige Sichverstehen, da eben jeder zunächst in
Seiner Welt lebt. Indessen in dem Maße, als Sinn und Liebe
(zu fremdartiger Bildung C) wachsen, um so vollkommener
können sich Freunde und Liebende durch Verständis der Eigenart des Andern vereinigen, und ohne von der eigenen Kreis-
bahn abzuweichen, können sie so verschiedenen Weltsystemen
angehören. Freilich das Ideal vollkommener Vereinigung liegt
in der Unendlichkeit.

47, 5   früher] denn der Tod trifft alle vor ihrer Vollendung.

47, 7 Welt] „Welt heißt in der ersten Ausgabe der Mo-
nologen die Sphäre der Wechselwirkungen, des Handelns und
Leidens der Individualgeister" bemerkt z. d. St. Dilthey S. 395
Anm. 41. —

51, 19 dieselbe Formel]: $\dfrac{\text{Beschränkung}}{\text{Kraft}}$ = Leben (= C

Genuß). Beschränkung, d. h. das durch Schranken einge-
schlossene Gebiet des Anteils an „der Menschen gemein-
samem Werk". Erweitern sich die Schranken, so wächst auch
gleichmäßig die Kraft: und der Quotient (= Leben, C Genuß)
bleibt immer der gleiche. Verengert sich die Beschränkung,
so nimmt auch gleichmäßig die Kraft ab (die Formel lautet dann
$\dfrac{\text{Gedankenleere}}{\text{Trägheit im Betrachten}}$), das Ergebnis wird also auch hierdurch
nicht geändert — „und gleiches Maß von Leben (C Genuß)
verbreitet sich über Alle". Der Gedanke ist dadurch kompli-
ziert, daß Schl. zugleich noch sagt, bei Allen nähere sich die
erste Formel der zweiten, „von Allen fordert Gewohnheit ihren
Abzug". Vgl. „Über den Wert des Lebens" in dieser Ausg. S. 170.

57, 21 Es bindet] vgl. Fr. Schlegels Schilderung in der
Lucinde (S. 202 ff.): Nichts hatte Julius zuerst so mächtig ge-

troffen, als die Wahrnehmung, daß Luc. von ähnlichem, ja
gleichem Sinn und Geist mit ihm selbst war, und nun mußte
er von Tage zu Tage neue Verschiedenheiten entdecken. Zwar
gründeten sich selbst diese nur auf eine tiefere Gleichheit, und
je reicher ihr Wesen sich entwickelte, je vielseitiger und inniger
ward ihre Verbindung.

58, 34 am wenigsten empfindet] vgl. z. B. W. v. Humboldts
Ideen zu einem Versuch, die Grenzen der Wirksamkeit des
Staats zu bestimmen (geschrieben 1792, im vollen Umfang ver-
öffentlicht 1851).

herrlichste Kunstwerk] vgl. Reden[1] 34 das erhabenste
Kunstwerk der Menschheit.

59, 15 fortsetzen nnd vergrößern] bezeichnend für Schl.s
Idealismus, daß der Leib hier als etwas angesehen wird, was
mir, meinem Innersten, nicht näher steht als Kleider und sonstige Habe.

59, 28 Erziehung] S. das 5. Gebot in Schl.s „Katechis-
mus der Vernunft für edle Frauen“: Ehre die Eigentümlichkeit und die Willkür deiner Kinder, auf daß es ihnen wohler-
gehe und sie kräftig leben auf Erden“. Dilthey, Denkmale
S. 83. —

60, 1 sucht] ergänze danach das in B hinzugefügte Komma.
60, 1 mit dieser Welt] hängt ab von “Kampf“.
61, 9 der Welt] zu lesen ist wohl: d e r Welt
65, 26 Wunder] vgl. Reden[1] S. 117.

66, 14 Ehrfurcht vor dem Höchsten] = Religion; sie geht
aus der Allmacht „dieser Gefühle“ hervor, der Gefühle, die
mit dem Suchen nach eigner Bildung und mit der Selbstbetrachtung verbunden sind (wenn auch in Schl.s Sinne nicht aus
ihnen allein).

68, 3 Willen] der naive Gottesbegriff = „Willen über alle
Willen“ oder „der höheren Vorsicht fremde Willkür“ (S. 82);
der naive Schicksalsbegriff = „neigungslose Wirkung vom Zusammentreffen vieler Kräfte“ oder das „große Rad, das ewig
kreisend sich, den Menschen und alles bewegt“.

68, 27 erste (in C ursprüngliche) Tat] In den Reden
spricht Schl. dementsprechend von einer ursprünglichen „Vermählung des Unendlichen mit dem Endlichen“ im Individuum,
von „jenem unbegreiflichen Faktum über welches hinaus Ihr
die Reihe des Endlichen nicht weiter verfolgen könnt, und wobei eure Fantasie Euch versagt wenn Ihr es aus irgend etwas
Früherem, es sei Willkühr oder Natur erklären wollt“ (Reden[1]
267 f.), s. Index unter „Beschränkung“. Daß diese Tat einerseits als ein Willensakt oder Gedanke des Universums gilt (der
Genius der Menschheit „denkt unzählige Gestalten“, Reden[1] 91),

anderseits als ursprüngliche freie Tat des Ich, das empfand
Schl. nicht als Widerspruch; die daraus fließenden Verschiedenheiten zwischen R und M gehören nur der Betrachtungs-
weise an. Vgl. die im Index angeführte Stelle aus Schl.s Rezension von Fichtes Bestimmung des Menschen (W. 3. Abt. 1.
Bd. S. 534, Athenäum 3, S. 294), wonach die Stimme des Gewissens [nach Fichtes Sprachgebrauch], welche jedem seinen
besonderen Beruf auferlegt, und durch welche der unendliche
Wille einfließt in das Endliche, der Strahl ist, an welchem
wir aus dem Unendlichen ausgehen und als einzelne und besondere Wesen hingestellt werden. Dem Einfluß Fichtes schreibt
es Dilthey überhaupt zu, daß bei Schl. an Stelle des toten
spinozistischen Verhältnisses von Substanz und Modus die lebendige Anschauung tritt, nach der die Relation des Unendlichen
zum Endlichen als Handeln des Geistes auf die Welt erscheint. Vgl. über dieses Handeln die Ausführungen im Index
S. 125/26.

69, 3 Beschränkung] Die determinatio zur Individualität erscheint Schl. also nicht als negatio oder privatio.

70, 11 jener] der (in der naiven Denkweise) vom Schicksal verursachte Wechsel des Menschenloses. Er entspringt in
Wahrheit aus der „Gemeinschaft solcher Freiheit"; denn „es
stößt die Freiheit an der Freiheit sich, und was geschieht, trägt
der Beschränkung und Gemeinschaft Zeichen" (S. 17 Z. 10).
In der Gemeinschaft ist also Notwendigkeit gesetzt; nach
dieser Notwendigkeit vollzieht sich „jener Wechsel des menschlichen", den „sie" so drückend fühlen, den Schl. dagegen für
sich laut fordert. Der „Begrif des Schiksals" verschwindet
bei solchem Denken.

70, 30 Tat], sofern sie bei jeder Tat sich nur durch die
Notwendigkeit des Schicksals beschränkt fühlen, mir dagegen
sich der Begriff des Schicksals aufgelöst hat, und ich in jeder
Tat durch die Art, wie ich die Notwendigkeit aufnehme, meine
Freiheit finde (= meine Eigentümlichkeit äußere).

71, 17 falsche Maske] Schl.s Selbstbefreiung aus dem Seminar der Herrnhutischen Brüder-Unität zu Barby unter einem
langdauernden Bruch mit seinem Vater, 1787 (Dilthey S. 22 ff.);
doch denkt Schl. vielleicht auch daran, daß er sich von her-
gebrachten falschen Moralbegriffen freigemacht hat

71, 20 Von neuen Ketten binden lassen] Albertini und
andere Herrnhutische Genossen, die den Weg in die Freiheit
nicht gefunden hatten.

71, 24 sie] die Freiheit.

71, 25 sie] die Jugend.

71, 25 Im fremden Hause] dem des Grafen Dohna zu
Schlobitten, wo Schl. Hofmeister war. „Bis dahin hatten die

Verhältnisse seine fein und reich organisierte Seele immer wieder
schmerzlich eingeengt. Diese Seele weitete sich aus in so
glücklichen und den Reichtum der feinsten Empfindungen um-
fassenden Verhältnissen wie er sie hier vorfand, als ob er in
ihnen geboren wäre." Dilthey S. 46.

73, 13 Zeitalter und Völker] Das romantische Bildungs-
ideal! s. Einl. S. XXVI.

73, 32 mich entfernen] 20. Juli 1798 hatte der Oberhof-
prediger Sack ihm eine Hofpredigerstelle in Schwedt angetragen
und ihn gedrängt, sie anzunehmen, damit er seinem bedenklichen
Umgang entrückt werde. „Für diese bureaux d'esprit, für den
Umgang, wie ihn Madame Unger [in den „Briefen einer reisenden Dame über Berlin", Jahrbücher der preußischen Monarchie
unter der Regierung Friedrich Wilhelms III. 1798] beschriebe,
habe er [Sack] doch keinen Sinn, und wenn es gar zu bekannt
würde, daß ich [Schl.] so ganz unter diesen Menschen lebte,
so müßte das doch auf viele Leute einen nachteiligen Eindruck machen, und er selbst [Sack] besorge, der Ton, den
man nach und nach in diesen Gesellschaften annehme, würde
mir mit der Zeit Gleichgültigkeit und Widerwillen gegen mein
Amt geben". (Schl. an seine Schwester Charlotte 4. VIII. 01,
Br. I, 187.)

74, 16 Gewinn] „Wenn Andere Stellen annehmen und
vertauschen nur um des Geldes willen oder um heiraten zu
können, so findet man das natürlich und in der Ordnung, und
wenn jemand nicht seinen Beutel oder seinen Ehestand, sondern
seinen Kopf die zweite Hauptrücksicht sein läßt, so soll das
übel gedeutet werden" (Schl. an Charlotte Br. I. 200). —

75, 10 Problem] Es ist das Grundproblem von Schl.s Pädagogik geblieben, wie in der Erziehung gegen freie Wesen,
Freiheit zu üben sei.

75, 25 durch fremde Freiheit] Eleonore, Schl.s Geliebte
war mit dem Prediger Grunow verheiratet.

75, 26 durch die Mysterien der Natur] Diese Ehe war
kinderlos.

78, 24 darstellen und vollenden] vgl. den Satz in Schl.s
späterer Christologie, Christus sei seinem inneren Wesen nach
mehr gewesen, als von ihm hat erscheinen können (nach Glaubens-
lehre² II § 93 Absatz 2 vgl. Schiele, „Der Entwicklungsgedanke
in der ev. Theologie bis Schleiermacher", Zeitschr. f. Theol. u.
Kirche 1897 S. 166—170).

78, 25 großes Verhältnis] Schl.s spätere Stellung als geistiger Führer der protestantischen Kirche hat ihm wider eigenes
Erwarten solch „großes Verhältnis" geboten.

79, 22 Gestalt] im Gegenteil war er unscheinbar, klein,
etwas verwachsen.

80, 21 verlassen] Schl.s Freund Okely, mit dem er auf dem Seminar der Brüderunität in Barby gemeinsam studiert, dieselben Gewissenskämpfe durchgemacht und die gleiche Freiheit errungen hatte (Dilthey S. 19—21). Bald nach ihrer Befreiung ertrank Okely im Bade in Northampton (Dilthey 29).

80, 31 Geliebten] Friedrich Schlegel, der vorher bei Schl. in dessen Wohnung gewohnt hatte, und Dorothea Veit, die ihren Mann in Berlin verlassen hatte, um mit Schlegel in Jena zu leben.

81, 7 umgebt]: Seine hochgebildete Freundin Henriette Herz, die Gattin des Arztes Marcus Herz, des Freundes von Imm. Kant, und seine edle Geliebte Eleonore Grunow.

81, 17 Wol] Schl. teilt diese Stelle (bis zu den Worten „sich selbst verzehrt") in einem Briefe vom 13. II. 01 seiner Schwester Charlotte mit als eine ihm „recht aus der Seele gegriffene Stelle, die er aus einem kleinen Büchlein ausgeschrieben" habe. Er bemerkt dazu: „Es ist etwas dunkel, wie das ganze Büchlein, aber wenn man es erst versteht, ist es schon recht." Br. I 275 f.

82, 4 Gott] Vgl. außer den im Index angeführten Stellen Reden[1] 15; der überlieferte Gottesgedanke war, wie der Unsterblichkeitsglaube dem zweifelnden Auge Schl.s entschwunden.

82, 23 Gegensaz] denn das Künstlerische steht im Gegensatze zu Schl.s Individualität (s. o. 34, 13).

82, 24. Werk der Kunst] Twesten (Schl.s Grundriß der philos. Sittenlehre 1841 S. XC Anm.) bemerkt dazu: „In der Art, wie er dachte, ist diese Ahnung nicht in Erfüllung gegangen; des Triebes und Vermögens zu eigentlich künstlerischer Produktivität war er sich später nicht mehr so, wie allerdings wohl früher bewußt; in anderer, seiner Eigentümlichkeit unstreitig mehr entsprechender Weise hat er ausgeführt, was ihm hier vorschwebte; doch nur zum Teil; „„das Feuer des Lebens war ausgebrannt,"" bevor das Werk nach seinem ganzen Umfang gereift und vollkommen geworden war." — Als vollendetstes Kunstwerk erschien ihm wie seinen romantischen Freunden der Roman. Pläne zu Erzählungen enthält sein Tagebuch (Dilthey Denkmale S. 109 Nr. 186. 187 S. 140 Nr. 162), z. B. „Darstellung eines Menschen, der immer fragt: aber warum soll ich denn glücklich sein?" —

85, 10 in wenig Jahren] Schl. an H. Herz 9. 9. 1798 (Br. I 192): „Trösten Sie sich nur über meine 50 Jahre" (die er damals höchstens erleben zu können meinte). „Wozu wäre denn die ewige Jugend ewig, wenn es dabei auf Länge und Kürze ankäme? Lassen Sie uns in der Zeit die Qualität suchen: dies ist immer zugleich die schönste Antizipation der Quantität. Wenn wir uns das goldene Alter machen, ist das nicht ebenso gut, als ob wir so wohl hundert Jahre gelebt hätten, bis es etwa von selbst zu uns gekommen wäre? Und so haben wir es selbst noch dazu gemacht".

86, 29 abstumpft] Schl.s Kurzsichtigkeit und die Empfindlichkeit seiner Augen hinderten ihn unangenehm beim Arbeiten.

87, 4 Leiden] in der Tat hat Schl. mannigfache körperliche Beschwerden immer kräftig niedergekämpft.

87, 20 ewige Jugend] Fr. Schlegel an Schl. 1798 (Br. III. 84): „Die Jugend ist flüchtig". Schl. antwortet darauf mit der Verkündigung „ewiger Jugend" (III, 89).

Index

Zeichenerklärung: Das Stichwort (oder sein Stamm) wird durch seinen Anfangsbuchstaben abgekürzt. Gleichgebrauchte Ausdrücke sind durch =, parallele durch ‖, gegensätzliche durch ∧ verbunden. A B C bezeichnen die drei Ausgaben der M, R¹ R² R³ die Ausgaben der Reden, D die „Denkmale der inneren Entwicklung Schleiermachers". Die erste Zahl giebt die Seite, die zweite die Zeile unserer Ausgabe an.

A

abbilden. Fremdes Thun, innerlich nachahmend a. 89, 2

abhängig vom Schicksal oder von der höheren Vorsicht 67, 6

Allegorie. Die Gottheit ist A. auf das, was der Mensch sein soll 23, 21. Die Aussenwelt ist A. (BC Bild) unseres Innersten 9, 5

Alles Eins. Im Innern ist A. E., d. h. jedes Handeln ergänzt das andere, in jedem ist das andere auch enthalten 21, 5. Vgl: im Unendlichen (R² in der unmittelbaren Beziehung auf das Unendliche) steht alles Endliche (R³ ursprünglich Innerliche) ungestört nebeneinander; alles ist Eins, und alles ist wahr R¹ 64 (vgl. R¹ 95 f.)

Alter, ein leeres Vorurteil, Folge des tollen Wahns, dass der Geist abhänge vom Körper 85, 31. Jugend und A. (Überschrift von V) 83—94. Trübes A. und fröhliche Jugend 48, 3. 16. Die Jugend dem A. vermählen 90, 23. Doppelt sei die Vermählung 90, 35

anschauen. Das A. ist eine innere That 36, 21. 23. Stilles A. (im inneren Handeln) ∧ äussere That 78, 12. Das Organ des A.s ist der Sinn (s. d.). Vom A. muss alles ausgehen, und wem die Begierde fehlt, das Unendliche anzuschauen, der hat keinen Prüfstein, ob er etwas Ordentliches darüber gedacht hat R¹ 54. Das A. dringt dem Willen unthätige Ruhe ab 21, 4. A. und Gefühl sind ursprünglich eins und ungetrennt. Aber alle Reflexion trennt beide. Denn der einfache wahrgenommene Stoff scheidet sich durch zweifache Seelenthätigkeit, die nach aussen wirkende und die aneignende, in Objekt und Triebgefühl. Nicht das Triebgefühl, sondern der erste flüchtige geheimnisvolle Augenblick, wo A. und Gefühl noch ungetrennt eins sind, ist die Geburtsstunde alles Lebendigen R¹ 72—75. Mich a. ‖ mich erkennen 18, 12. A. (in dich hineingehen) ∧ begreifen (aus dir herausgehen) 93, 13. Sich a. in der innersten Tiefe 22, 20. Sich a. ‖ die Thätigkeit des Geistes sehen 13, 24. Das A. meines ganzen Wesens schliesst das A. der Menschheit, und das A. der Menschheit schliesst das A. des Universums ein 21, 17 vgl. 24, 20 (also sind Selbstanschauung und Anschauung des Universums Wechselbegriffe, vgl. R¹ 87. 54; D. 118 No. 35 und No. 34:

Bedingung:
Wer sich nie selbst anschaut,
nie wird er das Ganze begreifen,
Wer nicht das Ganze gesucht,
findet auch nimmer sich selbst.

Sein Thun und Leben a. 77, 19. Der Geist im A. seiner selbst 62, 13. Das Innere der Menschheit in sich a. ‖ von eigener Bildung wissen 65, 31. Die verschiedenen Gestalten der Menschheit a. ‖ ihr inneres Wesen ergreifen 55, 6 (vgl. 31, 6). A. an sich selbst der Menschheit Wesen 85, 28. Die Welt a. ∧ A. seiner selbst 94, 28. Alle Verrichtungen des Geistes in ihrer ewigen Einheit (= die Zwecke der Menschheit = die innere Natur) a. 72, 11. 12. Um die Menschheit anzuschauen bedarf ich des Auges nicht 86, 28. Die Freiheit a. 18, 6. Das innere Handeln a. 25, 10. Mich kann ich nur als Freiheit a. 17, 16. A. der Thätigkeit des Geistes = Unsterblichkeit und ewiges Leben 24, 1. Den Geist a. = Unsterblichkeit und Ewigkeit 24, 20. Im A. der großen Gährungen den Sinn der Menschen verstehen lernen 72, 5. Beim A. (inneren Denken, Aneignen des Fremden) bedarf ich eines geliebten Wesens Gegenwart 36, 21

Anschauung. Der Mensch ist unvergänglicher Gegenstand der A. 15, 1 vgl. 37, 1. (Wenn auch in den Reden als der Gegenstand der A. das Universum genannt wird, so besagt das doch im Grunde nichts anderes; vgl. R¹ 129: „In der Religion wird das Universum angeschaut, es

wird gesetzt als ursprünglich handelnd **auf den Menschen**". Auch ist hier die A. immer gemeint als Ergreifen desUnendlichen im Einzelnen vgl. R¹ 58: „A. ist immer etwas Einzelnes; sie zu verbinden ist schon wieder nicht das Geschäft des Sinnes, sondern des abstrakten Denkens".) Höchste A. ‖ geheimste Betrachtung des eigenen Handelns 64, 28. Sich eine tiefere A. durch Handeln bereiten 41, 17. A. meiner That ‖ Bild von meinem Sein 19, 2. A. des Ich = Freiheit, A. der Welt = Notwendigkeit 17, 16. 18. Höchste A., daß jeder Mensch auf eigne Art die Menschheit darstellt AB 30, 12. A. des Gebietes der Menschheit 37, 1. A. von den Entwicklungen des menschlichen Geschlechts 73, 17. Die Liebe ist der Gemüther Wechsel-A. 80, 29

Aufnehmen. Alles **a.** in den innersten Sinn ∧ rasch sich von einem zum andern bewegen in unersättlichem Handeln 88, 24. In sich hineingehen (anschauen) ∧ aus sich herausgehen (begreifen) 93, 13 vgl. 38, 6

aussen. Was den Menschen von **a.** anstößt ∧ inneres Handeln 77, 12

äusser. Auf ä. es und (=) Einzelnes sehen 67, 19. Ä. es Thun ∧ inneres Handeln 26, 3; 42, 17; 92, 22; 94, 24. Ä. e That ∧ inneres Handeln 76, 5; 78, 11. Ä. es Thun ∧ inneres Leben 92, 21; 93, 7. Das innere Handeln ist das Bestimmende für alles ä. e Geschehen 18, 2. Ä. en Handelns Gesetz ∧ inneres Leben 92, 9. Das ä. e Handeln kann zugleich sein ein inneres Denken des Handelns 23, 1

Jedes ä.e Verhältnis, jede ä.e Gestalt ist Stoff zur innern Bildung 69, 27. Der Stoff des Handelns ist nur seine ä.e Bedingung 70, 20. Der ä.en That Unmöglichkeit hindert nicht das innere Handeln 76, 5. Ä.es Thun ∧ Gefühl der Freiheit 20, 13. Ä.es Handeln ist nur Ausfluss des Innern, gehört der Welt, muss sich unter der Nothwendigkeit Gesetze fügen 43, 23. Ä.e Gewalt ∥ innere Trägheit 71, 4. Schluss vom Ä.en aufs Innere 26, 8. Die ä.e Welt strahlt unser Wesen allegorisch zurück 9, 4

äussern. ä.nd bilden meine Eigenthümlichkeit 70, 25. Stoff zum Ä. meines Wesens 70, 18

Aussenwelt, Reich des Stoffes, der Dinge BC 15, 21

Aussicht (Überschrift von IV) 67—82 vgl. 73, 23

B

begreifen. Anschaun (∥ in sich hineingehn) ∧ b. (∥ aus sich herausgehen) 93, 13

Begriff. Ein B. geht dem Entschluss unmittelbar voran, ein Gefühl begleitet ihn 26, 5. B. der Freiheit 20, 17. Sinnlicher B. vermag den Geist nicht zu bannen 85, 14. Die toten B.e der Welt 76, 9

Beruf. Seinem B. genügen = sich seiner Schuld gegen die Welt entladen. Mein B. in der Welt ist, die Ehrfurcht vor dem Höchsten (die Rel.) zu befördern 66, 17 vgl. 33, 10

beschränken. Den jungen Geist nach fremden Gedanken b. (= erziehen) 59, 31. Sich selbst b. 77, 18. Ich fühle mich nicht b.t durch die Grenzen der Freiheit 69, 7 vgl. 31, 9. Das

Schicksal vermag nicht, meine Bildung zu b. 76, 3. Kein Gesetz b.t das innere Leben 93, 8

Beschränkung ∧ Freiheit. Was geschieht, trägt der B. und Gemeinschaft Zeichen 17, 11. B. deiner Kraft ∧ Erhöhung 52, 26 vgl. 51, 18. 59, 23. B. ∧ höchster Grad des Lebens 59, 6

Die Individuation ist nicht sowohl B. als Bestimmung meiner selbst 34, 6 vgl. 82, 29. B. meiner Natur durch meiner Freiheit erste That, (als ich bestimmte, wer ich werden wollte) A 68, 25 = BC Vermählung der Freiheit mit meiner Natur. Vgl. wie in den R. Schl. ebenso von einer ursprünglichen Vermählung (s. d.) des Unendlichen mit dem Endlichen im Individuum spricht, von „jenem unbegreiflichen Faktum, über welches hinaus ihr die Reihe des Endlichen nicht weiter verfolgen könnt, und wobei eure Phantasie euch versagt, wenn ihr es aus irgend etwas Früherem, es sei Willkür oder Natur, erklären wollt". Diese That kann zwiefach betrachtet werden, entweder als ursprüngliche freie That des Ich (A) oder als ein Willensakt, ein Gedanke des Universums (R) oder der Freiheit (BC). Dabei erscheint die freie That (31, 2) als eine bewusste, sie begleitet (A) den Gedanken (30, 18) der Eigenthümlichkeit (BC: der Gedanke gehört mit der freien That zusammen). Vgl. Athenäum 3, S. 294 „Die Stimme des Gewissens (nach Fichtes Sprachgebrauch) welche jedem seinen besonderen Beruf auferlegt, und durch welche der unendliche Wille einfliesst in das Endliche, ist der Strahl, an welchem wir aus dem Unendlichen ausgehen und als einzelne und besondere Wesen hingestellt werden". Diese B. ist nicht fremde Gewalt, sondern meines individuellen Daseins, meiner Freiheit, meines Willens Bedingung und Wesen (also determinatio nicht = negatio oder privatio) 69, 3. Dagegen muß B. immer in der Gemeinschaft der Sinnenwelt sein 59, 13. B. des andern durch persönlichen Besitz 59, 23. Fantasie trägt über jede Beschränkung hinaus 77, 7

B. des Sinnes 40, 13. Die Bildung zum Künstler erfordert B. (B. ∧ offener Sinn) 39, 2 vgl. beschränkter Sinn 42, 13. Niedrige B. des eignen Bewusstseins der gemeinen Seelen 71, 6. B. der jetzigen Welt ‖ ihres Bestrebens geringer Umfang 61, 28. Dem Geiste B. wirken ‖ dem innern Leben Abbruch thun 56, 24

Besitz. Nur was ich selbst hervorgebracht und immer wieder aufs Neue mir erwerbe, ist für mich B. 79, 31. Durch äusseren B. setzt der Mensch seinen Leib fort 59, 14. Leib und (=) B. 59, 19. Unendlich ist, was ich erkennen und besitzen will 89, 26. Kraft innern Handelns nehm ich von der ganzen Welt B. 78, 12. Äusserer B. des Habens und Wissens 59, 21. Die einzige teure H a b e ist die Liebe der Freunde 79, 9. Mein B. ist, in jedem Augenblick Gedanken und Leben mit den Freunden tauschen können 81, 10

bestimmen. Sich b. ∧ Beschränkung (BC Bestimmung ∧

sich beschränken) 34, 6. Unbestimmt ‖ ungebildet 77, 11. Wer sich selbst b.t, herrscht dann leicht über alles 35, 21. Nur in einer unendlichen Reihe des Handelns kann ich mich ganz bestimmen 89, 27 (Bestimmtheit bei Schl. = Inhalt)

betrachten. Sich selbst b. ‖ sich des innern Wesens der Menschheit ǀbemächtigen 66, 10 vgl. 26, 1. Edle Naturen b. 73, 25

Betrachtung (Überschrift von I C 9 — 27). Geheimste B. des innern Handelns ‖ höchste Anschauung 64, 28. B. hat keine Schranken 21, 17. B. ist immer unvollendet, weil lebendig 21, 15. Unvergänglichkeit der B. 24, 3. Thätigkeit und B. 73, 9. Wechsel zwischen B. und Gebrauch 41, 19 (B. = Theorie ∧ Praxis)

Bewusstsein. B. der Menschheit 52, 9. Das Gewissen ist B. der Menschheit 26, 19 ff. Offenbarung des B.s der Mensch- 28, 1. B. der allgemeinen Menschheit ∧ Einzelheit des sinnlichen thierischen Lebens 29, 22. Ununterbrochenes B. der ganzen Menschheit 28, 14. Gefühl im Innern des B.s (C: Gemüths) 37, 12. B. prägnant für B. der Eigentümlichkeit 32, 1. B. ‖ Erfahrung 68, 10. Lautes B. soll das Urtheil des innern Handelns sein 78, 7 vgl. 65, 28. B. der innern Freiheit und ihres Handelns 94, 30. B. der Freiheit ‖ Ruhe des klaren Sinnes 68, 15. B. des innern Werthes 42, 5. B. meiner ganzen Natur 69, 16. Das B. der grossen Gedanken, die aus sich selbst der Geist erzeugt, hängt nicht ab vom Körper 86, 25

Auch Leiden rufen grosse Gedanken zur Anwendung ins
B. 87, 7.   Die eigne Welt
mit B. bilden 74, 20.   Glauben
an Wille und B. 71, 8.   Nie
aus dem B. verlieren, was man
unterbricht 70, 3.   Wahrheit des B.s 77, 16.   Die
Wahrheit meines B.s wird bestätigt in dem Bilden meiner
Eigenthümlichkeit durch gleichförmiges Handeln 72, 27

Niedere Beschränkung des
eigenen B.s bei gemeinen
Seelen 71, 6.   Verbindung zu
erhöhtem B. ‖ Liebe 53, 6. Altes
eignes (BC enges persönliches)
B. ⋀ Staat 58, 19.   B., ein
Theil des Staates zu sein 58, 16

bilden. Sich b. ⋀ darstellen.
Fürs höhere Leben sind wir doch
g e b i l d e t, auch wenn die
äussere D a r s t e l l u n g der Welt
entgeht 77, 3.   In sich b. ⋀
äusserlich darstellen BC (A:
b und darstellen ⋀ abbilden)
33, 10.   Wissenschaft b. ‖
sich selbst b. 39, 10.   Sich
selbst b. (C: in sich hinein-
wirken) ⋀ bleibend Werk hervorbringen 37, 3.   Liebender
durch jedes B. a n m i r s e l b s t
‖ lebendiger durch jedes Handeln 90, 22

b. ‖ gestalten 77, 34.   Das
Gemüth bereiten und b. 79, 3.
Der Geist b.t (‖ entwickelt)
sich 80, 17.   Sich eigen b.
46, 13. 15.   Wieviel meine
Sinne ergriffen hat, das wird
auch in mir eigen gebildet sein
(‖ meinen Stempel tragen) 42, 2.
Edle Naturen b. die Menschheit
in sich 73, 25.   Der Gebildete
(‖ der Eigene) verbindet viele
Weltsysteme 46, 20.   Sich zu
einem bestimmten Wesen b.
37, 16.   Sich selbst b. durch

offenen Sinn 38, 30.   Das
Schauen ist Quelle alles B.s :
das B. und Dichten (vgl. 21, 21)
sei ein Zurückschauen in sich
selbst 23, 3. Meine Eigenthümlichkeit äussernd b. ‖ meine
Freiheit finden 70, 25.   Mein
Wesen, in seiner Eigenthümlichkeit gebildet 72, 23.   Un-
gebildete = gemeine Natur
70, 32

Zum Handeln, B., Äußern
meines Wesens bringt die Zeit
mir Stoff 70, 17.   Ungebildet
liegt in mir, was noch der
Klarheit mangelt 43, 4.   Innres Handeln begleitet das B.
der Fantasie 78, 6.   Ungebildet (‖ unbestimmt) bleibt
der Mensch ohne Fantasie
77, 11.   Sich alle möglichen
Gestalten des in der Ehe
Schicklichen ausb. 76, 17.   Das
angeschaute Fremde hat den
Geist gebildet wenn innres
Handeln stattfand 78, 8

Selbst werdend Welt b. 19, 16.
23. Kraft seines Willens ist
die Welt da für den Geist,
und höchste Freiheit ist die
Thätigkeit, die sich in seinem
wechselnden sie b.enden Handeln ausdrückt BC 23, 22.
Ich habe mir die eigene Welt
gebildet 74, 21.   Die Sprache
ist zum Eigenthum zu b. 65, 7.
Die Sprache soll des Geistes
innerste Gedanken abb. 64, 26.

Werke b. 45, 12.   B. schöner
Werke ‖ Darstellung d. Menschheit 55, 24.   Trieb, kunstreiche Werke zu b. ⋀ Sinn, das
innere Wesen der Menschheit
zu ergreifen 55, 15.   B.ende
Natur = künstlerische, produktive Individualität 35, 4.   Den
Leib der Menschheit b., alles
in Organe verwandeln, alle

sein Theile mit der Gegenwart des Geistes zeichnen und beleben 16, 11

Bildung. Innere B. $\wedge$ äußre Darstellung. In der Vollendung geht eins ins andere über, denn dann nähert sich jede individuelle Natur ihrem Gegensatz 82, 21. Das innere Werk der B. 42, 10. B. ‖ Leben $\wedge$ Barbarei 60, 10. B. ‖ Selbstständigkeit 43, 15. B ‖ Vollkommenheit 91, 11. B. ‖ Erhöhung des innern Lebens 76, 2. Reich der B. und (=) der Sittlichkeit 61, 5. Gebiet der Sittlichkeit und B. 69, 8. Sittlichkeit und (=) B. 59, 34.

Eigene B. ‖ (=) inneres Leben 59, 26. Vgl. Im Leben eines jeden giebt es einen Silberblick, wo er „auf den höchsten Gipfel desjenigen gestellt wird, w a s er sein kann" R¹ 94. Von eigener B. wissen ‖ das Innere der Menschheit in sich anschaun 65, 31. Eigene B. suchen ‖ die toten Formeln hassen ‖ in schöner Sitte leben ‖ der künftigen Welt gehören 66, 7. B.en (= Individualitäten) 32, 15

Keime der e i g e n e n B. auf dem g e m e i n s c h a f t l i c h e n Boden 49, 14. Stoff der inneren B. ist jede äussere Gestalt 69, 27. Wachsend bestimmt sich genauer meine G e - s t a l t, indem ich mir bei jeder That von dem gemeinschaftlichen Nahrungsstoffe der Menheit etwas aneigne 85, 21. Innere B. = meines Wesens Wachsthum 69, 27. B. neuer Organe ‖ Wachsthum der Gestalt 92, 4. Ist die B. ein Verbrennungsgeschäft? 90, 31. Fortrücken in der eignen B. 45, 11

Nichts kann der eignen B. Wachstum hindern 71, 10. Die B. des Geistes nicht eingeschränkt in das dürftige Mass des äussern Lebens 78, 19. Das Schicksal vermag nicht, meine B. zu beschränken 76, 3. Das Schicksal kann mir die Mittel der B. nicht weigern 73, 31

Gleichgewicht zwischen Selbstbildung und Thätigkeit des Sinnes 41, 23

Keine B. ohne Liebe, und ohne eigene B. keine Vollendung in der Liebe 38, 22. Gegenseitige B. durch Liebe 53, 6

B. der Erde für die Menschen $\wedge$ Herrschaft der Natur 60, 15

D

darstellen $\wedge$ sich bilden (s. d.). Sich d. ‖ sich selbst bilden 37, 4. Die Menschheit in sich bestimmen und sie so d. 19, 15 vgl. 29, 28. Des Geistes eigenes Wesen durch die Sprache d. 66, 5

Darstellung $\wedge$ innere Bildung (s. d.). Das nach aussen gerichtete Handeln ist ein Werkebilden (= D.), das nach innen gerichtete ein Sich - bilden ($\wedge$ D.), aber als vollzogenes ist auch dies = eine äussere D. des höhern Daseins 77, 3. D. der Menschheit ‖ Bilden schöner Werke 55, 24. Äussere D. des Handelns bürgt für des Bewusstseins Wahrheit 77, 16

Dasein. Des D.s (‖ der Freiheit ‖ des Willens) Bedingung ist die erste (BC: ursprüngliche) That der Freiheit selbst 69, 4. Höheres D. (C: Eigenthümlichkeit des Einzelwesens) $\wedge$ die nur im rohen Element dargestellte Menschheit 30, 2. Erhöhtes Gefühl des eigenen D.s 42, 6 vgl. 77, 2

Denken. D. $\wedge$ Wollen (Die Welt eines Menschen umfasst das Ganze seines Wollens und D.s) 61, 10.   D. $\wedge$ thun 20, 23; 36, 17.   Das Denken zerstört (im äussern Wirken) Empfindung 21, 3 vgl. 53, 5.   D. $\wedge$ fühlen 63, 8.   D. (C: Betrachtung) ‖ Leben 22, 17. Inneres D. ‖ Anschaun ‖ Aneignen des Fremden 36, 20. Das innerste D. $\wedge$ äusseres Handeln 22, 28.   D. meines Geistes ‖ lautes Spiel meiner Gefühle 8, 2

E

Ehe. Bund mit der geliebten Seele 79, 5.   Heiligste Verbindung (‖ Freundschaft, Liebe) 74, 35.   Der E. heiligstes Gebiet 76, 16.   E. (‖ Freundschaft ‖ Vaterland) als Bündnis zur Beschränkung des Anderen statt zur eigenen Bildung 59, 25

Ehrfurcht vor dem Höchsten (= Religion) geht aus den (sittlichen) Gefühlen hervor 66, 14 vgl. 16, 2

eigen. E. ‖ (=) bestimmt 19, 22; 37, 16; 78, 16.   e. ‖ frei 19, 17. Das E.e $\wedge$ das Fremde 75, 11; 78, 9.   Das E.e (‖ Schranken der Natur) ist erkennbar in der Verneinung des Allgemeinen (C: des unbestimmt Gemeinsamen) 32, 7.   Das E.e $\wedge$ des Menschliche 31, 5.   e.e Gestalt $\wedge$ Einförmigkeit 58, 6.   Jeder Mensch stellt auf e.e Art die Menschheit dar 30, 14. Geistige e.e Gestalt $\wedge$ gleichförmige Masse der Menschheit B 36, 7 vgl. 38, 11. Sich e. bilden 46, 13. 15. Wer sich e. bildet, vereinigt in sich auf e.e Art verschiedene Elemente der Menschheit 46, 16. Wieviel meine Sinne ergriffen

hat, das wird in mir e. gebildet und in mein Wesen übergegangen sein 42, 2.   e.e Bildung (45, 11) suchen 66, 7.   Sie beruht auf Sinn und Liebe 38, 29 vgl. 38, 3.   Von e.er Bildung wissen = das Innere der Menschheit in sich anschaun 65, 31.   e.e Bildung ‖ inneres Leben 59, 26.   e.e Bildung ‖ Liebe 38, 22.   Der e.en Bildung Wachstum 71, 10.   Keime der e.en Bildung 49, 14.   Höherer Grad e.er Bildung 90, 19

Die Kinder gehen als e.e Wesen aus der Liebe Schoss hervor 57, 22.   e.es Wesen ($\wedge$ Gemeinschaft C 31, 21) = bestimmtes Wesen 37, 16.   Das e.e Wesen wird bestimmt durch Geben und Empfangen 36, 7, vollendet durch Thun und Denken 36, 17.   Das E.e ist erkennbar in den Schranken der Natur 32, 7.   e.e Natur 42, 12.   Der e.e Charakter meines Wesens 42, 20.   Grundriss des e.en Wesens 57, 19. In sein e.es Wesen dringen $\wedge$ auf Einzelnes und Äusseres sehen 67, 18.   e.es Wesen $\wedge$ äussere Persönlichkeit 31, 22

Bei jeder That e i g n e ich mir etwas an von dem gemeinschaftlichen Nahrungsstoffe der Menschheit 85, 19.   Leid und Freude offenbaren mir jedes auf e.e Weise meines Wesens Verhältnisse 72, 32.   Das e.e Wesen gebildet durch inneres Handeln 78, 16.   e.e Bildung $\wedge$ Thätigkeit des Künstlers 34, 14.   e.stes, innerstes H. des Geistes 87, 5.   Das Fremde wird E.es durch das innere Handeln der Fantasie 78, 9.   e.es Handeln = die Menschheit in mir bestimmen

19, 17.   Zu e. gemacht wird etwas durch e.e Ansicht 73, 4. 6. Im e.en Wesen greift alles ineinander, ein wahres Ganzes zu bilden 37, 9. Thätigkeiten, die in mein e.es Wesen noch nicht gehören 73, 18. Loos dessen, der nur durch Empfangen (Sinn) ein e.es Wesen werden wollte 38, 9. Jedes e.e Wesen muss der Welt Frucht darbieten als ein Geschenk, damit die fremde Natur es mit sich vereinige 91, 18. Des Geistes e.es Wesen in der Sprache darstellen 66,5. Abdruck des e.en Wesens im freien Urteil 78, 16

Jedes e.e Wesen Gegenstand der Liebe 44, 25. Jeder Hausstand sollte der Leib einer e.en Seele sein, e.e Gestalt und Züge haben 58,5. Schönste Verwirrung des E.en und Fremden in der Erziehung 75, 11. E.er Charakter jedes Staates 58, 23. Altes e.es Bewusstsein (BC ändern den ungenauen Ausdruck um in: enges persönliches Bewusstsein!) $\wedge$ das neue selbst geschaffene Dasein des Staates 58, 19. E.e Welt 74, 21. Der E.e (|| der Gebildete) gehört mehr als einer Welt an A 46, 19. Das E.e unausgesetzt betrachten 31, 5. Geheimste Betrachtung des e.en Handelns 64, 29. E.es Bewusstsein || Wille 71, 6. Gefühl des e.en Lebens 42, 6. In jeder Frucht, die der e. Gebildete der Welt darbietet, liege verborgen ein befruchteter Keim, der sich einst entwickelt zu e.em neuen Leben 91, 32

Eigenheit = eigne Mischung der Elemente der Menschheit 30,15. E. || Freiheit $\wedge$ Pflicht 29, 24. Vorhof der E. (BC: Sittlichkeit)

34, 5.   Meine Ausdehnung und meine Schranken haben einen gemeinschaftlichen Grund 31, 13. Bewusstsein der E. muss verbunden sein mit dem Anschaun der Menschheit 38, 1. Sich seiner E. im Handeln bewusst sein 37, 21. Von seiner E. opfern 57, 7

Eigenthum. Die Zukunft mein freies E. 68, 17. Deine Liebe ist dein E., wer kann sie fordern? 94, 7. Die Sprache zum E. bilden 65, 8

eigenthümlich. E.es Dasein entsteht, wenn freie That die Elemente der menschlichen Natur um sich sammelt und verbindet. Diese That ist bewusst, denn sie begleitet den Gedanken der Eigenthümlichkeit (A, etwas anders BC) 31, 3. Vgl: Individualität ist das, was meine Stelle im Universum (R^2 in der Welt) bestimmt und mich zu dem Wesen macht, welches ich bin. R^1 5. E.es Wesen $\wedge$ Element 29, 18. Vgl: In der Natur ist alle Verschiedenheit nur scheinbar und relativ, alle Individualität nur ein leerer Name. Die Begriffe Individualität, Einheit, Liebe, Widerstreben stammen vielmehr ursprünglich aus dem Gemüth. Erst durch sie wird die Natur für uns im eigentlichen Sinne Anschauung der Welt R^1 86 f. E. (C) = eigen (A) 19, 22. Stelle dar dein E.es! 23, 14. E.es Gebiet des Menschen 50, 24. Das e.e Sein und sein Verhältniss zur Menschheit sind Gegenstand der Liebe 45, 14. Die Vollendung des e.en Daseins ist Blüthe, nicht Frucht 91, 16

Eigenthümlichkeit. Der Begriff

der E. wird von Schl. selbst als Kern der M. bezeichnet Briefe 4, 59: Ich bitte Dich nicht sowohl auf das zu sehen, was (in den M.) darin steht, als vielmehr auf das blanc de l'ouvrage, auf die Voraussetzungen, von denen dabei ausgegangen wird ... Das principium individui ist das Mystischste im Gebiet der Philosophie, und wo sich Alles so unmittelbar daran anknüpft, hat das Ganze allerdings ein mystisches Ansehen bekommen müssen. E. $\wedge$ Gemeinbesitz der Menschheit 31, 18. E. des Einzelwesens (AB: höheres Dasein) $\wedge$ die nur als rohe Masse (AB: rohes Element) erscheinenden Bestandtheile der Menschheit C 29, 28. Anlage zur E., wo Sinn und Liebe da sind 44, 23. Meine E. äussernd bilden = meine Freiheit finden 70, 25. Sein Wesen in seiner E. bilden 72, 23. Seine E. erhalten durch gleichförmiges Handeln nach allen Seiten 72, 24. Gewand der innern E. ist die Sitte 64, 10. Bewusstsein der E. spät erreichbar 31, 18. Wer am Ziel der Vollendung seiner E. angelangt ist, dem ist der Tod nothwendig 82, 2

Einförmigkeit, $\wedge$ eigne Gestalt und Züge, ist das Grab der Freiheit 58, 6 (nicht zu verwechseln mit Gleichförmigkeit, das oft = Harmonie steht; aber vgl. 38, 12. 15)

Einheit. Ewige Einheit aller Verrichtungen des Geistes 72, 11. E. meines Wesens ‖ innerer Friede 78, 31 vgl. 33, 8

einzeln. E. ‖ endlich 20, 24. E.es ‖ Äusseres 67, 18. Das E.e ‖ das Wirkliche aus dem engen Kreise, den des Körpers Gegenwart umfasst 86, 19. Eine e.e That wollen $\wedge$ im Bewusstsein seiner ganzen Natur leben 69, 10. 16. Die Eigenheit (C: Selbstheit) wird als etwas E.es durch Entgegensetzung erkannt 38, 2. Die Gewalt e.er Gefühle (Kummer oder Freude) besiegen 88, 25. Jedes E.e nur im Ganzen erblicken und im E.en das Ganze 70, 1

Empfindung. Kranz unserer E.en $\wedge$ Gebäude unserer Werke 9, 20. E. = Gefühl 44, 12; 67, 20. E. und Gedanke erzeugen die Wirklichkeit 67, 11. Das Denken zerstört E. 21, 3. E. $\wedge$ Denken 53, 5. E. $\wedge$ Gedanken 35, 12. E. $\wedge$ Vorstellung 10, 9. Wer von der E. des Augenblicks, (=) von einzelnen Gefühlen geleitet wird, ist vom Schicksal abhängig 67, 20. Gemeine E. = gemeine Gefühle (nie hat mir Wohlthat Freundschaft abgelockt, nie Schönheit Liebe) 44, 12

endlich. E. ‖ (=) einzeln 20, 24. Das E.e aufgehoben in der Selbstanschauung 21, 8

entwickeln. Der Geist e.t (‖ bildet) sich 80, 17. Entwicklungen des menschlichen Geschlechts 73, 17, des Willens 69, 18.

Erfahrung. E. ‖ Bewusstsein 68, 10. Reife E. ‖ besonnene Weisheit 88, 18. E. und Weisheit, nie vollendete Tugenden 89, 9. Werden der Weisheit und der E. = Leben der Jugend 89, 4. Je beweglicher die Fantasie, desto schneller wächst die E. 89, 6

Erinnerung. Brennpunkt der E. 12, 19. E. (= Bilder von den Bildern der Welt) gehört zum Körper 86, 4

erkennen. Unendlich ist, was ich e. und besitzen will 89, 25. Mich e. || mich anschauen, 18, 12. Die Freunde haben mich erkannt || sie schauen den Geist 80, 14

Erkenntniss. E. mittheilen $\wedge$ Gefühle mit leiden 57, 1. Genuss und E. Ziel des sinnlichen Lebens 11, 22.

erlösen. Die Geliebte e. vom fremden Gesetz, das sie mir weigert 75, 21

Erscheinung. E. $\wedge$ Idee 3, 32. E. $\wedge$ Gesetz 9, 4. Äussere E. der Zeit $\wedge$ Thätigkeit des Geistes in der Tiefe des Ichs 13, 23. Der Sinnliche fasst das Ich als einen Inbegriff von flüchtigen E.en 20, 25

Erziehung 75, 6 ff. Welt und Menschheit in ihrem ganzen Umfang zu erblicken, ist Ziel der E. 59, 30. Freier Spielraum des jungen Geistes in der E. 59, 28. Der E. Sklaverei 40, 7. Die falsche Maske, der langen frevelnden E. mühsames Werk 71, 18

ethisch. E.e Selbstbetrachtung $\wedge$ religiöse 4, 26

ewig. E. == unendlich 11, 4. E. befreit von den Schranken der Zeit 24, 18. Unmittelbare Beziehungen zum E.en und Unendlichen 11, 4. Aus der Berührung des E.en und des Vergänglichen entspringt das Leben 14, 25. E.es Leben == Unsterblichkeit 24, 1. E.es Leben beginnt in steter Selbstbetrachtung 24, 22. E.e Jugend und Freude 94, 31 vgl. 87, 25

Ewigkeit. Einen Punkt als E. behandeln 11, 19. Jeder Lebensmoment ein Element der E. 15, 8. Das Schauen des Geistes ist E. 24, 20. (E. ist für Schl. keine anfangslose und endlose Dauer, vgl. vielmehr die Definition der ewigen Substanz Spinoza, Ethik I Def. 8 vgl. V Lehrs. 29 E.)

F

Fantasie. Inneres Spiel der F. 77, 30. Lebendige F. || starker Glaube 61, 20. F. || Wille, 87, 13. (F. ist die active Seite des Gefühls, vgl. Schl.s Ästhetik 65—74. 98. Psychologie 245. Dialektik 152. Ethik Ph. B. Bd. 137 S. 313, Schweizer S. 245. Sie ist das höchste und ursprünglichete im Menschen, „und ausser ihr alles nur Reflexion über sie“. F. erschafft Welt und Gott. R¹ 129.) Blöde F. haftet nur an dem Wirklichen 56, 19. F. bildet den Kummer 12, 30. F. auf's Schöne gerichtet 84, 2. F. ersetzt mir, was der Wirklichkeit gebricht 77, 30. Inneres Handeln begleitet das Bilden der F. 78, 6. F. versetzt sich auf eigene Weise in fremde Zeitalter und Völker 73, 15. F. stellt allein den Geist in's freie 77, 6. F. trägt in's Paradies 76, 12. F. giebt die Ahndung der besseren Zukunft 60, 8. In sich gekehrt kränkelt die F. 55, 10. F. gebändigt vom Urtheil 35, 3. Je beweglicher die F., desto schneller wächst die Erfahrung 89, 4. F. (|| Vernunft, Stärke) des Staates 58, 17

Formel. Die toten F.n hassen || in schöner Sitte leben || die eigene Bildung suchen || der künftigen Welt gehören 66, 7

vgl. 60, 2.   Gemeines Urtheil rechnet nach leeren F.n 78, 2

frei. F. ‖ (=) eigen 19, 17.   F. von den Gesetzen der Zeit = unsterblich 11, 8.   F.e Wahl (A) = BC: innere Bestimmtheit 32, 12.   F.e That legt den Grund zu allem individuellen Handeln 31, 8.   F.e That begleitet den Gedanken der Eigenthümlichkeit und erschafft durch Sammlung und Verbindung der Elemente der menschlichen Natur die Individualität 31, 2.   F.es Handeln ‖ Leben ∧ Recht, Formel, Regel und Gewohnheit 60, 2

Ein f.es Wesen ist das sich selbst betrachtende Ich 7, 5. Kein f.es Wesen ist, wer nicht sich selbst fasst 68, 6. Fantasie stellt allein den Geist ins F.e 77, 6.   Das innere Leben ist f.e That des Geistes 19, 12. Das Ich beseelt f. den rohen Stoff 19, 9.   F. ist (C: f. steht vor mir) das wahre Wesen des Menschen (= sein innerstes Handeln) 15, 3.   F. und fröhlich bewegt sich mein inneres Leben 94, 20.   F.e Liebe und Lust 94, 4

Mein Thun ist f., nicht so mein Wirken in der Welt (+ C: der Geister), das folgt ewigen Gesetzen 17, 9.   Alles, was du der Welt giebst, ist deine f.e Gabe 94, 2.   Mein f.es Handeln hilft die Menschheit fortbewegen 66, 17. Innere Liebe des Geistes erzeugt als f.e That wahre Frucht 92, 6. Aus f.em Willen setzt die Blüthe des Lebens Frucht an 91, 29. Im f.en Geist darf nicht etwas dem andern dienen, nichts darf Mittel fürs andere sein 93, 28. Das Haus soll als f.e That sein

Dasein bekunden 57, 26.   F.er Spielraum des jungen Geistes in der Erziehung 59, 29.   In der Erziehung übt die höchste Kraft gegen f.e Wesen Freiheit 75, 7.   F. in der Freundschaft 56, 27.   Das f.e Bündniss der Verschworenen für die bessere Zeit 62, 9.   Die Zukunft mein f.es Eigenthum 68, 17

Freiheit.   Das Gefühl der F. ruht auf dem Bewusstsein des Gegensatzes zwischen Welt und Mensch 44, 6.   F. in uns, ∧ Nothwendigkeit ausser uns 17, 12.   (Auch späterhin hat Schl. niemals die F. als Exemption vom Causalitätsgesetz verstanden. „Alles im Gebiete des Seins ist ebenso frei als nothwendig; es ist frei, sofern es eine für sich selbst gesetzte Identität von Einheit und Kraft und Vielheit der Erscheinungen ist; es ist nothwendig, insofern es, in das System des Zusammenseins verflochten, als eine Succession von Zuständen erscheint".)   Das Licht der F. scheint dem nicht, der nur auf Einzelnes und Aeusseres sieht 67, 26.   F. nur für Wissende 15, 11.   F. scheint dem Sinnlichen nur ein Schleier über die unbegriffne Nothwendigkeit zu sein 20, 20 vgl. 70, 27. An F. glauben 75, 9.   F. löste die dunklen Zweifel durch die That 28, 5.   Auferstehung der F. 75, 4.   F. = Licht der Gottheit 18, 9.   F. ‖ Unendlichkeit 15, 11.   Auf dem heiligen Boden der F. fühle ich mich, wenn ich das innerste Wesen des Menschen betrachte 15, 4.   Gefühl der F. 30, 3; 44, 6; 70, 27.   Bewusstsein der F. ‖ Ruhe des klaren Sinnes 68, 15.   F. ‖ Selbstbewusstsein ‖ Vernunft (in mir) 71, 14

F. von der Körperwelt: Der Leib ist nur, weil und wann der Geist ihn braucht. Ebenso verhält sich die Körperwelt zur Menschheit. Demnach können Leib und Körperwelt nie über Geist und Menschheit herrschen. Geist und Menschheit sind also frei. Das Wirken des Ich ist nun aber nothwendig durch die Menschheit beschränkt. Die Gemeinschaft der Geister in der Menschheit nennt Schl. prägnant Welt. Welt ist also streng zu unterscheiden von Aussenwelt, Körperwelt (s. d). Nur in der Welt, in der Gemeinschaft der Geister, in dem All der Geister, „nur hier ist der Nothwendigkeit Gebiet‘‘, nicht in der Körperwelt. Die „hohe Harmonie der Freiheit‘‘, der Zusammenstoss von Freiheit und Freiheit, erzeugt das Geschehen in der Welt. Dies geistige Weltgeschehen trägt das Zeichen der Beschränkung. So ist Nothwendigkeit „der bestimmte Ton vom schönen Zusammenstoss der Freiheit, der ihr Dasein verkündet‘‘; F. ist aber in allem das ursprüngliche, das erste und innerste 18, 4.   F. = schöpferisches Wesen des Geistes 18, 9.   Der Geist giebt sich durch F. die Thätigkeit, die, immer ein und dieselbe, sein wechselndes Handeln hervorbringt (A). Kraft seines Willens ist die Welt da für den Geist, und höchste F. ist die Thätigkeit, die sich in seinem wechselnden sie bilden-

den Handeln ausdrückt (BC) 23, 23

Wo ist F. zu suchen? 20, 11. F. nur der wahren Selbstbetrachtung zugänglich 13, 29. Einförmigkeit das Grab der F. und des wahren Lebens 58, 6.   Von der F. erwählte Natur ∧ Pflicht 29, 26.   Der F. in mir ursprüngliche That ‖ ihre Vermählung mit meiner Natur ‖ der erste Wille, durch den ich bin, der ich bin (BC) 68, 25.   Der F., des Willens, Bedingung und Wesen ist ihre Beschränkung durch ihre erste (BC: ursprüngliche) That 69, 5. Vgl. Beschränkung meiner Natur durch meiner F. erste That, als ich bestimmte, wer ich werden wollte 68, 26.   (In A handelt das Ich, in BC handelt die Freiheit!)   S. Beschränkung

Grenzen meiner Willkühr durch F. (‖ Welt ‖ Natur) 75, 25. Die ‚F. aller‘ ist das Subject des sittlichen Weltprocesses 18, 26.   Aus der Gemeinschaft der F. entspringt der Wechsel des Menschlichen 70, 13. Der auf's Ganze bezogene Wille, wendet alles, was das Geschick bringt, zu seinen Zwecken mit F. an 70, 7.   Meine F. finden ‖ meine Eigenthümlichkeit bilden, sie äussernd am Stoffe, der aus dem gemeinschaftlichen Handeln hervorgeht 70, 24. Mit F. behandeln, was geschieht 44, 2.   Der F. Werk und meines ist der Wechsel des Menschlichen (‖ Schicksal) 70, 10

Trotz der F. = Verschmähung der Macht der Welt 75, 14. Genuss der jugendlichen F. 71, 16.   F. keimt in der Jugend

45, 2. Der Sinn bewahrt sich F. dadurch, dass er zunächst gegen alles Neue, das sich ihm aufdrängt, streitet 40, 6. Der inneren F. und ihrem Handeln entspriesst ewige Jugend 94, 31. Ungestörte F. ‖ ewige Jugend 93, 7. F. veredelt und gestaltet recht die zarten Geheimnisse der Menschheit 71, 27. Athmete alles in heil'ger F. 49, 16. Der F. reinste That sind Liebe und Freundschaft, wenn sie auf das eigne Sein des Menschen allein gerichtet sind 44, 14. Mit F. seinen geistigen Vorrath bieten 55, 21. Gegen freie Wesen F. üben (in der Erziehung) 75, 9. Gern geb ich falscher Liebe die F. wieder 80, 10. Vgl. baare F. 57, 33. Der Nothwendigkeit des Todes mich näher bringen, sei der F. Werk 82, 8

Freude. Gleichgiltigkeit von Schmerz und F. 19, 10. Vgl. Genuss

Freund. Der F.e Liebe, die einzige theure Habe 79, 8 vgl. 38, 30 C

Freundschaft 45, 23 ff. F. = eine schöne Folge von Accorden mit gemeinschaftlichem Grundton 81, 21. F., Liebe, Ehe 74, 32. F. (‖ Ehe ‖ Vaterland) als Bündniss zur Beschränkung des Andern statt zur eignen Bildung 59, 24. Dauer der F. 79, 11

fühlen. F. ⋀ denken 63, 9 vgl. Gefühl. Sich frei f. 69, 6

G

Gedanke. Gefühle und G.n = sinnliches Leben 11, 11. G.n ⋀ Empfindung 35, 12; 67, 11. G. ⋀ Sinn 35, 6. G.n gehn unter dem Denken verloren

13. 3. Die Körperwelt steht unter den Befehlen des G.ns 50, 14. Nach fremden G.n den Geist beschränken 59, 31

Gefühl. G = Empfindung 44, 16; 67, 18. (G. und Empfindung sind bei Schl. meist synonym, doch unterscheidet er 1) einzelne Empfindungen, beruhend auf den einzelnen, sinnlichen Affectionen, 2) sittliche und ästhetische G.e, 3) G. der Einheit mit dem Universum. Auch die Dialektik braucht für die niedere Stufe: Empfindung, für die höhere: G.) G. im Innern des Bewusstseins 37, 12. (Alle unbewussten Zustände sind auch später bei Schl. vom G. ausgeschlossen. G. ist keine vom Denken geschiedene geistige Bewegung, oder gar ein eigenes Vermögen oder Organ des Geistes. Glaubenslehre I, 3, 2. Psychologie 164. Ästhetik 68 ff.) G.e und Gedanken = sinnliches Leben 11, 11. Vorstellung und G. hat auch das Thier ⋀ Selbstbewusstsein 27, 1. Ein G. begleitet den Entschluss, ein Begriff geht ihm voran 26, 4. Spiel meiner G.e ⋀ Denken meines Geistes 8, 4. Erkenntniss mittheilen ⋀ G.e mitleiden 57, 2. G.e ⋀ Bilder 17, 25 Wer von einzelnen G.en (= von der Empfindung des Augenblicks) geleitet wird, ist vom Schicksal abhängig 67, 18. Auch das höchste G. des sinnlichen Lebens darf nicht des Menschen höchstes Gut sein 52. 3. Gemeine G.e = gemeine Empfindung (Freundschaft wegen Wohlthat, Liebe wegen Schönheit etc.) 44, 16. Die Liebe ein heiliges G. 38, 16. G. des gemeinsam erhöhten

Lebens 51, 12. Besiegen einzelner G.e (Kummer und Freude) Gewalt 88, 25. G. des Unbekannten 39, 27. Aufforderungen des G.s 9, 8. Die G.e, die aus der Körperwelt scheinbar hervorgehen, sind (BC: es ist in ihnen) mein freies Thun 16, 16. (Das G. ist nach der späteren Darstellung zwar im Vergleich zum aktiven objectiven Bewusstsein reine Passivität, reines Insichbleiben des Subjects, dennoch wird es auch hier, sofern es reines G., unmittelbarer Vollzug des innern Lebens ist, als höchste Activität, höchste Form der Thätigkeit, freieste innere Thätigkeit betrachtet; und das obschon es überall in der Form der Abhängigkeit verläuft.) G. der Freiheit 20, 12; 44, 7; 70, 27

Es giebt etwas Höheres als das G. der Freiheit: den Gedanken des eignen höhern Daseins (der individuellen Bestimmtheit vgl. 23, 12) 30, 3. Erhöhtes G. des eignen Lebens 42, 5

Aus der stillen Allmacht der mit dem Suchen eigner Bildung und mit der Selbstbetrachtung verbundenen Gefühle geht die Ehrfurcht vor dem Höchsten (die Religion) hervor 60, 11. Auch in den (religiösen) G.en, in denen die Gemeinschaft des grossen Ganzen empfunden wird, ist freies Thun (BC) 16, 15

Gegensatz im Thun der Menschen, beruhend auf ihrer Natur (33, 10 ff.), ist zweifach: 1) Wo die attractive, receptive Thätigkeit überwiegt („vorzugsweise‘ BC 34, 1): Selbstbildung 35, 10 ff. 2) Wo die extensive, produktive Thätigkeit über-

wiegt: künstlerisches Bilden des Stoffes zum Symbol der Menschheit. Die erstere heisst auch die aneignende, die zweite (trotz „Selbstbildung“) kurz die bildende — später: 1) symbolisierende $\wedge$ 2) organisierende — Thätigkeit. Der organisierte, gebildete Stoff wird Symbol (34, 17), der angeeignete, symbolisierte Stoff Organ der Menschheit 37, 15; 16, 11. Wie Schl. hier die Gegensätze im Thun der Menschen beschreibt, so hat er sie R¹ 5 f. im Dasein überhaupt entdeckt: „Ihr wisst, dass die Gottheit durch ein unabänderliches Gesetz sich selbst genöthigt hat, ihr grosses Werk bis ins Unendliche hin zu entzweien, jedes bestimmte Dasein nur aus zwei entgegengesetzten Kräften (R² Thätigkeiten) zusammenzuschmelzen, und jeden ihrer ewigen Gedanken in zwei einander feindseligen und doch nur durch einander bestehenden Zwillingsgestalten zur Wirklichkeit zu bringen“. So ist auch die Seele „nur ein Produkt zweier entgegengesetzter Triebe. Der eine ist das Bestreben, alles was sie umgiebt, an sich zu ziehen, in ihr eignes Leben zu verstricken, und wo möglich in ihr innertses Wesen ganz einzusaugen. Der andere ist die Sehnsucht, ihr eignes inneres Selbst von innen heraus immer weiter auszudehnen, alles damit zu durchdringen, allen davon mitzutheilen und selbst nie erschöpft zu werden“. „Die Vollkommenheit der intellectuellen Welt besteht darin, dass alle mögliche Verbindung dieser beiden Kräfte (d. h. der beiden „ursprünglichen Funktionen der geistigen Natur", der an sich ziehenden und der sich ausdehnenden) nicht nur wirklich in der Menschheit vorhanden seien, sondern auch ein allgemeines Band des Bewusstseins sie alle umschlinge, sodass jeder Einzelne, ohnerachtet er nichts anderes sein kann als was er sein muss (R^2 ist), dennoch jeden andern ebenso deutlich erkenne als sich selbst, und alle einzelne Darstellungen der Menschheit vollkommen begreife". Aus dem Verhältnis, in dem beide Thätigkeiten in einem Menschen stehn, ergiebt sich also seine Individualität. [DasjenigeIndividuum, in dem sie sich vollkommen harmonisch das Gleichgewicht halten, ist Urbild der Menschheit (Christus)]. Ebenso: 1) die bloss zeichnende und nachbildende Thätigkeit, welche den Dingen zu dienen scheint; 2) die herrschende, nach aussen wirkende R^1 72.   1) Innere Bildung $\wedge$ 2) äussere Darstellung 82, 21.   Sich rechnet Schl. zu den Individuen, bei denen die aufnehmende Thätigkeit überwiegt, und die sich so, ohne bleibend Werk hervorzubringen, selbst bilden 34, 10ff. 35, 5ff. 37, 1ff. s. Sinn. Liebe

Gegenwart.   Was ist G., als Gemeinschaft der Geister? 81, 2

Geist.   Des G.es Dasein ‖ eines Götterbildes Ursprung 65, 27. G. ist das erste und einzige A 15, 21.   G. = Innenwelt BC 15, 21.   Der G. erzeugt aus sich selbst die grossen heiligen

Gedanken (= die wahre Welt); sie hängen nicht vom Körper ab 86, 26. (Vgl. „Alle Erscheinungen sind nur wie die heiligen Wunder da, um die Betrachtung zu lenken auf den Geist, der sie spielend hervorbrachte" D 117.) Der G. erhält sich die Welt durch sein blosses Sein 23, 22. Des G.es Leben erschafft Welt und Zeit 22, 6 vgl. 15, 21ff. *(Schiele bemerkte hierzu:)* Schl. löst hier das Welträthsel ähnlich wie Spinoza so, dass Geist und Leib — Denken und Ausdehnung — im transscendenten Grunde identisch sind. Aber während bei Spinoza Denken und Ausdehnung ohne causale Beziehung auf einander gedacht werden müssen, verlegt Schl. jene Identität nur in den transscendenten unendlichen Grund und behauptet für's endliche Dasein die Realität der Gegensätze von Geist und Leib (Natur). Daraus ergiebt sich die Möglichkeit einer Causalität des Geistes auf die Natur, die Möglichkeit einer zunehmenden Herrschaft des Geistes über die Natur, die Möglichkeit einer „wirklichen Ethik" (Dilthey 324 vgl. Dialektik 75—77, 397.) Dass das Denken über das Ausgedehnte, der Geist über den Leib, die Menschheit über die Körperwelt herrschen solle, ist von Schl. gerade hier in den M. (und in der Anzeige vonFichte's Bestimmung des Menschen im Athenäum) deutlicher als später ausgesprochen worden. *Gegen obige Erklärung Schiele's und den Hinweis auf Spinoza hat Wehrung (a. a. O. S. 136)* *begründeten Widerspruch er-* *hoben:* Schleiermacher vertrat in der That, als er die 1. Auflage der Monologen schrieb (von der zweiten an ist S. 15 Z. 21 ff. verändert!), nicht die Metaphysik Spinoza's oder die spätere Identitätsphilosophie, sondern es wiegt der entschiedene Idealismus vor — mehr als dies Vorwiegen kann man nicht behaupten; vgl. Wehrung a. a. O. S. 79 ff. Dass Schleiermacher damals anders gestimmt war als später, hat auch Schiele betont.

G. $\wedge$ Leib 19, 7.   Ewige Einheit aller Verrichtungen des G.es 72, 11.   Auge des G.es darf nicht durch einzelne Gefühle (Freude oder Kummer) getrübt werden 88, 25.   Sind scharfe Sinne, deutliche Erinnerung, starke Lust das Leben des G.es? 86, 6.   Gemisshandelter G (G. ‖ Gefühl) 9, 9. G. hat kein bestimmtes Maass und Grösse 84, 30.   Bewohnt der G. die Faser des Fleisches? 85, 35.   Toller (C: trüber) Wahn, dass der G. abhänge vom Körper 30, 33.   Dem G. darf es nicht genügen, den Leib zu bewohnen und zu vergrössern (s. Besitz) 52, 4. Wirkung des G.es auf den Körper BC 50, 12

Vermählung des G.s mit dem Leibe (BC 15, 21. S. Körperwelt — Vgl.: „Sie wissen ja doch vom Leib und Geist und der Identität beider, und das ist doch das ganze Geheimniss". Lucindenbriefe. Desgl. R¹ 56 ff. 115 ff. 145 ff.) Aus der Begegnung von G. und Welt entsteht der Inhalt des Bewusstseins 17, 22 ff.

Der G. in sich selbst zurückgedrängt, verzehrt sich selbst 81, 33.   Der G. verzehrt sich, wenn ihm die geistige Welt keinen Beistand leistet 55, 11. Nahrung des G.es 55, 9; 57, 16. Macht des G.es, die rohe Masse zu bilden und zu beherrschen 18, 25. In der beherrschten Körperwelt offenbart sich überall des G.es Gegenwart 50, 15.   G. schwebt über der zeitlichen Welt 24, 20. Die Zeit nicht Maass des G.es 84, 12.   G. folgt keinen Zeitgesetzen 84, 16.   Den G. vermag der sinnliche Begriff nicht zu bannen 85, 15.   Die Kraft des G.es gewinnt den Kampf um die Paniere der Menschheit 64, 8

Der Geist im Anschaun seiner selbst 63, 12.   Inneres Wesen des G.es 12, 10.   Das innere Leben ist des G.es Werk und freie That 19, 12. (Vgl. Handeln des G.es)   Innere Liebe des G.es 92, 5.   Eignes Leben des G.es BC 52, 1.   Des G.es Auge auf das Ganze gerichtet 69, 28.   Das unermessliche Gebiet und Wesen des reinen G.es (= Universum) 21, 21

Die Sitte Merkmal von des G.es innerm Wesen 64, 25.   Die innersten Gedanken des G.es soll die Sprache abbilden 64, 27. Das G. gehört durch die Sprache der Welt an, schon ehe er s i c h findet 63, 14.   Was giebt es das den G. verzehrt? Verliert er durch Handeln von seinem Wesen? 85, 17.   G. nutzt sich durch die That nicht ab 84, 32. Leiden vermögen nicht den G. niederzudrücken, weil ihnen widerstehen auch sein Handeln ist 87, 4. 6.   Dem G. kam kein Übel sein, was sein Handeln nur ändert 87, 8. Doppeltes Handeln des G.es, das die Art der Jugend und des Alters verbindet 91, 10. Die Freunde schauen den G. || sie haben mich erkannt 80, 15. Gemeinschaft der G.er 17, 2; 19, 16; 56, 7; 60, 18; BC 52, 1. Der G., der die Menschheit beseelt 60, 13. Söhne des G.es ∧ Kinder der Welt 63, 30. Brüder im G.e 62, 20. Gegenwart ist Gemeinschaft der G.er 81, 2

geistig. G. ∧ sinnlich 31, 25

Gemeinschaft. G. || Beschränkung, ∧ Freiheit des Einzelnen 17, 11. Aus der G. der Freiheit entspringt der Wechsel des Menschlichen 70, 12 (vgl. Handeln). Äussere G. der Sinnenwelt 59, 10. In der G. der Sinnenwelt muss immer Beschränkung sein 59, 12. G. mit der Welt 53, 1. Geistige G. ∧ irdische 56, 22. Äussre G. ∧ G. der Geister BC 52, 1 Vgl. Geist

Eine höhere, mehr innige G. der Geister ahnden 56, 7. Wahre G. der Geister (Zukunft) ∧ Kinderjahre der Menschheit (Gegenwart) 60, 18. G. freier Geister = Welt 19, 16 vgl. 17, 2. Grosse G. der Menschen 77, 17. G. Ergänzung der eigenen Kraft 50, 26, G. der Geister ist Gegenwart der Freunde 81, 2. G. des Gedankenaustausches ist das Paradies 81, 12. Die Sprache als Mittel der G. 63, 12.

Der Bessere lebt in leichter G. mit dem Thun des jetzigen Geschlechts 73, 32. Die Gesellschaft eine dürftige G. BC 53, 10. Mangel an G. der Talente 55, 25. G. für geistigen Austausch in der Welt 54, 6. Erleichterung und Hülfe in der G. mit den Menschen 56, 4. G. der Menschen in der äussern Herrschaft über die Körperwelt 51, 7. Vgl. die spätre Definition: G. ist die Form der Vereinigung zur individuell - organisierenden Thätigkeit unter dem Gegensatze der Freundschaft Einzelner und der weiteren persönlichen Verbindungen.

gemeinschaftlich. Die Körperwelt ist der g.e Leib der Menschheit 16, 6. Bei jeder That eigne ich mir etwas an von dem g.en Nahrungsstoffe der Menschheit 85, 20. Was aus dem g.en Handeln hervorgeht ist Stoff für das Äussern meiner Eigenthümlichkeit 70, 21. G.er Wille in der Ehe 57, 24. Sinn für schönes g.es Dasein 71, 26.

Gemüth. G. || Vernunft 18, 22. Im G. findet die Selbstbetrachtung statt 7, 4. Ein weich G. 57, 12. Starkes G. 91, 1. Ein unkünstlerisch G. 36, 19 vgl. 36, 2. Das G. umflossen von leichtem Schein 79, 17. Das G. scheint wandelbar 79, 12. G. schmerzlich ergriffen 11, 16. Die Zeit bringt Bilder in's G. 17, 25. Im Innern des G.s (vgl. 94, 5) werden neue Eindrücke vorläufig niedergelegt 41, 11. 2. Die Aufforderungen zum Handeln wirken aufs G. 77, 25. Das G. bereiten und bilden 79, 3. Freier Raum im G. für Liebe und Freundschaft 44, 21. Gestalten des weiblichen G.es 76. 13. G. des Staates 58, 23

geniessen. Einbildung, dass die Menschen das Leben ungleich g. 51, 14. Maass des G.s ergiebt sich aus der Vergleichung von Beschränkung und Kraft 51, 18

Genuss. G. im Anschaun der
dargebotenen Selbstbetrachtung 7,7.   G. und Erkenntniss, Ziel des sinnlichen Lebens
11, 22.   G. und Sorge abge-
wogen 12, 15.   Gleiches Maass
von G. (A Leben) verbreitet sich
über Alle BC 51, 20

Gesetz. G. ∥ Pflicht, gleichförmig
Handeln und Gerechtigkeit ⋀
Liebe 38, 14.   Nach Einem
G. wird das gemeine Gut der
Menschheit verwaltet 38, 20.
G.e der Nothwendigkeit beherrschen die „Welt" 43, 29.
Äusseren Handelns G. 92, 9.
Lustig das fremde G. (vgl.
75, 21) verschmäht 93, 15.   G.
gebietet nur dem äusseren
Thun, aber beschränkt nicht
das innere Leben 93, 7.   Ewige
G.e beschränken das Wir-
ken in der geistigen Welt
17, 10.   Der Menschheit G.e
⋀ das individuelle Handeln
32, 13.   Das G. deiner Liebe
ist bloss in dir 94, 8.   Der
Geist folgt keinem Zeit-G.en
84, 16
    G. ∥ harmonischer Eindruck
aller Theile 34, 22.   Ewigste
G.e ⋀ flüchtigste Erscheinungen
9, 4.   G. der Schicklichkeit
in der Liebe 74, 35. 30

Gewissen = Bewusstsein der
Menschheit 26, 19.   Herabgewürdigt zum Zuchtmeister
26, 14.   Das G. als strafen-
des, mahnendes Gefühl, ist im
vollendeten Bewusstsein der
Menschheit aufgehoben 28, 7

Glaube. Der G. an Freiheit ist
lebendig durch die That 71, 12.
Starker G. ∥ lebendige Fantasie
61, 20.   G. an eine bessere Zukunft 50, 4

glauben. An Freiheit g. 75, 9

Gleichmuth ist der Grundton zu
der Harmonie von Schl.'s indi-
viduellem Wesen 41, 7

glücklich. Was kümmert mich
g. sein? 73, 3. Vgl. im Aufsatz über das höchste Gut
D 15 —: Der Begriff der Glückseligkeit ist nicht eine
Forderung der Vernunft. Er
ist vielmehr für das sinnliche Begehrungsver-
mögen eben das, was das
höchste Gut für die reine prak-
tische und das allerrealste
Wesen für die reine theoretische
Vernunft ist, nämlich die
Totalität ihres (sinnlich
begehrten) Gegenstandes.

Gott. Ein G. ist ein ganz vollendetes Wesen; es könnte die
Last des Lebens nicht ertragen
und hat nicht in der Welt der
Menschheit Raum 82, 4. Hängt
der Wechsel, der den Menschen
beherrscht, von Einem Willen
über alle Willen (von der höhern
Vorsicht fremder Willkühr, von
G.) ab, oder ist er vom Zusammentreffen vieler Kräfte
die neigungslose Wirkung (des
Schicksals blinde Macht)? Diese
Frage ist für den Unfreien
die höchste, dem Freien ist sie
ethisch gleichgültig 67, 7; 68, 1 ff.
Die Götter nur (BC + die ge-
dichteten) beherrscht ein Schicksal, die nichts in sich zu wirken
haben 68, 19.   Höheres Erbarmen 68, 11

Gottheit liegt dem sinnlichen
Menschen jenseit der zeitlichen
Welt 24, 16.   G. Allegorie
des sittlichen Ideals 23, 19.
Vgl. „Wenn ich auch Gott als
moralische Fiction behandle:
so geschieht es doch immer
nicht in dem Sinne, in welchem
Kant ihn als logische Fiction
behandelt" D 122 , No. 69.

Gereizte G. = verletzte Menschheit 27, 19. Ein Werk der G. ist der eigen Gebildete 30, 20. Eines Götterbildes Ursprung ‖ des Geistes Dasein 65, 27. Das Licht der G. in mir (11, 7) ist die Freiheit 18, 10. Vgl. R[1] 15: Religion blieb mir, als G o t t (und Unsterblichkeit) dem zweifelnden Auge verschwanden.

Gut. Höchstes G. darf nicht das höchste Gefühl des (+ BC: leiblichen) Lebens sein 52, 4

H

Handeln ist darauf gerichtet 1) der Menschheit ihren Körper zu eignen 18, 20 ∧ 2) die Menschheit in mir zu bestimmen 19, 18 s. Gegensatz. Ein jedes Handeln ist Ergänzung nur zum andern, in jedem ist das andere auch enthalten 21, 6. (Auch in der späteren Ethik hat Schl. den grössten Werth darauf gelegt, dass die Sonderung der sittlichen Thätigkeiten nur eine relative ist und sich nur nach dem Ü b e r w i e g e n des identischen oder des universellen Handelns, des Organisierens oder des Symbolisierens bemisst; vgl. Bender 122 gegen Vorländer 168 f.) Kein H. vereinzelt aber auch keins ein Ganzes 21, 10. H., das der Welt gehört ∧ H. in mir und auf mich, das nur mein eigenes Werden ist 93, 9 vgl. 90, 22. Menschlich H. (= der Menschheit würdiges H. 27, 12) erzeugt das Bewusstsein der Menschheit 27, 10. Gemeinschaftliches H. ∧ Freiheit 70, 21. Äusseren H.s Gesetz ∧ inneres Leben 92, 9. Gleichförmiges (C gleichmässiges) H. ∧ Liebe 38, 15

Äusseres Thun ∧ inneres H. 26, 1; 42, 17; 92, 22. Mich selbst finde ich nur im innern H. im äussern nur die Welt 20, 8. Äusseres H. fliesst aus dem Inneren her 43, 23. Das äussere H. sei zugleich inneres Denken 23, 1

Das innere H. ist das Bestimmende für alles äussere Geschehen 18, 2. Im Innern ergänzt sich alles H. gegenseitig 21, 7. Jede besondere Handlung ist Entwicklung des Einen Willens 69, 18. Immer das gleiche H. hindert Verkennung 63, 1. H. im Zusammenhang (vgl. Tugend) 28, 16. Reinstes H. im Geist der Sittlichkeit 62, 15. Gleichförmiges H. erhält meine Eigenthümlichkeit 72, 24. Immer gleiche freie Thätigkeit des Geistes bringt wechselndes H. hervor; und in diesem H. soll der Geist jene Thätigkeit als immer neu und immer dieselbe anschauend geniessen A 23, 24. Jeder Handlung kühn den Stempel des Geistes eingeprägt! 63, 3. Das innere H. ist der Zauberschlüssel zu den geheimnissvollen Thoren der höheren Welt 87, 15. Kraft innern H.s (∧ äussere That) nehme ich von der g a n z e n Welt Besitz 78, 11. Im innern H. muss der freie Entschluss aufgehen, der Welt etwas zu thun 94, 3. Aus meinem innern Wesen und H. geht das äussere Thun willig hervor 94, 26. Geheimste Betrachtung des eignen H.s 64, 29. Unverrücktes Anschaun des H.s des Geistes = ewiges (BC seliges) Leben 23, 25. Sich durch H. eine tiefere Anschauung bereiten 41, 17. Bewusstsein des innern H.s 65, 28. Das Urtheil des innern H.s soll sein lautes Bewusstsein 78, 7. Zum H., Bilden, Äussern meines Wesens trägt die Zeit mir Stoff 70, 17. Aufforderungen zum H. 77, 23. Nicht nur auf das, was den Menschen von aussen anstösst, darf sein inneres H. gehn 77, 13. Inneres H. begleitet das Bilden der Fantasie 78, 6. Unersättlich im H. auch fremdes Thun noch innerlich nachahmend abbilden 89, 1. Wolle ja nicht mässig sein im H. 93, 25. Freies H. hilft die Menschheit fortbewegen 66, 19

Im H. sich seiner Eigenheit bewusst sein 37, 20. Das innere H. ǁ der eigne Sinn 18, 2. Nur in einer unendlichen Reihe des H.s kann ich mich ganz bestimmen 89, 27. Ziel des H.s ǁ der eignen Bildung Wachsthum 71, 10. Nichts mehr hat in sich zu h., wessen Eigenthümlichkeit vollendet ist 82, 3. H. und Beschränken (= individuelles H.) ist die Folge der freien Ur-That 31, 7 s. eigenthümlich. Freies H. ǁ (=) Leben 60, 2. Inneres H. wird nicht gehindert durch der äussern That Unmöglichkeit 76, 5. Der Widerstand der Welt ist kein Maassstab meines H.s 19, 2. Den Leiden widerstehen ist auch des Geistes H., deshalb wird er durch sie nicht unfähig zu seinem innersten eigensten H. 87, 5. Ich kann immer nach meinem Einen Willen (frei) handeln 69, 20. Das innerste H. (wahre Wesen) ist frei 15, 2. Den Menschen, der sein H. auf sich selbst

richtet, beherrscht das Schicksal nicht 68, 23. Dem Geist kann kein Übel sein, was sein Handeln nur ändert 87, 8

Das innere H. ist zeitlos 24, 9. Der innern Freiheit und ihrem H. entspriesst ewige Jugend 94, 31. Doppeltes H. des Geistes (durch die doppelte Vermählung von Jugend und Alter) 91, 9. Verliert der Geist durch H. von seinem Wesen? Nach jedem H. fühl ich mich reicher, stärker, gesunder 85, 16

I

Ich ⋀ Welt (inneres ⋀ äusseres Handeln) 20, 7. s. Selbstbetrachtung.

Ideale der Vernunft 78, 28

Idee ⋀ Erscheinung 3, 31

inner. Inneres. Das I.e des Gemüths 94, 5. Das I.ste des Gemüths 7, 4. Der Rede Kraft ergreift das I.e 66, 2. I.es Leben 72, 17. I.e Trägheit ǁ äussre Gewalt 71, 3. I.e Liebe des Geistes 92, 5. I.es Spiel der Fantasie 77, 30 Schluss vom Äussern auf das I.e 26, 8. Das I.e ⋀ was an mir Welt ist 43, 3. Das I.ste der menschlichen Natur 88, 4. Das I.ste unseres Wesens spiegelt sich in der Aussenwelt 9, 6. Zur i.n Bildung ist jedes äussere Verhältniss nur Stoff 69, 27. Ins I.e schauen 32, 25; 42, 24. Bewusstsein der i.n Freiheit und ihres Handelns 94, 30. Bewusstsein des i.n Handelns 65, 28. Äusseres Thun ⋀ i.es Handeln (s. d) 42, 17. Das I.e ⋀ äusseres Handeln 43, 24. I.es Leben ⋀ äusseres Handeln 92, 8. Das i.ste Denken begleite das äussere Handeln 22, 28. Die i.e Grösse des Menschen

⋀ Welt und Zeit 45, 9. Das I.e der Menschheit anschaun 65, 31. Des i.n Wesens der Menschheit sich bemächtigen 66, 10

Jugend. Trübes Alter ⋀ fröhliche J. 48, 6.   J. = Zeit des eignen Lebens in voller Stärke 48, 5.   Die J. dem Alter vermählen 90, 23.   Sei jugendlich im innern Handeln, nicht im äussern Thun 92, 24. Das innere Handeln trage der J. Farbe 93, 11.   E w i g e J. (87, 25) und Freude entspriesst der innere Freiheit und ihrem Handeln 94, 31.   J. dauert bis an den T o d 94, 37. (Zur Entstehung des Ausdrucks: Fr. Schlegel schrieb an Schl. 1798 [III, 84] „Die J. ist flüchtig". Schl. hielt ihm darauf den Glaubensartikel von der e w i g e n J. entgegen [III, 89] Schlegel nahm ihn auf und verwerthete ihn sofort in der Lucinde, z. B. 212: ewige Sehnsucht nach der ewigen J., die immer da ist, und immer entflieht.)   J. und Alter (Überschrift von V) 83—94

K

Körper. Zum K. gehören: die S i n n e, die E r i n n e r u n g (= die Bilder von den Bildern der Welt) und die L u s t (= Wohlgefallen) — „aber ist dies das Leben des Geistes?" 86, 1.   Der enge Kreis, den des K.s Gegenwart umfasst = das Einzelne 86, 20.   Toller Wahn, dass der Geist abhänge vom K. 30, 33

Körperwelt. Die K. ist nicht etwas von mir Verschiedenes, mir Entgegengesetztes (Identität s. Geist) A 16, 18, sondern K. und Menschheit verhalten sich wie Leib und Geist 16, 6; auch die K. „ist" demnach nur „weil und wann die Menschheit sie braucht und sich ihrer bewusst ist" 16, 14. Darum ist nichts (BC + nur!) Wirkung von der K. auf mich, das Wirken geht immer (BC + auch!) von mir auf sie. Jegliches Gefühl, das aus der K. hervorzudringen scheint, ist mein freies Thun (in BC abgeschwächt) 16, 15. Die scheinbar aus der K. hervorgehenden Gefühle s i n d (BC: i n i h n e n i s t) mein freies Thun 16, 16. Die K. beherrschen 50, 9. s. Welt

körperlich. Sorge fürs k.e Leben und Wohlsein Aller 53, 10

Kunst. In einem Werke der K. die Ansicht der Menschheit zurücklassen 82, 24

Kunstwerk. Die Sitte ein K. 64, 14.   Die Sprache ein K. 63, 10.   Das schönste (BC herrlichste) K. der Staat 59, 1

Künstler. Thätigkeit des K.s ⋀ eigne Bildung 34, 13

L

Leben. Eine Theilung des L.s ist möglich (Ausgangspunkt der M) 10, 2.   Das L. entsprungen aus der Berührung des Vergänglichen und Ewigen 14, 22.   L. ǁ Thun 77, 19. L. ǁ (A) Denken (C) Betrach- 22, 17. S i n n l i c h e s L e b e n: Vorstellung und Empfindung = s. L. 10, 8.   Gefühle und Gedanken = s. L. 11, 11.   s. L. nur der Reflex der menschlichen Thätigkeit 10, 18.   Ziel des s. L. ist Genuss und Erkenntniss 11, 22.   L. nur eine Complication von Vorstellung und Empfindung (widerlegt) 10, 11.   Das L. als flüchtige

Harmonie $\wedge$ der Mensch, ein bleibendes Werk 14, 22. Gleiches Maass von L. (BC: Genuss) verbreitet sich über Alle 51, 20. Äusseres L. 53, 8. Das äussere L. kann nie das innere Wesen von allen Seiten darstellen 78, 22. L. und Welt binden den Menschen 25, 15

Das äussere L. Bestätigung des innern 78, 17. Nichts Äusserliches störe des innern L.s Fülle und Freude 94, 14. Schmerz und Freude zeigen das innere L. an 19, 11. Inneres L. $\wedge$ äusseres Thun 92, 21. Inneres L. $\wedge$ äusseren Handelns Gesetz 92, 8. Das innere L. beschränkt kein Gesetz, dies gebietet nur dem äusseren Thun 93, 8. L. || freies Handeln $\wedge$ Recht, Formel, Regel und Gewohnheit 60, 2. Der enge Kreis des Einzelnen ist nicht die Sphäre meines inneren L.s 86, 21. Inneres L. wird von der Zeit nicht umfasst 61, 8. Inneres L. ist des Geistes Werk und freie That 19, 11

L. des Geistes (A) = geistiges L. (BC) 83, 27 vgl. 86, 6. Wahres L. = Freiheit 58, 8 vgl. 15, 2; 78, 5. Neues und kräftiges L. 57, 13. Die Elemente des besseren L.s 60, 12. Beruf zu höherem L. 11, 10. Eigenes L. des Geistes BC 52, 1. Das bessere L. fing an mit dem Gedanken der Eigenthümlichkeit 32, 28. Ewiges L. beginnt in der Selbstbetrachtung 24, 22. Höheres, freieres L. besteht in der Selbstbetrachtung 15, 9. Ewiges L. ist Anschaun 24, 1. Seliges L. feiert der Geist, seiner selbst bewusst in seinem wechselnden die Welt bildenden Handeln BC 23, 22

Frei und fröhlich bewegt sich mein inneres L. 94, 20. Nahrung des innern L.s 54, 5. Das innere L. nähren = dem Wesen Neues aneignen 72, 18. Ein Theil meines L.s geht im Tode des Freundes verloren 81, 28. L. der Jugend = Werden der Weisheit und der Erfahrung 89, 3. Frisch bleibt der Puls des innern L.s bis an den Tod (= ewige Jugend) 94, 36. Sein inneres L. verschmachten 55, 3. Dem innern L. Abbruch thun || dem Geiste Beschränkung wirken 56, 25. Einer Erhöhung des innern L.s kann das Schicksal sich nicht widersetzen 76, 2. Wachsthum des innern L.s 43, 18. Gemeinsam erhöhtes L. 51, 12. Neue Stufe des L.s (in der Ehe) 74, 36. Band des L.s (= Ehe) 75, 16. Das verklärte höhere L. (= die Ehe) 75, 4. Höchster Grad des L.s ist der Staat 59, 7

Leib. L. $\wedge$ Geist 19, 8. (Dem Ausdruck L. entspricht in R „Organisation".) Vermählung des Geistes mit dem L. BC 15, 21. Kein L. ohne Geist (BC $<$) 16, 13. L. ist nur wann und weil der Geist ihn braucht und seiner sich bewusst ist (BC $<$) 16, 14. Der Geist bewohnt den L. || er bildet den L. aus, ihn fortsetzend und vergrössernd || er ist sich herrschend des L.es bewusst 52, 6. Seinen L. setzt der Mensch fort durch äusseren Besitz 59, 14. L. und (=) Besitz 59, 19. L. der Menschheit 16, 6 (Körper d. M. 50, 17). Jedes Haus (= Ehe) sollte der L. einer eignen Seele sein 58, 4

Liebe. L. $\wedge$ gleichförmig Handeln und Gerechtigkeit, Gesetz und Pflicht 38, 14. L. ‖ (=) Tausch des Denkens und Empfindens zur gegenseitigen Bildung ‖ (=) Verbindung zu erhöhtem Bewusstsein 53, 3. L. ∧ allgemeiner Sinn 38, 5; 46,15. Empfangen (Sinn) ∧ Geben (Liebe) 38, 6 s. Gegensatz. Sinn und L. die höchsten Bedingungen der Sittlichkeit 38, 26. (Der L. hier entspricht in der späteren Ethik die Geselligkeit = das individuelle Handeln der Vernunft, sofern es organisiert.) Sinn und L., die hohen Bürgen der Eigenthümlichkeit 44, 24. L. = anziehende Kraft der Welt (C Anziehungskraft der geistigen Welt) 38, 10. Keine Bildung ohne L., und ohne eigne Bildung keine Vollendung in der L. 38, 22. L. und Freundschaft als Ideal vollkommener Vereinigung in der Unendlichkeit, wenn Sinn und L über alles Maass hinausgewachsen sind 46,27; 47,2. Lass deiner L. keine Grenzen setzen 94, 6

Freie L. und Lust 94, 4. Die Glut der (ehelichen) L. erlischt im Anschaun der kalten Nothwendigkeit 58, 2. Innere L. des Geistes erzeugt als freie That wahre Frucht 92, 5. Wärmer ist die L., die aus einem höhern Grade eigener Bildung hervorgeht 90, 18. L. zu jedem eignen Wesen 45, 1. Stufenleiter der L. bildet sich in der Sprache ab 64, 31. Freundschaft, L., Ehe 74, 32. L. bindet Mann und Frau 57, 21. Nimmer soll mir verlöschen das Feuer der L. 87, 16

Lust. L. gehört zum Körper, vgl. Erinnerung 86, 5

M

mechanisch. Wert m.er Lebenserklärung 10, 16

Mensch. M. ∧ Welt A 15, 12; A 15, 17. Bewusstsein des Gegensatzes zwischen Welt und M. (BC: Bewusstsein davon, was an jedem Menschem er selbst ist, und was der Welt ausser ihm gehört) 44, 6. Der alte M. ∧ die neue Welt 75, 5. Verhältniss des M.en zur äussern Welt 51, 27. Der M. Herr der Erde 50, 24. Unter die M.en sind die Gaben vertheilt, nicht unter die Zeiten 88, 11. Der M. bleibt, das Leben vergeht 15, 1. Ist der M. ein sinnlich Wesen nur? 52, 2

M. ∧ Menschheit 29, 17. Der M. eigenthümlich gebildet 29,18. Freier Entschluss, ein M. zu sein 27, 24. Die innere Grösse des M.en 45, 4. Der M. gehört der Welt an, die er machen half 61, 9. Für den M.en ist das Höchste seine Jugend, für die Welt sein Alter 91, 20. Unendlich ist des M.en Ziel 89, 31

Menschheit. M. ‖ Vernunft 29, 8. M. (A) = Vernunft (BC) 26,18; 27,17. M. (AB) = höhere Natur 27, 3. Die M. (C: Vernunft) verläugnen 28, 17. Höhe der M. (C: des Lebens) 29, 8. Andere Seite der M. = andere Natur 33, 1. Verletzte M. ‖ (=) gereizte Gottheit 27, 17

Mit der Anschauung des Ich ist zugleich die der M. und des Universums gegeben 21,17 (Vgl. Meine Religion strebt nach einem Universum, wovon die Menschheit nur ein unendlich kleiner Theil nur eine einzelne vergängliche Form ist R[1] 125.) Gemeinbesitz der M. ∧ Eigen-

thümlichkeit 31, 20.　Gleichförmige Masse der M. ⋀ geistige
eigene Gestalt B. 30, 7.　Rohes
Element der M. ⋀ höheres
Dasein (C: Eigenthümlichkeit
des Einzelwesens) 30, 1

Die M. finden 27, 29.　Das
Gewissen, Bewusstsein der
M. 26, 20.　Das Bewusstsein
der M. wird erzeugt durch
menschliches Handeln 27, 11.
Das gemeine Gut der M. wird
nach Einem Gesetz (s. d.) verwaltet 38, 20.　Das Gebiet
der M. steht dem Sinn offen
39, 27.　Die M. freut sich
ihres Lebens 50, 17.　Zustand
der M. 49, 12

Das Verhältnis des eigenthümlichen Seins zur M. 45, 15.
Verschiedene Elemente der M.
vereinigt in sich auf eigene Art,
wer sich eigen bildet 46, 17.
Jeder Mensch stellt M. dar auf
eigne Art, in eigner Mischung
ihrer Elemente 30, 14.　Dem
Indiv. gehört ein eignes Gebiet der M. 31, 11 vgl. 41, 28; 37, 2.
M. in mir 19, 13.　In die Mitte
der M. eindringen (= seiner
Individualität leben) 39, 18.
(Vgl. Friedrich Schlegel an
Schl. Briefe III, 81 — 1798 —:
Du musst mich in der Mitte
der M. selbst festhalten.. Du bist
mir für die M. was mir Goethe
und Fichte für die Poesie und
Philosophie waren. S. Varn-
hagens Bemerkung im Tage-
buch 1, 29 bei Dilthey 238.)
Das Innere der M. in sich anschaun ⋀ von eigner Bildung
wissen 65, 32.　M. in sich
bilden ⋀ M. im Handeln darstellen (A: bilden und darstellen ⋀ abbilden) BC 33, 14.
Darstellung der M. ‖ Bilden
schöner Werke 55, 24.　Die

Ansicht, die mir die M. gab
(mein inneres Wesen) in einem
Kunstwerk darstellen 83, 25.
Edle Naturen, welche die M.
in sich bilden 73, 23.　Sich
des innern Wesens der M. bemächtigen = sich selbst betrachten 66, 10.　Nur im
Anschaun der M. kann man
das Bewusstsein seiner Eigenheit erhalten (M. ⋀ Eigenheit)
37, 23.　Nie den Blick von
der M. in sich verwenden
27, 3.　Die M. im innern
Thun erkennen 26, 18.　Die
M. anschaun 86, 28.　Anschaun
an sich selbst der M. (nichtiges)
Wesen 85, 29.　Das innere
Wesen der M. ergreifen ‖ ihre
verschiedenen Gestalten anschaun 55, 5; 86, 5; vgl: „das
Universum ist in einer ununter-
brochenen Thätigkeit und offenbart sich uns jeden Augenblick. Jede Form, die es hervorbringt... ist ein Handeln
desselben auf uns; und so alles
Einzelne als ein Theil des
Ganzen... hinnehmen, das ist
Religion“ R¹ 56

Der Geist, der die M. be-
seelt 60, 14.　Körper der M.
18, 19; 50, 17.　Gemeinschaftlicher Nahrungsstoff der M.
85, 20.　M., abgebildet im
Kunstwerk 35, 7

Auf die schönste Weise wirkt
meine M. auf M. in der Ehe
75, 2.　Das schönste Band
der M. (= die Ehe) 57, 28.
Die zarten Geheimnisse der M.
M. (‖ Bande der Natur) veredelt
durch Freiheit 71, 29.　Gestalten der M. ‖ Zeitalter und
Völker 73, 13.　Eine Seite
der M. ist der eigene Charakter
jedes Staates 58, 26

Zwecke, die der M. durch ihr

Wesen aufgegeben sind 72, 9.
Ziel der M. 50, 7.   Gipfel
der M. 10, 17.   Kinderjahre
der M. (die Gegenwart) 60, 19.
Reifste Vollendung der M.
45, 3.   Schöne Blüthe der
M. 49, 12.   Der M. vergängliche Blüthe sei die Jugend,
ihre Frucht das Alter (denken
die „Barbaren“) 87, 37.   Herrschaft der M. über ihren Körper
50, 17.   Die gemeinsame Herrschaft über die Körperwelt ist
nicht der M. ganzes Werk 51, 24.
Kampf um die geheiligten
Paniere der M. 64, 4.   Die
M. kommt ihrem Ziele näher
56, 18.   Die M. zu ihrem
Ziele fortbewegen hilft mein
freies Handeln in meinen Be-
rufe (sc. durch Beförderung der
Religion) 66, 19.   Welt und
M. in ihrem ganzen Umfange
zu erblicken, ist Ziel der Erziehung 59, 30.   In der Welt
der M. hat ein Gott nicht Raum
82, 6

N

Natur = äussere Welt 10, 5.
Herrschaft der N. $\wedge$ Bildung
der Erde für den Menschen
(In diesem Gegensatze ist die
für Schl.s ganze ausgeführte
Ethik leitende Antithese von
N. und Vernunft angedeutet.)
60, 16.   Bande der N. (‖
zarte Geheimnisse der Menschheit) veredelt und recht gestaltet
durch Freiheit 71, 27.   Grenze
meiner Willkür durch die
Mysterien der N. (‖ fremde
Freiheit ‖ Welt) 75, 26.   Freie
N. $\wedge$ bestimmter gestaltete
(organisierte) N. 35, 11
Menschliche N. 49, 22.   Das
Innerste der menschlichen N.
88, 4.   Elemente der mensch-

lichen N. 31, 4.   Edle N.en
73, 23.   Unheilige gemeine
N. 64, 18.   Gemeine N. = un-
gebildete 70, 33
Innere N. ‖ Wesen 57, 4.   Meines Wesens N. 69, 26; 82, 18.
In den Schranken der N. zeigt
sich am deutlichsten das Eigne
32, 3.   N. = Individualität
35, 4; 39, 17.   Von der Freiheit erwählte N. (= Individualität) 29, 25.   Beschränkung meiner N. durch meiner
Freiheit erste That (BC: der
Freiheit in mir ursprüngliche
That ist ihre Vermählung mit
meiner N.) 68, 26.   Eine
andere N. = eine andere Seite
der Menschheit 32, 31.   Trennungslinie (BC: Verschiedenheit) der N.en 33, 12.   Gleiche
N. $\wedge$ weltliche Verschiedenheiten 72, 3
Leben im Bewusstsein meiner
ganzen Natur $\wedge$ einzelnes bestimmt begehren 69, 17. 9.
Innere N. = alle Zwecke, die
der Menschheit durch ihr Wesen
aufgegeben sind = alle Verrichtungen des Geistes in ihrer
ewigen Einheit 72, 9.   Fremde
N. vereinigt mit sich die Frucht,
welche jedes eigene Wesen der
Welt als Geschenk darbieten
muss 91, 19.   Jede N. nähert
sich durch Vollendung ihrem
Gegensatz 82, 23
Nothwendigkeit.   Eiserne N.
= Welt 19, 6.   Gesetze der
N. ‖ Welt 43, 28.   N. ‖ Zeit
13, 26; 14, 16; 18, 9.   Gebiet der N. ist die geistige
Welt 17, 8.   N. der Ton vom
Zusammenstoss der Freiheit; sie
resultiert aus der Gemeinschaft
der freien Geister 17, 15.   Was
nothwendig ist, ist nicht mein
Thun, sondern sein Widerschein

17, 17. Freiheit „ein Schleier über die unbegriffne N." 20, 22. Der Knecht der N. muss sie auch glauben, wo er sie nicht sieht 20, 18. In der kalten N. erlischt der Liebe Glut 58, 1

O

Örter für die Verschiedenheit der Urbilder 4, 19

Organ. O. zum eigenen Leben 37, 13. Bildung neuer O.e ∥ Wachsthum der Gestalt 92, 5. Das [an]eignende Handeln schärft dem Menschheitskörper (der Natur) die O.e ∧ das bildende macht ihn zum Abdruck (= Symbol) der Vernunft 18, 20 (Genau entsprechend der späteren Begriffsbestimmung. Denn durch das symbolisierende, aneignende Vernunfthandeln wird ein Ineinander von Vernunft und Natur zum O.; durch das organisierende, bildende wird es zum Symbol. Vgl. 34, 17; 37, 15). Den Leib der Menschheit in O.e verwandeln (= organisieren = bilden) ∧ zeichnen, beleben (= symbolisieren) 16, 11. S. Symbol. Gegensatz

Organismus. O. des Staates (C der Gesellschaft) 58, 27

P

Persönlichkeit. P. ∥ Einheit des fliessenden vergänglichen Bewusstseins ∧ Individualität 30, 4 (vgl. Personalität R¹ 52). Äussere P. ∥ strafwürdige Beschränktheit ∧ eigenes Wesen 31, 24. Die Einheit der vorübergehenden Erscheinung (des Menschen) entstanden durch Reibung und Berührung 30, 10. Vgl: dass man die Individualität nicht ohne P. haben kann, das ist der

elegische Stoff der wahren Mystik. D. 123 No. 3 — Vernichtet Eure Individualität [R²: Persönlichkeit. vgl. auch R¹ 131 mit R²] R¹ 132

Pflicht. P. = Bewusstsein der allgemeinen Menschheit ∧ höhere Eigenheit der Bildung, Natur, die sich die Freiheit selbst erwählt 29, 24. Gesetz und P. ∥ gleichförmig Handeln und Gerechtigkeit ∧ Liebe 38, 15. Vaterrecht und P.en 75, 6

Prüfungen (Überschrift von II) 25—47

R

Raum. Was kümmert uns der R? 80, 34. Überwindung des R.es 50, 11. Vgl. Zeit

Recht. Was R. in der Ehe ist, und alle möglichen Gestalten des Schicklichen, hab ich mir ausgebildet 76, 17

Reflexion AB = Betrachtung C 9, 1

Reiz der Aussenwelt schärft und belehrt den Sinn 9, 11

[Religion =] „Ehrfurcht vor dem Höchsten" geht aus den (sittlichen) Gefühlen hervor. „Sie zu befördern sei mein Trachten... mein Beruf." 66, 14. Sehnsucht sich ins Unermessliche zu verlieren C 21, 20

religiös. R.e Selbstbetrachtung ∧ ethische 4, 29 (Religiös ist bei Schl. alles, was über die Persönlichkeit hinaus auf Einheit und Totalität bezogen wird. Ethik Ph. B. Bd. 137 S. 313. Schweizer S. 248. Der Inhalt der Religion ist die Beziehung der in dem Einzelnen organisirten Vernunft auf das übrige als Ganzes, als Welt ebd. S. 177 bez. 318. So sieht auch im

Gegensatze zur sittlichen die religiöse Betrachtung im Individuum vor allem den Abdruck und die Darstellung des Unendlichen; sie fasst den Menschen jenseit seiner Personalität und sieht ihn aus dem Gesichtspunkte, wo er das sein muss was er ist, er wolle oder wolle nicht R[1] 52)

S

Schauen. Ins Innere s. 32, 25. Tief in mein Inneres s. 42, 24. S.e in dich selbst = wisse was du thust (und wie) 23, 18. Das S. ist Quelle des Bildens, das Bilden sei ein Zurückschauen in sich selbst! 23, 4. Der Geist s.t seine immer gleiche Thätigkeit im immer wechselnden Handeln an 23, 24. Geheimnissvolle Verbindung zwischen Thun und S. 27, 9. Verbindung zwischen Thun und S. auch in der individuellen Sittlichkeit 37, 20. Die Freunde haben mich erkannt ‖ sie s. en den Geist 80, 14

Schein. Zeiteinteilung beruht auf S. 9, 16

Schicksal. S. = was geschieht 44, 4. S. ‖ Lauf der Welt 54, 15. S. ‖ (=) Welt 75, 13. Zeit und S. 94, 21. S. ‖ Glück 18, 13. Spiel unserer S.e 9, 21

Der Andere des Einen S. in der Ehe 57, 34. Das S., nur in dieser schlechten Zeit das Licht gesehn zu haben 52, 22. Des S.s blinde Macht = der höhern Vorsicht fremde Willkühr 67, 5. Vom S. ist abhängig, wem die Empfindung des Augenblicks gebietet 67, 21. Das S. verklagen (statt sich selbst) 69, 14. Des S.s Träg-

heit 78, 20. Nur durch Selbstverkauf geräth der Mensch in die Sklaverei des S.s 74, 11. S. beherrscht nur die Götter, die nichts zu wirken haben, und die Sterblichen, die nichts wirken wollen; nicht den Menschen, der auf sich selbst sein Handeln richtet 68, 23. S. kann mir die Mittel der Bildung nicht weigern 73, 30. Das S. kann sich einer Erhöhung des innern Lebens nicht widersetzen 76, 1. Der Wille beherrscht das Geschick durch Beziehung aufs Ganze 70, 6. Der Begriff des S.s verschwindet beim Denken eines (aufs Ganze bezogenen) Willens. S. ‖ drückender Wechsel des Menschlichen, entsprungen aus der Gemeinschaft der Freiheit, also der Freiheit Werk und meines 70, 10

Schmerz s. Freude. Genuss

Schöpfung stellt unsere inneren Gedanken dar 17, 21 vgl. 86, 26. Schöpferisches Wesen des Geistes (s. d.) 18, 9

Seele. Eigne S. jeder Ehe 58, 4

Selbstanschauung. S. hebt über das beschränkte Endliche hinaus 21, 9

Selbstbetrachtung = sich erkennen 13, 8. S. hebt über alles Irdische hinaus und schaut des Geistes Handeln an, das Welt und Zeit erschafft 21, 22ff. Da hierzu der Geist nichts als sich selbst bedarf, ist die Betrachtung unvergänglich (24, 3) = ewiges Leben 24, 1. 22. Vgl. „Veränderung ist nur ein Wort für physische Welt, das Ich verliert nichts und in ihm geht nichts unter; es wohnt mit allem, was ihm

angehört, in der Burgfreiheit
der Unvergänglichkeit“ Athe-
näumsfragment bei Haym 532.
S. ‖ Selbstbewusstsein 32, 23.
S. giebt Bewusstsein des innersten Werthes, erhöhtes Gefühl
des eigenen Daseins 42, 6.   S.
wiefern öffentlich mittheilbar
4, 13. s. Betrachtung

Selbstbewusstsein.   S. ‖ Selbstbetrachtung 32, 19.   Wer sein
Handeln nicht betrachtet, zer-
reisst den Faden des S.s 26, 24.
S. ‖ Freiheit ‖ Vernunft (in mir)
71, 14.   Das Gewissen = jener
kleine Antheil des S.s 26, 14

Sinn.   S. ⋀ Gedanke 35, 5.   S.
geschärft und belehrt durch den
Reiz der Aussenwelt 9, 11.
Der S. umfasst viel oder wenig
45, 10.   Den S. gleichförmig
füllen und erweitern 39, 26.
Feiger S. scheut Mühe 48, 22.
Mein S. kennt keine Feigheit
28, 22.   Offner S. für Alles
39, 11.   Aufnehmen Alles im
innersten S. 88, 24

Wie viel meine S.e ergriffen
hat, das wird in mir eigen gebildet sein 42, 1.   Der eigne
S. ‖ das innere Handeln 18, 2.
Schöne Ruhe des klaren S.es ‖
Bewusstsein der Freiheit 68,
15. Thätigkeit des S.es und
Selbstbildung im Gleichgewicht 41, 23.   Geöffneter S.
ist die Bedingung individueller
Bildung 37, 17

Geöffneter S., das innere Wesen der Menschheit zu ergreifen
⋀ Trieb, kunstreiche Werke
zu bilden 55, 4. Allgemeiner S.
‖ (⋀) Liebe 38, 4. Vgl. Goethe's
Wilhelm Meister Buch VIII
Kap. 7 „redliche Leute, die
einen gewissen allgemeinen S.
haben, aus dem allein der
gesellige S. entstehen kann“

S. und Liebe die höchsten Bedingungen der Sittlichkeit 38, 26.
S. und Liebe, die hohen Bürgen
(der Eigenthümlichkeit) 44, 23.
S. und Liebe über alles Maass
hinausgewachsen = Vollendung
des Freundschaftsideals in der
Unendlichkeit 47, 2.   (In den
R. wird der S. betrachtet als
die religiöse Anlage.   S. und
U n i v e r s u m [R³ U r w e s e n]
sind die beiden „Elemente der
Religion“ R¹ 144.   Im Kinde
ist S. das Organ fürs Wunderbare und Übernatürliche [R³
Geheimnissvolle] R¹ 147. S i n n
und T o t a l i t ä t: Der S i n n
strebt, den ungetheilten Eindruck von etwas G a n z e m zu
fassen R¹ 149.   Die Gefühle,
die erregt werden, wenn der
S. den Weg zum Universum
[R² Ganzen] findet, sind zwar
nicht unmittelbar Religion, aber
doch ein Schematismus derselben [R¹ 153])

S. für die Gemeinschaft der
Sinnenwelt 59, 10.   S. für die
wahre Welt hängt nicht vom
Körper ab 86, 27.   S. für schönes
gemeinschaftliches Dasein 71, 26.
S. bewirkt freundschaftliches
Verstehen 40, 22.   Der S.
deutet sich fremde Ansichten
40, 10.   Den S. der Menschen
verstehen 72, 6.   S. der Menschen für mich 46, 9

Offner S. ⋀ Beschränkung
38, 30.   Beschränkter S. =
Gleichgültigkeit und Streitsucht
39, 19.   Der S. erhält sich
seine Unbefangenheit dadurch,
dass er gegen alles Neue, das
ihm entgegen tritt, zunächst
streitet, ob er es auch in der
ihm überlieferten Form sich
aneignen dürfe; deshalb erscheint die erste Regung des

S.es oft als Beschränkung 40,13.
Das Geschäft des S.s vollendet
sich nicht in einer einzigen
Handlung; unendlich geht es in
zwiefacher Richtung (streiten
und aufnehmen) immer fort
40, 26.   Jeder muss seine Weise
haben, wie er beides vereint
41, 1.   Den S. dem Stoff eindrücken (= bezeichnen) 35, 16
   S. der Welt 63, 8.   Die S.e
gehören zum Körper 86, 2
sinnen || denken 20, 16
Sinnenwelt. Gemeinschaft der S.
   59, 10. 12
sinnlich. Der Mensch ist nicht
   nur ein s.es Wesen 52, 2.   s. ∧
   geistig 31, 25.   s.er Begriff
   vermag den Geist nicht zu
   bannen 85, 14.   Reiz der s.en
   Begierde 74, 16.   s. in der
   Sittlichkeit (sind die Menschen)
   77, 13
Der Sinnliche ∧ der Freie 20, 22
Sitte.   S. Gewand der innern
   Eigenthümlichkeit 64, 10.   S.
   Merkmal von des Geistes innerm
   Wesen 64, 25.   Die S. ein
   schönes Kunstwerk 64, 10. 14.
   In schöner S. leben || die toten
   Formeln hassen || die eigne
   Bildung suchen || der künftigen
   Welt gehören 66, 6.   Der S.
   Beständigkeit und Ebenmaass
   64, 24.   An S. und Rede
   sollten sich die Weisen er-
   kennen 65, 19
Sittliches. Höheres S. = Indivi-
   dualität ∧ Persönlichkeit 30, 6
Sittlichkeit.   S. und (=) Bildung
   59, 34.   Reich der S. und (=)
   der Bildung 60, 5.   Gebiet
   der S. und Bildung 69, 8.   S.
   (BC) = Eigenheit (A) 34, 5.
   Höchste (= individuelle) S. 37, 18.
   Sinn und Liebe die höchsten
   Bedingungen der S. 38, 25.
   Geist der S. ∧ Sinn der Welt

62, 15.   Sinnlich in der S.
   (sind die Menschen) 77, 14.
   Ueber S. und Religion vgl.
   ausser R¹ 4 ff. 50 f. 69: M 66
Spiegel. Die Aussenwelt S. unsers
   Innersten 9, 5.   Die Welt
   selbstgeschaffener S. des Geistes
   16, 2.   (Vgl. das Individuum
   als Spiegel des Universums —
   und umgekehrt — R¹ 55).   Die
   Sprache S. der Zeit 63, 10
Sprache.   Kunstwerk 63, 11.
   Spiegel der Zeit 63, 10.   S. bildet
   die innersten Gedanken des
   Geistes ab 64, 27.   Durch die
   Sprache gehört der Geist der
   Welt an 63, 15.   Der Zauber
   der S. dient nur (C: mehr) der
   Welt, nicht (C: als) uns 63, 7.
   Mancherlei S.n lernt die gleiche
   Natur in jedem Kreise 72, 4.
   Des Geistes eigenes Wesen soll
   die R e d e darstellen 66, 5.
   Die S. ist zum Eigenthum zu
   bilden 65, 8.   Die Weisen
   sollten sich an R e d e und Sitte
   erkennen 65, 19
Staat.   S. das schönste (BC.
   herrlichste) Kunstwerk   des
   Menschen, wodurch er sein
   Wesen auf die höchste Stufe
   stellen soll 59, 1.   (Vgl. er-
   habenstes   Kunstwerk   der
   Menschheit R¹ 34).   Der S.
   ein neues selbstgeschaffnes Da-
   sein ∧ das alte eigne (BC enge
   persönliche) Bewusstsein 58, 18.
   S. höchster Grad des Lebens
   59, 7.   Höchster Grad des
   Daseins 58, 14.   S. = Orga-
   nismus der Gesellschaft C 58, 27.
   Vernunft, Fantasie und Stärke
   des S.es 58, 18.   Gemüth des
   S.es, eigener Charakter des
   S.es 58, 23.   Der eigene
   Charakter jedes S.es ist eine
   „Seite der Menschheit" 58, 26
Stempel. Was ich umfasst, wird

meinen S. tragen 41, 27. Kühn den S. des Geistes jeder Handlung eingeprägt 63, 3

Sterben. Durch S. tötet jedes liebende Geschöpf 81, 28

Stoff. S. ‖ Dinge ⋀ Geist BC 15, 21. Der körperliche S. (BC der Erdenstoff) ist der gemeinschaftliche Leib der Menschheit 16, 4. Den rohen S. beseelen 50, 16. Jede äussere Gestalt ist S. für die innere Bildung 69, 28. Bei jeder That eigne ich mir etwas an von dem gemeinschaftlichen Nahrungs-S.e der Menschheit 85, 20. Höhere Gewalt über den S. BC 52, 1

Streit. S. gegen neue Eindrücke bis die eigne Ansicht gewonnen ist 40, 9 vgl. 39, 23. 29

Symbol. Ein Staatsideal als S. verehren 58, 33. S. (= Zeichen) der Menschheit wird dem Künstler: die Sprache, die Tonwelt und die Farbenharmonie. Das S., des Ganzen Zusammensetzung und Gesetz, das kunstreiche Gefäss, steht ihm höher als der Gehalt 34, 16 Abdruck des eigenen Wesens im freien Urtheil 78, 16. Der Menschheit ihren Körper zum Abdruck der Vernunft bilden ⋀ ihm seine Organe schärfen 18, 21. s. Organ. Zeichen. Den Stoff zwingen, dem ich meinen Sinn eindrücke 35, 16. Träge Ruhe, das verehrte S. der Vollendung 89, 18

T

That. Aeussere T. ⋀ inneres Handeln. T. = Mittheilung des Innern 36, 9. Innere T. ‖ Mittheilung 36, 23. Die T. bestätigt das Gefühl der Freiheit in jedem Augenblick

70, 30. Glaube an Freiheit lebendig durch die T. 71, 12. Bei jeder T. eigne ich mir etwas an von dem gemeinschaftlichen Nahrungsstoffe der Menschheit 85, 19. Freie T. ist die Frucht, erzeugt aus der innern Liebe des Geistes 92, 6. Das Haus (= die Ehe) soll als freie T. sein Dasein bekunden 57, 26. Durch die T. nutzt sich der Geist nicht ab. Wann fang ich an durch die T. nicht zu werden, sondern zu vergehen? 85, 25. Meiner Freiheit erste (BC: der Freiheit in mir ursprüngliche) T. = als ich bestimmte, wer ich werden wollte (BC: die Vermählung der Freiheit mit meiner Natur) 68, 27. Die grosse T., die falsche Maske hinwegzuwerfen 71, 17

Thätigkeit und Betrachtung 73, 8. T. ‖ Handeln 23, 25. T.en, die in mein eignes Wesen nicht gehören 73, 18

Thun ⋀ denken 20, 23; 36, 16. Die geheimnissvolle Verbindung zwischen T. und Schauen 27, 9. Verbindung zwischen T. und Schauen in der individuellen Sittlichkeit 37, 19. Jedes T. stellt mir mein ganzes Wesen dar 21, 13. Inneres T. liegt dem Leben zu Grunde 26, 17. Inneres T. ‖ Bestreben der Seele 52, 24. Freies T. ⋀ beschränktes Wirken 17, 8. T. ‖ wollen (ich will immer auch das noch, was ich nicht thue, und beziehe, was ich thue auf alles, was ich will) 70, 5. T. ‖ Leben 77, 19. Aeusseres T. ⋀ inneres Leben 92, 21. Aeusseres T. ⋀ inneres Handeln 26, 34; 2, 17. Aeusseres T. ⋀ inneres Wesen und Handeln

94, 24. Nur dem äusseren
T. gebietet das Gesetz, es be-
schränkt nicht das innere
Leben 93, 7

Tod. Was ist T. als grössere
Entfernung? 81, 15. Zwie-
fach ist der Menschen not-
wendiges Ende: 1) durch den
Tod der Freunde 2) durch
Vollendung der Eigenthümlich-
keit 81, 33. Sterben der
Freunde 81, 16 ff.

Trieb, kunstreiche Werke zu bilden, ∧ Sinn, das innere Wesen
der Menschheit zu ergreifen
55, 15

Tugend. T. ist nichts einzelnes
und gelegentliches 28, 10.
Sind die hohen T.en (= Weisheit und Erfahrung) je vollendet? 89, 9

U

Unendlich. U. = ewig 11, 4.
U. ist des Menschen Ziel 89, 31
vgl. 89, 25. Nur in einer
u.en Reihe des Handelns kann
ich mich ganz bestimmen 89, 26.
Der eine Linie theilende Punkt
bez. s. aufs Unendliche 10, 25

Unendlichkeit. U. ‖ Freiheit
15, 11. U. kann sich im
äusseren Thun des kurzen
Lebens nicht erschöpfen 77, 28.
Fülle der U. (der individuellen
Gestalten) 30, 17. Der Vollendete kehrt in den Schooss
der U. zurück aus der Welt
47, 5 Schl. bestreitet hiermit die persönliche [auch die
individuelle?] Unsterblichkeit.
Vgl. R¹ 52: „Geraubt nur hat
der Mensch das Gefühl seiner
Unendlichkeit und Gottähnlich-
keit, und es kann ihm als un-
rechtes Gut nicht gedeihen,
wenn er nicht auch seiner Beschränktheit sich bewusst wird,

der Zufälligkeit seiner ganzen
Form, des geräuschlosen
Verschwindens seines gan-
zen Daseins im Unermesslichen
[Zu „geraubt" vgl. die Bibel-
stelle Phil. 2, 6]. S. a. R¹ 130
— 133

Unsterblich. U. ist, wer sich
durch Reflexion über die Zeit
erhebt 11, 7

Unsterblichkeit U. ist Anschaun 24, 1. U. neben (C:
inner und über) der Zeit 24, 5.
s. Unendlichkeit

Urbild ∧ Zerrbild 4, 11. Vgl. 24, 15

Urtheil. Abdruck des eigenen
Wesens im freien U. 78, 16.
Gemeines U. nach leeren Formeln 77, 35. Das U. des
innern Handelns soll sein lautes
Bewusstsein 78, 7. Der Geist
bildet im U. vor, wie er handeln würde 77, 35. Das U.
bändigt die Fantasie 35, 3

Urtheilen ∧ handeln 78, 4

V

Vaterland ist z. Z. nur der
elende Schein eines Vereins;
und wie das Vaterland lächerlich zerstückelt ist, so auch
jede einzelne Gesellschaft wieder
BC 53, 10. s. Staat. V. (‖
Ehe ‖ Freundschaft) dient
zur Beschränkung der andern
statt zur eigenen Bildung
59, 25

Das Vergängliche. Aus der
Berührung des V.n und des
Ewigen entspringt das Leben
14, 24

Vermählung. Grosse V. des
Geistes mit allem Leibähnlichen
BC 15, 21. Die V. der Freiheit mit meiner Natur ist ihre
in mir ursprüngliche That BC
68, 25. s. Beschränkung. Das
Handeln, auf anderes Handeln

treffend, stiftet v e r m ä h l e n d
sichtbare That 19, 25.   Die
Jugend dem **Alter** vermählen
90, 23; doppelt sei die V. 90, 35
Vernunft. V. ∧ Thierheit 28, 26
(s. Natur).   V. ‖ Menschheit
(s. d.) 29, 10.   V. ‖ Gemüth
18, 22.   Abdruck der V. wird
der Körper der Menschheit durch
mein bildendes Handeln 18, 22.
Ideale der V. 78, 28.   Vgl.
„Der Idealist will alles durchdringen, alles mit V e r n u n f t
und F r e i h e i t erfüllen, und
so geht er gerade aufs U n -
e n d l i c h e und sucht und wirkt
überall Freiheit und Zusammenhang" R¹ 7.   Die V. hat
sich meines Wesens bemächtigt
71, 13.   V. (‖ Fantasie, Stärke)
des Staates 58, 17.   Die
junge V. bewahren und schützen
(= erziehen) 75, 9.   Die don-
nernden Stimmen der gewaltigen V. (C Verstandes) 49, 20
Vorstellung.   V.   und   Gefühl
teilen wir mit dem Thiere, ∧
Selbstbewusstsein 27, 1.   **V.**
∧ Empfindung 10, 9.   **V.**
(AB) = Gedanke (C) 10, 13.
V.en des Einzelnen und Wirklichen 86, 18.   V.en gehn
unter dem Lernen verloren 13, 4
Wachsthum.   W. meines Wesens
‖ innere Bildung 69, 27.   W.
der eignen Bildung 71, 10
Wahrheit.   Innere W. der Monologen 7, 8
Der Weise.   Die W.n sollen sich
erkennen an Sprache und Sitte
65, 19 vgl. 65, 4
Welt = Gemeinschaft der Geister
= Harmonie der Freiheit = All
der Geister ∧ das Endliche,
Einzelne 17, 2.   W. = Gemeinschaft freier Geister 19, 16.   W.
‖ Wirken aller Auserwählten
66, 18.   W. ∧ Mensch 15, 12.

Bewusstsein des Gegensatzes
zwischen W. und Mensch
(BC: Bewusstsein davon, was
an jedem Menschen er selbst
ist, und was der Welt ausser
ihm gehört) 44, 6.   Die
äusseren   Berührungspunkte
unserer Kraft (Vorstellung und
Empfindung) sind nur die Atmosphäre der W., nicht das
Wesen der W. 10, 21.   W.
als Bez. der Körperwelt ver-
worfen A (BC<) 16, 20.   Was
„sie" W. nennen (A) ist nur
die Aussenwelt, die W. vom
Geist geleert (BC) 15, 17.
Aeussere W. 51, 27.   Aus der
Begegnung von W. und Geist
entsteht der zeitlich wechselnde
Inhalt des Gemüthes (= Bewusstseins): Gefühle und Bilder 17, 22 ff.   Die Bilder
von den Bildern der W. (=
Erinnerung)   gehören   zum
Körper 86, 3.   Der Geist
erhält die W. durch sein blosses
Sein 23, 23.   W. = selbstgeschaffener Spiegel des Geistes
(BC: die Dinge der helle Spiegel meines Innern) A 16, 1.
W. schönstes Werk des Geistes
(A) = ich trage die ewigen
Formen der Dinge ewig in
mir (BC) 16, 1.   In der W.
der Menschheit hat ein Gott
nicht Raum 82, 6
Mein Wirken in der W.
(+ C der Geister) ist nicht
f r e i , sondern folgt mit N o t h -
w e n d i g k e i t ewigen G e -
s e t z e n 17, 8.   W. = eiserne
Nothwendigkeit 19, 6.   W. =
das was mir begegnet 19, 19.
Leben und W. binden den
Menschen 25, 16.   Ver-
schmähung der Macht der W.
= Trotz der Freiheit (W. ∧
Frht.) 75, 15.   W. ‖ Zeit

22, 19; 62, 22. W. und Zeit ∧ die innere Grösse des Menschen 45, 9. Lauf der W. ‖ Schicksal 54, 17. Die W. rächt sich = das S c h i c k - s a l ergreift mich 75, 14. Der W. (‖ den Gesetzen der Nothwendigkeit) gehört das äussere Handeln 43, 28. Grenze meine Freiheit durch den Lauf der W. (‖ fremde Freiheit ‖ Natur) 75, 26

Handeln das der W. gehört ∧ Handeln in mir auf mich 93, 9. Lass dir nicht gebieten von der W., was du leisten solltest für sie 93, 33. Für die W. ist das Höchste die Frucht (für das Individuum die Blüthe) 91, 17. Für den Menschen ist das Höchste seine Jugend, für die W. sein Alter 91, 22. Die Frucht des eigenen Lebens werde ein süsser Genuss der W. 91, 30. Was du der W. bietest, sei Frucht 91, 32. W. ‖ äusseres Thun ∧ inneres Wesen und Handeln 94, 22. Die W. anschaun ∧ Anschaun seiner selbst 94, 28. Ueber der zeitlichen W. schwebt der Geist 24, 20

Klage über die Langsamkeit der W. 77, 21. Klagen über die W. 48, 4 ff: die Welt anlächeln 48, 7, richten 48, 10, schmähen 48, 18, schmeicheln 49, 3, aus Rache verletzen 49, 4, bilden 49, 5, loben 49, 7, verbessern 49, 9, besser wünschen 51, 22. Unzufrieden mit der W. 56, 12

Schöne W. ‖ leichte Gemeinschaft, in der ich lebe 74, 1. Der alte Mensch ∧ die neue W. der Ehe 75, 5. Die Freunde sind meine W. 81, 32.

Durch die Freundschaft sich abfinden mit der W. 36, 25. Flammen, die die W. entzünden 80, 27. Thatenreicher Schauplatz der W. 79, 5 Sind eines Tages kleine Begebenheiten meine W.? 86, 18. Mein Beruf in der W. ist, die Ehrfurcht vor dem Höchsten (die Religion) zu befördern 66, 16. Der Mensch gehört der W. an, die er machen half 61, 9. Die W. eines Menschen umfasst das Ganze seines Wollens und Denkens 61, 10. Eigne W. 74, 21. D i e s e (eigen gebildete) W. ∧ eine n e u e W. (in neuen Bündnissen) 74, 26. 28. Der Künstler bildet das Chaos zur W. 34, 19

Selbst werdend W. bilden 19, 15. 23. W. = was dem Willen gelungen ist 18, 17. W. an mir ∧ das Innere. („W. an mir" ist, was ich gethan, was mir geschehen ist) 43, 2. Die W. muss dem Geist Beistand leisten, seinem Verlangen Nahrung geben, sonst verzehrt er sich 55, 12. Ist die W. so kalt und unfreundlich, dass sich der Geist nicht zu höherer Vollendung erheben könnte? 88, 8. Kraft innern Handelns nehm ich von der ganzen W. Besitz 78, 11. Die W. besitzen 59, 18. W. und Menschheit in ihrem ganzen Umfange zu erblicken, ist Ziel der Erziehung 59, 30. Meine Ansicht der W. vollenden 73, 11. Aeussere Darstellung des höhern Daseins in der W. 77, 4. Von der reichsten W. umgeben ‖ am Ziele der Vollendung seiner Eigenthümlichkeit angelangt

82, 3.   Mehr als einer
W. gehört der Eigne an (A),
viele W.-systeme verbindet der
Gebildete (BC) 46, 17. 20.
Die W. verlassen (= sterben)
81, 22.   Aus der W. zurück-
kehren in den Schooss der
Unendlichkeit 47, 7
  Wie treiben sie es in der
W.? 56, 32.   Die jetzige W.
61, 22.   Diese W. 60, 1.
Kinder der W. ∧ Söhne des
Geistes 63, 30.   Die todten
Begriffe der W. 76, 7. 9.   In
der W. ist keine Gemeinschaft
für geistigen Austausch 54, 7.
Sinn der W. ∧ Geist der
Sittlichkeit 62, 16. vgl. 63, 8.
Verstrickungen der W. 63, 15.
Leid und Freude und was
sonst die W. als Wohl und
Wehe bezeichnet 72, 31.   Von
einer solchen W. ist nichts
(BC: wenig) zu hoffen 52, 25.
Der Geist gehört der W. an
durch die Sprache 63, 15 vgl.
63, 8.   Die W. erschwert das
Bündniss der Verschworenen
für die bessere Zeit 62, 10.
Offne Fehde mit der W. 78, 29.
Der W. zum Trotz 62, 28
  Diese W. ∧ die spätere W.
61, 14. 19.   Elemente der
besseren W. ∧ die (gegen-
wärtige) Unbildung 61, 3.
Was zur bessern W. gehört
56, 21.   Die wahre W. =
die grossen heiligen Gedanken,
die der Geist aus sich selbst
erzeugt 86, 27.   Der künftigen
W. gehören ‖ die eigne Bildung suchen ‖ die todten
Formeln hassen ‖ in schöner
Sitte leben 66, 8.   Die W.
erneuen 62, 1.   Das innere
Handeln ist der Zauberschlüssel
zu den Thoren der höheren W.
87 15

Weltling. Der W. ∧ der Ge-
weihte; der Sklave der Zeit
∧ der Weise 65, 3
Weltansicht (Überschrift von III)
48—66
[**Welt-**]**Räthsel** ist die Scheidung
von Welt und Mensch 15, 13
[**Weltgeschehen**] = die Gemeinschaft der sich gegenseitig be-
schränkenden   Einzelfreiheit
17, 11
weltlich.   W.er Maassstab ‖ äussere Ansicht 45, 7.   W.e Verschiedenheiten ∧ gleiche Natur
72, 3
Werk.   Bleibend W. hervorbringen ∧ sich selbst bilden
in wechselreichem Thun 37, 3
Wesen. Meines W.s Natur 69, 26 ;
82, 18.   Mein W. in seiner
Eigenthümlichkeit   gebildet
72, 23.   Meines W.s Verhältnisse 73, 1.   Inhalt meines
W.s 31, 14.   W. ‖ Eigenheit
42, 2.   W. (= Individualität) 41, 7.   Inneres W. (=
Individualität) 41, 21.   Mich,
mein inneres W. lieben 80, 12.
Grundriss des eignen W.s 57, 19.
Vernunft hat sich meines W.s
bemächtigt 71, 13.   Im W.
des Ich sind Thun und Wissen
ums Thun nothwendig vereint
23, 9.   Die letzten Enden
des W.s sind verborgen und
(zur Harmonie C) verbunden
33, 8.   Einheit meines W.s
‖ innerer Friede 79, 1.   Inneres W. und Handeln ∧
äusseres Thun 94, 26.   Das
innere W. (‖ die Ansicht, die
mir die Menschheit gab) in
einem Kunstwerk darstellen
82, 24.   Dem W. Neues aneignen = das innere Leben
nähren 72, 16.   Stoff zum
Äussern des W.s 70, 18.   Verliert der Geist durch Handeln

von seinem W.? 85, 16. Das innere W. kann nie durchs äussere Leben von allen Seiten dargestellt werden 78, 22. Mein W. würde vergehn, wäre es vollendet 82, 34

Verschmelzen zu Einem W. in der Ehe 75, 1. Die Kinder gehen als eigne W. aus der Liebe Schooss hervor 57, 22. Der Mensch im Staate stellt sein W. auf die höchste Stufe 59, 3. Das innere W. der Menschheit 66, 10. Der Menschheit durch ihr W. aufgegebene Zwecke 72, 10. Inneres W. des Geistes 64, 25. Des Geistes eignes W. (in der Sprache) darstellen 66, 5. Das W. der Freiheit bedingt durch ihre erste That 69, 5

Wille[n] ‖ eignes Bewustsein 71, 7. W. ‖ Fantasie 87, 13. Dem Entschluss geht ein Begriff unmittelbar voran, ein Gefühl begleitet ihn 26, 3. Des W.s Kraft 75, 28. W. hat durch meiner Freiheit erste That meine Natur bestimmt 69, 2. Der erste W., durch den ich bin der ich bin = der Freiheit in mir ursprüngliche That 68, 26 (BC). Des W.s (= der Freiheit) Bedingung ist die Beschränkung der Freiheit durch ihre erste (BC: ursprüngliche) That 69, 3. Glauben an W. und Bewusstsein 71, 8. Niedrige Beschränkung des W.s in gemeinen Seelen 71, 7. Durch die Beziehung auf die Totalität des Gewollten beherrscht der W. das Geschick 70, 6. Beim Denken eines aufs Ganze bezogenen W.s verschwindet der Begriff des Schicksals 70, 10. Immer mehr zu werden, was ich

bin = der Eine W. 69, 18. 19. Aus freiem W. setzt die Blüthe des Lebens Frucht an 91, 29. Hängt des W.s Kraft an der Stärke der Muskeln? 86, 33. Hängt die Vaterschaft von meinem W. ab? 75, 23. Die Jugend durch des W.s Kraft festhalten 84, 27

Willkühr. Grenze meiner W. durch fremde Freiheit, durch den Lauf der Welt, durch die Mysterien der Natur 75, 25. W. (BC: der Verstand) theilt die Zeit ein 9, 14. Der höhern Vorsicht fremde W. (= Gott) 67, 7

Wirklichkeit. Die W. erzeugt flüchtige Empfindungen und einzelne Gedanken 67, 11. Das Reich der Schatten Urbild der W. 24, 15

Wissenschaft. W. bilden ∧ sich selbst bilden 39, 9

Wollen. Das Ganze des W.s und Denkens eines Menschen ist seine Welt 61, 10. Ich will auch immer das noch, was ich nicht thue, und beziehe, was ich thue, auf alles, was ich will 70, 4. Dem (aufs Ganze bezogenen) W. kann nie sein Gegenstand entzogen werden 70, 8

Z

Zeichen = Symbol (s. d.) 34, 16. Mein Handeln findet die rohe Masse immer schon mit dem Z. der Herrschaft des Geistes vor 18, 25. Genaue Zeichen der Sprache 63, 7. Z. von der freien Natur dargeboten 35, 11. Den Leib der Menschheit zeichnen = beleben ∧ bilden 16, 13. Zeichne Alles mit deinem Geiste! 23, 14

Zeit. Z. ‖ (=) Welt 62, 22; 22, 18

Des Geistes Handeln erschafft erst Welt und Z. 22, 6 vgl.: „Raum und Z. ist auch bei Spinoza" — wie bei Kant — „nicht nur die Form, sondern auch der Ursprung alles Wandelbaren und aller Veränderung". Nur legte er Raum und Z. „in einen unbekannten unendlichen Stoff hinein", statt — wie er sollte — in uns. Raum und Z. machen das Eigenthümliche unserer Vorstellungsart aus. Es ist alles für uns verloren, was nicht im Raum angeschaut und in der Zeit empfunden werden kann. Schl.s „Kurze Darstellung des spinozistischen Systems". (W. 3. Abt. 4. Bd. I, S. 301ff.) Wellen der Z. 84, 5. Die Z eintheilung beruht auf Willkühr und Schein 9, 15 und ist (10, 3) eine heilige Allegorie. Die Z. lässt im Gemüthe die Gefühle und Bilder wechseln 17, 25. Die Z. bringt zum Handeln, Bilden, Äussern meines Wesens mir Stoff 70, 16. Der reinste Spiegel der Z. ist die Sprache. Der Geist der Z. giebt sich in ihr zu erkennen 63, 9. Unter die Menschen sind die Gaben vertheilt, nicht unter die Z.en 88, 12. Z. und Schicksal 94, 21. Z. ‖ Nothwendigkeit 13, 26; 14, 16. Fesseln der Z. 91, 26. Harte Gesetze der Z. 11, 8. Sklave der Z. = Weltling 65, 4

Welt und Z. ⋀ die innere Grösse des Menschen 45, 9. Sich losreissen von der Z. 12, 12. Ausserhalb der Z. = frei von der Nothwendigkeit Schranken 18, 7. Die Z. umfasst mein inneres Leben nicht 61, 9. Die Z. ist nicht Maass des Geistes 84, 12. Das Anschaun der Freiheit ist zeitlos 18, 7. Das freie Bündniss der Verschworenen für die bessere Z. 62, 9

zeitlich ⋀ ewig, unendlich 11, 4

Ziel. Das Z. des Menschen ist unendlich 89, 31

Zufall. Der Mensch des Z.s Spiel, wenn Entschlüsse nur Wünsche sind 67, 7

Zukunft. Bessere Z. 76, 8. Späte freie Z. 76, 19. Vergangenheit Bürge der Z. 72, 19

Zweck. Leid und Freude erfüllen ihren Z., wenn sie mir meines Wesens Verhältnisse offenbaren 73, 1. Wirken und Thun ist der ganze Z. des Lebens für die, die das innere Handeln nicht kennen 92, 31. Z.e, die der Menschheit durch ihr Wesen aufgegeben sind 72, 9 vgl. 50, 7

Anhang:

Neujahrspredigt von 1792

Über den Wert des Lebens

Neujahrspredigt von 1792

(Die Predigt ist hier wörtlich aus der Gesamtausgabe von Schleiermachers Werken — 2. Abt. 7. Bd. S. 135 ff. — abgedruckt. Das Manuskript, aus dem Sydow sie dort mitgeteilt hat, war bisher nicht zu ermitteln. Die Zahlen der Anm. beziehen sich auf Seite und Zeile dieser Monologen-Ausgabe.)

M. Fr. Der Übergang in ein neues Jahr des Lebens ist ein Zeitpunkt, wo sich der Mensch gemeiniglich aus dem bloßen Genuß der Gegenwart herausreißt und sich wenigstens auf einige Stunden der Überlegung[1] zwischen der Vergangenheit und Zukunft teilt; er umfaßt in seiner Erinnerung einen großen Zeitraum mit allen seinen Freuden und Genüssen, Leiden und Widerwärtigkeiten, mit allen guten Handlungen, die er hervorbrachte, und allen Beweisen menschlicher Schwachheit, die er darin abgelegt hat. So rechnet er mit der Vergangenheit ab und macht sich auch schon wieder seine Vorstellungen von der Zukunft. Etwas scheinen fast alle Menschen bei diesen Betrachtungen miteinander gemein zu haben, ein ruhiges Gefühl der Dankbarkeit über das Vergangene und eine frohe Hoffnung über die Zukunft. Nur der, dem der Stachel des eben jetzt quälenden Leidens nicht Ruhe und Unparteilichkeit läßt, nur der, der den Gram aufsucht, kann von diesen Empfindungen ausgeschlossen sein.

Aber bei aller dieser scheinbaren Gleichheit, wie verschieden sehen nicht dennoch die Menschen das Vergangene und Künftige in diesem Zeitpunkt an. Der eine sieht auf alle vergangenen Freuden, ohne sich der damit verbundenen Widerwärtigkeiten zu erinnern, mit einem tiefen Bedauern zurück[2]; er seufzt über den raschen Gang der Zeit und darüber, daß er

---

[1] Vgl. 11, 20.   [2] 12, 15 ff.

am Ende eines jeden Jahres den nämlichen Seufzer
werde tun müssen, bis endlich zu schnell das letzte
herbeikomme³). Ein anderer freut sich mißmütig
nur über das, was er ausgehalten, was er überstanden
5 hat; nur an die Sorgen und Mühseligkeiten denkt er
zurück; sich der Freude zu erinnern lohnt ihm die
Mühe nicht, um ihretwillen würde er nichts von dem
übernommen haben, was er tat, um sich durchs Leben
durchzuschlagen; froh, soweit gekommen zu sein, sieht
10 er mit angestrengten Kräften einer neuen ebenso mühe-
vollen und langweiligen Zukunft entgegen⁴). Derjenige,
der wirklich viel gelitten hat, läßt doch den
Freuden, die er dabei genossen, wenn er sie auch nicht
ganz vergißt, selten Gerechtigkeit widerfahren und
15 glaubt sich immer vollkommen berechtigt, von der be-
ginnenden Zukunft einen vollen großen Ersatz für
die vergangene Duldungszeit zu erwarten⁵). Von einer
anderen Seite betrachtet sind viele sehr leicht mit
ihren Taten in der vergangenen Zeit zufrieden; ihre
20 Fehler und unrichtigen Handlungen bleiben im Schat-
ten⁶), nur das Gute erleuchtet sich ihrem Blick, nur
in der richtigen Stimmung und den Vollkommenheiten
ihrer Seele finden sie den Grund davon: und so fühlen
sie sich stark und sehen mit einer gewissen Vermessen-
25 heit in die Zukunft, die wie sie meinen nichts ihren
Kräften Gefährliches darbieten kann. Auf andere
machen zwar ihre fehlerhaften Handlungen einen
größeren Eindruck, aber eben das Gedächtnis, was sie
ihnen zurückruft, bringt ihnen auch alle begleitenden
30 Umstände ins Andenken, und überall sehen sie, wie hier
ihre Verhältnisse sie eingeschränkt, da ein unver-
muteter Zufall sie aus der Fassung gebracht, und dort
eine sonderbare Verwicklung sie zu falschen Maßregeln
verleitet hat. So schieben sie alle Schuld auf die Um-
35 stände der vergangenen Zeit und fordern zur Ent-
schädigung günstigere von der Zukunft.

So einseitig schließen die meisten Menschen ihre
Rechnung mit ihrem Leben ab; wenige lassen der
Vergangenheit Gerechtigkeit widerfahren; wenige gehen
40 der Zukunft mit Gleichmütigkeit und gefaßtem Geist

³) 13, 17.   ⁴) 12, 19.   ⁵) 13, 13.   ⁶) 12, 29.

entgegen. Alles das scheint daher zu kommen, weil
die Menschen, jeder durch seinen Zustand verleitet,
den Wert und den Einfluß des Lebens nur von der Seite
betrachten, die sich ihnen zuerst darbietet, und sich
nicht Mühe genug geben, die übrigen ans Licht zu 5
ziehen; und wir werden also unsere Empfindungen
hierüber am richtigsten leiten, wenn wir suchen das
menschliche Leben so gut als möglich von allen
Seiten zu betrachten und seinen Wert und Einfluß
richtig zu schätzen. 10

Text. Ps. 90, 10.

Unser Leben währet siebzig Jahre, und wenn
es hoch kommt, so sind es achtzig Jahre, und
wenn es köstlich gewesen ist, so ist es Mühe und
Arbeit gewesen; denn es fähret schnell dahin, als 15
flögen wir davon.

Die Heilige Schrift enthält mehrere Aussprüche,
welche diesem an Inhalt gleich sind, aber sie werden
gemeiniglich von allen Teilen gemißbraucht; einige
rechtfertigen damit ihren Unmut und legen es als eine 20
allgemeine Geringschätzung alles dessen aus, was uns
das Leben darbietet; andere, welche das Gute desselben vielleicht zu hoch schätzen, wollen sie nicht als
das Ende einer ruhigen Überlegung, sondern als den
Ausbruch einer unmutigen Empfindung von Männern 25
ansehen, welche entweder durch Alter oder durch
Kummer niedergedrückt den Beschwerden des Lebens
nicht mehr gewachsen sind, und vor denen sich die
Freuden desselben desto mehr verschließen, je mehr
schnelle Abwechslungen des Lebens die Kräfte ihrer 30
Seele abgenutzt haben. Von beiden vorgefaßten Meinungen frei wollen wir ganz ruhig diesem biblischen
Ausspruch nachgehen, um seinen Sinn zu erforschen. Da werden wir erstlich darauf geführt
werden, wie überhaupt das menschliche Leben zu 35
beurteilen sei, und dann auch leicht zweitens sehen,
was das Ende dieser Untersuchung unsern Empfindungen am heutigen Tage für eine Richtung
gibt.

I.

Wenn wir da zuerst die Frage untersuchen, wie
das menschliche Leben zu schätzen sei, so lassen
wir uns hier gar nicht darauf ein, über den Wert
5 der menschlichen Seele und des menschlichen Daseins
überhaupt zu sprechen, denn der kann niemand unter
uns zweifelhaft sein; wir wollen nur sehen, wie die
Verfassung, in welche wir auf dieser Erde gesetzt
sind, der Natur unserer Seele angemessen, inwiefern
10 sie imstande sei, unsern natürlichen Trieb nach Wohlsein und Glück zu befriedigen und uns unserer großen
Bestimmung zu nähern, denn das ist es eigentlich,
worüber die Menschen untereinander und oft auch mit
sich selbst uneins sind. Da ist unstreitig unser erster
15 Gedanke, daß es doch wahre Freuden und Glückseligkeit für uns gibt in der Ordnung der Dinge,
in welche wir zum Anfang unserer Laufbahn gesetzt
sind, daß wir nicht nur darin die Freuden schmecken
können, die unmittelbar aus unserm Innern entspringen,
20 sondern daß auch eben die Einrichtungen der irdischen
Welt, die Art des geselligen Lebens mit andern unseres-
gleichen, selbst die leblose Welt um uns her und unsere
Verbindung mit einem irdischen Körper eine reiche
unversiegende Quelle von mancherlei Freuden sind,
25 denen wir ihren wohltätigen Einfluß nicht absprechen
können. Es ist wohl möglich, daß sich uns das alles bisweilen ganz anders darstellt, und wir dann nur die
Unvollkommenheiten des Lebens erblicken; aber, diese
finstere Empfindungsart zu billigen, sie zur herrschen-
30 den zu machen und unsern irdischen Wohnplatz nur
als ein Jammertal zu beschreiben, das gar keinen
Genuß dem bessern Menschen gewähre, unterdes man
doch immerfort durch den Einfluß desselben gewinnt,
auch wo man es nicht bemerkt, das ist doch eine Un-
35 dankbarkeit, wovor uns Gott bewahren wolle, und das
liegt auch gewiß nicht in den Worten unsers Textes
und in dem Ton, wie darin von der Schnelligkeit des
Lebens gesprochen wird.

Aber ebensowenig läßt es sich leugnen, daß es
40 auch wahre Leiden gibt; alles was Quelle von Freuden ist, ist nicht nur durch seine Vergänglichkeit auch

Ursache von ihrer Zerstörung, sondern durch andere
natürliche Unvollkommenheiten auch Ursache mancher
entgegengesetzten ebenso wirklichen Leiden: die Fehler
des geselligen Lebens legen uns mancherlei Bürden
auf, die Natur führt uns bisweilen große Beschwerden 5
zu, und unser Körper hält oft den Geist zurück und
quält uns durch Schwäche und Krankheit. Warum
sollten wir auch das nicht eingestehen? Wissen wir
doch, daß wir hier nur Pilger sind, und daß unser
Vaterland droben ist. 10
Nun aber entsteht die Frage: wie ungleich
diese Freuden und Leiden verteilt sind? Da
scheint mancher mit den ersten so gesegnet, daß er
von den meisten der letztern kaum eine Vorstellung
hat, und wiederum mancher mit den letzten so über- 15
häuft, daß ihm eine Freude noch etwas Seltneres
scheint. Rechnen wir aber von dieser Ungleichheit
das ab, was nur in der Stimmung der Seele, in der
größern oder geringern Fertigkeit, das Gute zu finden
und zu erhöhen und das Übel zu vermeiden oder sich zu 20
erleichtern, gegründet ist; bleiben wir nur bei dem
stehen, wovon die verschiedenen Verhältnisse des
Lebens Ursache sein sollen: so werden wir diese Ungleichheit nicht sehr in Anschlag bringen dürfen,
wenigstens nicht, wenn wir unserm Text folgen. Was 25
für verschiedene Verhältnisse desselben war nicht
Moses von der Erziehung im königlichen Hause bis
zum einfachen Schäferleben und von da wieder bis
zum Führer eines ganzen Volks durchgegangen; aber
es ist, als wenn das nicht wäre, als wenn er da gar 30
keinen Unterschied fände; er spricht nicht: das Leben
des Hirten, nicht: das Leben des Königs, sondern: das
Leben des Menschen überhaupt. Und in der Tat ist es
auch so; nur die Gestalt der Freuden und Leiden, die
uns die verschiedenen Verhältnisse des Lebens ge- 35
währen, ist verschieden, aber das Verhältnis derselben
findet sich überall als das nämliche. Wenn Reichtum
und Ansehen den Genuß des Lebens vervielfältigt und
erleichtert, so legen sie auch manchen drückenden
Zwang auf, der manches Vergnügen entfernt. Wenn 40
ein geringerer Wohlstand die Wünsche einschränkt, so
befreit er zugleich von dem Aufsehen und von der

Zudringlichkeit eigennütziger Menschen; wenn Macht
und Gewalt über andere dem Menschen mehr Freiheit
für seine Kräfte läßt, so sind sie auch mit tausend
Sorgen und Unruhen verbunden, dahingegen das Verhältnis des Gehorsams, wenn es auch manche Entsagung fordert, wiederum eine gewisse Ruhe hervorbringt, weil man nur einem vorgeschriebenen Wege
zu folgen braucht; wenn ausgebreitete Kenntnisse, die
gewissen Ständen nötig sind, dem Geist manche edle
Beschäftigung geben, so fordert die Erweckung und
Unterhaltung derselben viele mühsam und freudenlos
vollbrachte Zeit, die für den Genuß und tätigen Gebrauch des Lebens verloren ist. So werden wir von
allen Verhältnissen des Lebens finden, daß sie sich in
allen mannigfaltigen Abänderungen und mit allen jedes
einzelne begleitenden zufälligen Umständen in Absicht
des Glücks, das sie möglich machen, und des Leidens,
das sie herbeiführen, so ziemlich das Gleichgewicht halten[7]).

Aber diese Überzeugung genügt uns noch nicht für
die Schätzung, die wir vorhaben; wenn jedem das
Leben fast gleichviel trägt, was trägt es nun einem
jeden? Sind der Früchte oder der Disteln mehr? Ist
das Gute oder das Üble überwiegend? So natürlich
diese Frage ist, so schwer ist sie doch zu beantworten.
Das was aufeinander folgt, ist zu verschieden, um
sich vergleichen zu lassen, und wenn wir einen neuen
frisch empfundenen Schmerz gegen alte lange vergangene Freuden oder eine Menge kleiner Annehmlichkeiten gegen ein großes Leid und umgekehrt halten wollen: so haben wir keinen richtigen Maßstab
zu dieser Vergleichung; oft schätzen wir auch in der
Erinnerung ein vergangenes Gut oder Übel nach unserer jetzigen Empfindung, ohne es zu wissen, ganz
anders als zur Zeit des Genusses. So fährt unser
Leben dahin wie ein Strom, und so wenig wir an
seiner Mündung noch jeden Tropfen erkennen können,
den wir in seinem Lauf fließen sahen: so wenig
können wir jeden Teil unseres Lebens genau unterscheiden, wenn er vorbei ist. Das ist gewiß: wenn

[7]) 51, 15.

es vorbei ist, so ist es Mühe und Arbeit gewesen, beständiges Streben und Widerstreben, Niederschlagen und Aufrichten der Seele; aber das Übergewicht des einen über das andere mag so gar groß nicht sein, weil die Schätzung desselben so allein von der Art abhängt, wie wir es ansehen; zum deutlichsten Beweise, daß das Verhältnis des Lebens zu unserm Trieb nach Glückseligkeit nicht den ganzen Wert desselben ausmache.

Vielmehr kommt es bei unserer Schätzung vornehmlich darauf an: wiefern die Einrichtung desselben der Erreichung unserer Bestimmung förderlich ist. Da ist es denn gewiß ebenso falsch, wenn viele Menschen glauben, dieses Leben sei für den menschlichen Geist ein Zustand der Verbannung, nach dessen Ende er immer schmachte, wo es ihm nicht möglich sei, einen Grad der Vollkommenheit zu erlangen. Nein, die Einrichtung dieses Lebens ist voll von Gelegenheiten, unsere Kräfte zu äußern und zu üben, zu erhöhen und zu veredeln! Oder wie, kann nicht ein jeder in seiner Sphäre nach den Gesetzen der Religion und Tugend tätig sein und darin zunehmen? Wird nicht jeder täglich an seine Fehler gemahnt, und hat er nicht Gelegenheit genug, sie durch Achtsamkeit und Widerstand zu besiegen? Wie hoch kann sich nicht der Mensch emporschwingen! Welche Leichtigkeit, das Gute zu üben, welche Freiheit von Leidenschaft, welche Ruhe der Seele, welche Liebe zu Gott, welche lebendige Erkenntnis heiliger Wahrheiten ist ihm nicht möglich! Was ist es doch, daß man klagt, das Leben zöge uns zu sehr zur Erde zurück? Macht uns die Einrichtung desselben irgendeine Tugend unmöglich? Wir sehen ja überall die erhabensten Beispiele, wie sie der Mensch auch unter den ungünstigsten Umständen durch beständigen Streit und Kampf dennoch erringt! Zwingt sie uns etwa zum Bösen? Alles ist ja voll von Beweisen, was für Kraft in dem Menschen und den ihm zugegebenen Hilfsmitteln liegt, auch der größten Verführung auszuweichen und dem erkannten Guten treu zu bleiben! Aber das ist es, daß sie die Schranken der menschlichen Natur nicht übersteigen und eitle Wünsche eines törichten

Herzens nicht erfüllen können. Sie möchten Tugend
haben ohne Kampf, was keine Tugend wäre; sie möchten auf der höheren Stufe stehen, ohne die niedrigere
durchgegangen zu sein. Sie möchten Mittel haben,
5 unfehlbar auf die Menschen zu wirken und alle ihre
Absichten zu erreichen, ohne ihre Absicht selbst vollkommen gereinigt zu haben. Sie möchten Kenntnis und
Hilfe haben von fremden Welten, von fremden Ge-
schöpfen Gottes, weil sie meinen, die Weisheit sei auf
10 jedem andern Wege leichter zu erlangen als auf dem,
den ihnen die Führung Gottes vorgezeichnet hat. So
wollen sie über dieses Leben hinaus; aber haben sie
schon alles erreicht, was ihnen in demselben möglich
wäre? Keiner steht am Ziel! Jeder hat noch viele
15 Kronen vor sich, die er im irdischen Kampf erreichen
kann. Wer noch atmet, hat in der Schule des Lebens
noch nicht ausgelernt.

Aber auch hier ist alles voller Klagen über die
Ungleichheit des menschlichen Zustandes, die Möglich-
20 keit, des Guten teilhaftig zu werden, meint man, sei
ebenso ungleich verteilt wie das irdische Glück.
Der eine, heißt es, hat gar keinen Wirkungskreis
hienieden, seine Kräfte sind entweder ganz gehemmt,
oder er kann sie doch nur als ein Gut ansehen, das
25 er für andere und nach ihrem Willen verwaltet, nicht
als etwas, das ihm eigentümlich gehörte; wie mag er
den niedergedrückten Geist erheben und durch Tätigkeit seine Bestimmung erreichen? Ein anderer hat
einen großen Kreis um sich her, den er gleichsam
30 nach seinem Willen bewegt, nicht nur seine eigenen,
auch anderer Kräfte stehen ihm völlig zu Gebote, in
jedem Fall ist ihm die Handlung möglich, die ihn
durch ihre Schönheit reizt, und so kann er alle Art
der Tätigkeit üben und unzähliges Gute um sich her
35 verbreiten, indes jener kaum sein eignes Bestehen zu
sichern vermag. So wird der menschliche Zustand geschildert, aber geschieht es nicht bloß, um sich selbst
zu entschuldigen, daß man nicht mehr Gutes wirkt?
Man will seinen eigenen Fehler als einen Fehler der
40 Führung Gottes darstellen, man will sich glauben
machen, daß die Gelegenheiten, Gutes zu tun, nicht
dagewesen seien, die man übersehen hat. Und ist

etwa der Glanz und die Größe der äußern Folgen ein
wahrer Maßstab für die menschlichen Handlungen,
und nicht vielmehr das, was in der Seele vorgeht,
und die Kraft, die sie anwendet?[8]) Ein jedes denkbare Verhältnis des menschlichen Lebens legt uns 5
Pflichten auf, durch die wir nützlich sind, deren Aus-
übung uns Mühe kostet, Fehler zeigt und uns also
auf Gott führt und im Guten weiter bringt. Je emsiger
und treuer wir diese erfüllen, desto tätiger sind wir.
O es mag mancher große Veränderungen in der Welt 10
hervorgebracht haben, wovon die Geschichte noch
nach Jahrhunderten spricht, und dabei weniger tätig
gewesen sein als viele, die unbemerkt im Verborgenen
ihren stillen Beruf in der Welt mit Treue erfüllten.

Ebenso ungegründet ist die Beschwerde, daß das 15
Leben gar zu parteiisch die Beförderungen
und Hinderungen der Besserung des Menschen
austeile. Wenn es auch scheint, als ob einigen der
Weg zur Gottseligkeit und Tugend mit Blumen be-
streut wäre; als ob sie keine Hindernisse bei allen 20
ihren Bemühungen fänden und leicht zum Guten ge-
langten, weil sie vom Bösen nicht versucht werden;
wenn es auch scheint, als ob bei manchen andern
gleichsam alles zu der Absicht verschworen wäre, sie
im Bösen zu erhalten und ihnen alle Rückwege daraus 25
zu versperren, sie gleich noch einmal so tief zurück-
zustürzen, wenn sie ein wenig emporgeklimmt sind:
— so ist doch auch das nur Schein. Es gibt nur ein
Böses, wozu der Mensch versucht wird, nämlich daß
er irgend etwas, das seiner Neigung schmeichelt, dem- 30
jenigen vorziehen möchte, was er als gut und dem
Willen Gottes gemäß erkannt hat[9]). Dieses verfolgt
ihn in tausend verschiedenen Gestalten, aber müssen
wir nicht gestehen, daß diese Versuchung allen Verhältnissen des Lebens in gleichem Maß beiwohnt? 35
Aber ein jedes gibt uns auch Mittel an die Hand, uns
herauszuziehen. Das wird jeder bei einer unparteiischen Untersuchung unter allen Ständen und Umständen wahr finden.

---

  [8]) vgl. das „innere Handeln" in den Monologen, s. Index.
[9]) 74, 9.

So ist es also, wenn man alles zusammennimmt,
mit dem menschlichen Leben beschaffen. Es ist ein
Zustand, dessen Zweck nicht der Genuß der Annehmlichkeiten ist, die er darbietet; ein Zustand, der wirklich nicht Freuden genug hat, das ganze Herz an
sich zu ziehen, aber doch genug, um mit Wohlgefallen
darin zu verbleiben und das auszurichten, wozu man da
ist; ein Übungsplatz, wo bei allen scheinbaren Verschiedenheiten jeder mit gleichen Vorteilen und Nach-
teilen auftritt, jeder dasselbe Maß von Kraft findet,
sich zu stärken, dasselbe Maß von Arbeit, seine
Kräfte zu brauchen und durch Überwindung von
Schwierigkeiten zu üben; so ist das Menschenleben
eines wie des andern, und, wie unser Text sagt, Mühe
und Arbeit ist es und soll es sein durch und durch.
Mühe in der Erduldung seiner Beschwerlichkeiten und
in dem natürlichen Bestreben, sie, soviel es mit
höhern Pflichten bestehen kann, zu entfernen; Mühe
in dem Trachten nach mancherlei Freuden; Arbeit in
allen seinen Geschäften; Arbeit in der Überwindung
aller innern und äußern Reizungen; Arbeit in den
schweren und mühsamen Fortschritten zum Guten.
Das ist es ungefähr, was die Worte unsers Textes
über das irdische Leben des Menschen sagen wollten.
Nun lasset uns

II.

fragen, was diese Schätzung desselben unserer heutigen Empfindung für eine Richtung gibt. Was
denken wir nun bei der Rückerinnerung an das Vergangene? Wenn wir das Gute, was wir auch in
dem verflossenen Jahr genossen haben, schätzen
und gegen das Unangenehme abwägen wollen,
so laßt uns nicht die Freuden desselben, welche vorüber sind, mit Undankbarkeit für nichts erklären,
für Kleinigkeiten, die unserer Teilnahme und unseres
Dankes unwert wären; nein, mit Freuden laßt uns
zurückdenken an sie alle als an süße Erquickungen,
die uns Gott auf unserm Wege geschenkt hat, und
ohne neidische Seitenblicke. Nie werden wir dem
verkehrten Gedanken Raum geben, unsere Verhältnisse
und Schicksale mit den Begegnissen anderer zu ver-

gleichen, die uns vielleicht günstiger zu sein scheinen. Wie oft geschieht es nicht, daß Menschen als glücklich beneidet werden, die heimlich über ihr Unglück seufzen und sich über diejenigen wundern, die nicht durch den äußern Schein durchzusehen vermögen, und so würde es uns bei allen solchen Urteilen gehen. Wir sind im voraus überzeugt, daß bei andern eine ähnliche Mischung von Freuden und Leiden stattgefunden habe. Vielmehr vergleichen wir unsere eigenen Begebenheiten nur mit der Bestimmung des Lebens und der allgemeinen Regel desselben, die wir uns eben vor Augen gelegt haben, und so werden wir desto zufriedener sein, je weniger wir große Ansprüche auf reine unvermischte Glückseligkeit machen zu dürfen uns bewußt sind; — oder sollten wir nicht immer gestehen müssen, daß wir Annehmlichkeiten genug genossen haben, um unsere Seele in Tätigkeit zu erhalten und wo es nötig war aufs neue zu beleben? daß wir den Tribut von Leiden und Widerwärtigkeiten, den wir diesem unvollkommenen Zustand schuldig sind, immer haben überstehen können?

Stellt sich uns auf diese Weise der größere angenehme Teil des vergangenen Jahres vornehmlich dar, so laßt uns dennoch nicht zu sehr klagen, daß es so schnell verflossen ist. Von jedem Genuß, so kurz er uns gewesen zu sein scheint, ist uns aller Schnelligkeit ohngeachtet dennoch so viel geworden, als uns bestimmt war, um diejenige Masse von Vergnügen hervorzubringen, welche überhaupt das irdische Anteil der Menschen ist. Scheinen uns alle Freuden mit raschen Schritten geeilt zu sein, so sind ihnen die Leiden in dem nämlichen Zuge gefolgt. Wenn wir freilich ein vergangenes Jahr nur nach Maßgabe des Vergnügens schätzen müßten, was uns als Überschuß über die Leiden zuteil geworden ist, so wären wir immer berechtigt, es kurz und arm an Inhalt zu nennen; aber wir kennen ja eine andere Bestimmung desselben; laßt uns doch nicht nur nach dem sehen, was wir empfunden haben, was an uns geschehen ist, sondern vornehmlich nach dem, was wir getan haben; und finden wir viel Tätigkeit der Seele, viel Fleiß im Guten, viel wohleingerichtete nützliche Handlungen

darin, so wollen wir nicht sagen, daß es leer und
schnell vergangen ist, und wenn uns auch alle Glück-
seligkeiten desselben jetzt nur noch als ein Traum
erscheinen.

Erwägen wir aber diese Handlungen selbst,
welche im verflossenen Jahr unser Werk waren, so
wird auch diese Erinnerung durch unsere vorher-
gegangene Überlegung richtiger und fruchtbarer gemacht werden. Erstlich, wir werden uns nun nicht,
wenn uns die Summe der guten Taten zu klein scheint,
täuschen, nicht glauben, daß wir allein hinter unseren
Brüdern stehen, daß unsere Lage uns weniger Gelegenheit gegeben, im Guten tätig zu sein, als irgend
einem Menschen der Erde. Und wenn wir uns nun
diese Täuschung nicht erlauben, so werden wir es bei
genauer Aufmerksamkeit wohl entdecken, wo unsere
Nachlässigkeit das Gute, das auf unserm Wege lag,
übersehen, wo unsere Trägheit auch das, was wir
sahen, unausgeübt gelassen. Haben wir uns aber diesen
Vorwurf weniger zu machen; gibt es Stellen in dem
Vergangenen, wo wir es uns gestehen dürfen, daß
unsere Seele mit Munterkeit und Lust ausgerüstet
gern tätig war, so viel sie es vermochte: so laßt uns
unsere Dankbarkeit und Zufriedenheit darüber nicht
durch ein vergebliches Mißvergnügen über die Art
dieser Tätigkeit stören; haben es uns Vernunft
und eigene Erfahrung einmal versichert, daß unter
keinen Umständen des Lebens ein Tag untätig und
ungenutzt vorbeistreichen darf, so laßt uns doch uns
daran genügen; laßt uns unsern Beruf ehren und lieben,
wenn er auch still und unbemerkt ist; laßt uns mit
der schönen Seite desselben uns vertraut machen, daß
nicht der Glanz und die Größe der äußern Folgen, die
wir in den Handlungen anderer bemerken, uns ver-
blenden und falsche Triebfedern in unsere Seele
bringen.

Richten wir ferner nun unser Auge auf die Güte
unserer Handlungen, so werden wir vielleicht viele
erblicken, deren wir uns als unrecht und fehler-
haft schämen, und wenn wir den ganzen Zusammenhang und die Umstände, unter denen wir handelten,
bedenken, so werden wir vielleicht manches darin

finden, was diese Fehler ganz natürlich herbeigeführt
zu haben scheint; aber wir sind gewiß weit entfernt,
diese Entdeckung zu mißbrauchen, um einen gewissen
Leichtsinn in der Beurteilung unserer selbst zu be-
schönigen und die Schuld des Bösen nicht auf uns,
sondern auf unsere Zustände zu schieben. Wir haben
uns fest überzeugt, daß es kein Verhältnis des Lebens
gibt, wo man zum Bösen gezwungen es nicht vermeiden könnte. Sind wir es uns nicht selbst bewußt,
daß selbst zu der Zeit, da wir fehlten, Kräfte genug
in uns lagen, um alle dem zu widerstehen, wenn wir
nur den Willen gehabt hätten, sie zu gebrauchen; und
die immer bereite Hilfe der Religion, war sie uns
denn unerreichbar? Nein! wären wir nur besser gewesen, so könnten wir nicht nur unter diesen, auch
unter noch weit ungünstigern Umständen besser gehandelt haben. Sehen wir also andere neben uns, die
von diesen Fehlern frei sind, werden wir unserm Stolz
die armselige Zuflucht erlauben, ihr Leben für besser
eingerichtet zu preisen, um sie selbst nicht für besser
halten zu dürfen? Keines Menschen Leben, wissen
wir, ist leer an Versuchung, und wenn auch die Handlungen, wozu sie verleitet werden, nicht alle den
nämlichen Schein haben, so werden sie doch alle in
gleichem Maß versucht, vom Guten abzuweichen.
Kennst du die innern Kämpfe, die derjenige hat durch-
streiten müssen, den du als einen begünstigten Liebling
ansiehst, weil du die äußere Versuchung in seinem
Leben nicht sahst, denen du unterlegen bist? Aber
gehe in dich und bekenne; keiner wird versucht über
sein Vermögen, und dein ist die Schuld, wenn du
nicht obgesiegt hast. Eben diese Überlegung, welche
uns unsere unvollkommenen Handlungen in dem rechten Licht zeigt, macht uns auch bescheiden bei der
Freude über das Gute, was wir in der vergangenen Zeit von uns getan finden. Ja wir freuen uns
darüber; mit dankbarer Rührung erinnern wir uns
der liebevollen Führung Gottes, welche uns auf dem
Weg des Lebens so vielen Veranlassungen begegnen
ließ, bald durch richtigere Erkenntnisse unsern Verstand aufzuhellen, bald durch tiefere Blicke in uns
selbst uns neue Ziele, nach denen wir ringen, auf-

zustecken; bald durch besonders segensvolle Eindrücke
von der Liebe und Hoheit Gottes unsere Seele zu erheben, bald mancherlei Handlungen der Liebe und des
Wohlwollens gegen andere zu üben — aber werden
5 wir uns nun vermessen, daß zu allem diesem Guten
unbedingt die Kräfte immer in unserer Gewalt stehen?
Wie nun, wenn alle diese Gelegenheiten mit den stärksten Versuchungen auf die schwache Seite unseres
Herzens begleitet gewesen wären, würden wir immer
10 stark und fest genug gewesen sein, zu überwinden?
Daß wir manche gute Handlung gerade dann tun konnten, als irgend etwas unsere Seele besonders gestärkt
und des Guten fähig gemacht hatte; alle diese größeren und kleineren Hilfsleistungen, die uns von außen
15 gekommen sind, wessen Werk sind sie, als dessen,
der so viele Beförderungsmittel des Guten in das
irdische Leben überhaupt legte, und der den besondern
Gang eines jeden mit der liebevollsten Weisheit leitet?
— So können wir mit einem ruhigen Wohlgefallen in
20 die Vergangenheit blicken. Seine Führung hat uns in
nichts vernachlässigt, sie hat uns an Gelegenheit zur
Freude und zum Guten unsern Brüdern gleich und
sehr weise bedacht, und unsere Aussicht in die
Zukunft, sollte sie nicht die nämliche sein?[10]) Ge-
26 wiß, wenn wir unsere Vorstellungen von dem, was
uns etwa bevorsteht, nach den Begriffen einrichten,
die wir uns eben jetzt auseinandergesetzt haben.
Wer der Vergangenheit hat Gerechtigkeit widerfahren
lassen, dem bietet auch die Zukunft kein Schreckbild
30 dar, das ihm lauter Unglück darstellte; aber ebensowenig werden wir auch leiden, daß eine trügende Ein-
bildungskraft ihrem Bilde glänzendere Farben unter-
lege, als sie wirklich hat; wir werden uns nicht etwa
erlauben, träumerische eitle Hoffnungen auf sie zu
35 bauen, wie es ein leichter Sinn zu tun pflegt. Soll
etwa nun alles anders werden, als es bisher gewesen
ist? Lassen wir nun alle Sorgen und Kümmernisse
der Vergangenheit dahinten? Wird dieses Jahr ein
neues Schicksal für uns schmieden, aus der Erfüllung
40 unserer liebsten Wünsche zusammengesetzt? Werden

---

[10]) 72, 19.

wir nun unfehlbar dies oder jenes irdische Gut erlangen, das wir bisher nicht erreichen konnten? Ist
es diese oder jene bestimmte Freude des Lebens, diese
oder jene bestimmte Art des Wohlseins, auf die wir
Rechnung machen können? Nein, so unähnlich der
Vergangenheit wird die Zukunft nicht sein; es geschieht nichts Neues unter der Sonne und wird auch
nichts geschehen; die Zukunft wächst aus dem Keim
der Vergangenheit hervor und ist ihr ähnlich; auch
dies angehende Jahr wird seinen vorigen Brüdern in
dem Stück ähnlich sein.

Und so heißen wir dich willkommen, du neues
Jahr; wir kennen die mancherlei lebhaften und sanften,
starken und lieblichen, erhabenen und unschuldigen
Menschenfreuden, die du mit dir führst; wir sind ihrer
Begleitung gewohnt, und froh gehen wir ihnen aufs
neue entgegen; wie uns eine jede derselben erscheinen,
wo sie uns die Hand reichen, wie lange sie bei uns
weilen wird, das überlassen wir der Macht, die uns
führt, aber treffen werden wir sie alle, des sind wir
gewiß. Doch auch ihr werdet nicht zurückbleiben,
ihr größeren und kleineren Leiden des Erdenlebens,
manche Freude werdet ihr unterbrechen, manche
Stunde werdet ihr uns trüben, manche Seufzer unserer
Brust erpressen; aber kommt auch ihr, ihr seid unser
beschiedenes Anteil, wir können euer Recht an uns
nicht ableugnen, solange wir noch den Stempel des
Irdischen tragen, wir werden mit euch streiten, wir
werden unsere Kräfte an euch üben, wir werden
unsere Abneigung besiegen, wenn wir euch nicht
vertreiben können, wir werden uns an die Gesinnungen
der Religion stützen, wenn ihr uns zu mächtig werdet,
und so wird auch diesem Jahr das allgemeine Kenn-
zeichen eingedrückt sein, daß es Mühe und Arbeit
sein muß. Sollte bei diesem Los irgend jemand um
uns sein, den wir beneiden werden? es fällt auch
einem jeden unserer Brüder schwer an dem nämlichen
Joch, und nur der ist am besten dran, der es am
besten zu tragen weiß.

Und was hoffen wir nun von uns selbst in
dieser neuen Zukunft? was wird sie zu unserer Besserung, zu unserer Veredlung beitragen? O da brauche

ich es wohl nicht erst zu erwähnen, daß niemand
von uns sich der kleinmütigen Meinung überläßt, als
ob wir dazu hier weder Gelegenheit noch Kräfte
hätten und immer auf dem nämlichen Fleck des Elends
und der Unvollkommenheit stehen blieben. Selbst wenn
jemand unter uns sein sollte, dem entweder eine neuer-
liche Demütigung seiner selbst, oder der große Abstand
dessen, was er ist, gegen das, was er zu sein wünscht,
oder auch ein wirklicher Mangel an Fortschritten im
Guten Veranlassung zu einer merklichen Unzufrieden-
heit mit dem Vergangenen in diesem Stück gegeben
hätte, selbst dieser kann nicht einen so verzagten Begriff fassen. Das Nachdenken über das Vergangene
zeigt ihm die Möglichkeit des Besseren, das Mißvergnügen über seine Fehler erfüllt ihn mit einem edlen
Mut, und die Anhänglichkeit an die Religion gibt ihm
die Stärke, die diesem Mut angemessen ist. Wir alle,
sind wir nicht jetzt voll eines heiligen Eifers gegen
die Schwäche, deren wir uns bewußt sind? haben wir
nicht aus der Überlegung des Vergangenen nützliche
Lehren in dieser Rücksicht gezogen? sind wir nicht
eben jetzt beschäftigt, unsere besten Maßregeln für
alle Fälle festzusetzen, wo wir versucht werden könnten? brennt nicht in uns eine heiße Begierde nach
dem Guten, was wir bis jetzt noch verfehlten? sehen
wir nicht schon im Geiste leichtere und sicherere Mittel
dazu? wie spannen wir nicht unsere Kräfte! wie wollen
wir nicht danach ringen! Aber freilich so schön wird
nicht alles gehen, wie wir es jetzt wünschen oder uns
vornehmen. Auf einmal werden wir uns nicht von nun
an zu Mustern alles Guten erheben und alle Schwach-
heiten hinter uns lassen. Selbst dieser jetzt gefühlte
Eifer wird oft erkalten in unserer Seele, oft werden wir
ihn vergeblich hervorrufen wollen, aber dessen können
wir uns getrösten, wir werden alle unsere Wünsche
von der Art insofern erreichen, als wir sie immer
recht ernstlich wollen werden.

Laßt uns getrost in unser Leben hinaus sehen;
sollten wir etwa gerade in dieser Rücksicht vor den
Einschränkungen desselben zittern? O wir mögen es
uns denken wie wir wollen, überall wird es reich
sein an Aufforderung, Gutes zu tun, es wird keine

Gewalt da sein, die uns zurückzwingt, alle diese Schätze
sind unser, wenn wir Eifer haben, sie zu sehen, und
Stärke, sie zu heben. Laßt uns Freude haben; fühlen
wir einen guten Willen und ein demütiges Herz, so
werden wir wirklich manche davon besitzen. Frömmig- 5
keit und Tugend werden uns selige segensreiche
Augenblicke bereiten, reicher werden wir uns durch
Tätigkeit an manchem Guten finden, und manche
schwere Handlung werden die wohltätigen Einwir-
kungen unseres Lebens freundlich erleichtern. Aber 10
irdische Unvollkommenheit wird uns oft schwach und
lässig machen, und dann wird vielleicht das Böse uns
zur übelsten Stunde versuchen. O, wir müssen nicht
unterliegen! wer darf sagen, daß er müßte? Aber
laßt uns wachen und beten, daß wir nicht in 15
der Anfechtung fallen[11]), laßt uns tapfer sein
als die Streiter Gottes, angetan mit allen Waffen, die
er uns verliehen. So sehen wir auch hier Mühe und
Arbeit voraus, kämpfen und ringen, steigen und fallen.
Laßt uns nicht klagen! Es ist die Bestimmung unseres 20
Lebens. Laßt uns nicht wähnen, nur auf uns ruhe
dieses Schicksal! Es ist das Los aller, immer dasselbe
unter tausend Gestalten, und töricht der, der die, die
ihm geworden ist, mit einer andern vertauschen möchte!
Denn wenn er nicht da siegt, wo ihn Erfahrung klug 25
gemacht haben sollte, wie wird er sich da nehmen,
wo er noch unbekannt ist? Aber schnell, schnell wird
auch dieses Jahr vergehen wie ein Strom; darum laßt
uns eilen, von nun an jeden Augenblick anzulegen;
immer sei unser Herz ruhig bei der Führung Gottes, 30
immer unsere Seele des Guten und der Liebe zu ihm
voll, immer unser Geist demütig mit Flehen zu dem
gerichtet, der den Demütigen Gnade gibt, und der auch
uns geben wird das Wollen und das Vollbringen! Amen.

---

[11]) Matth. 26, 41.

Über den Wert des Lebens

Die Handschrift, aus der Dilthey im Anhang seiner Biographie Schleiermachers das Folgende abgedruckt hat, befindet sich im Besitze der Literatur-Archiv-Gesellschaft zu Berlin. Dilthey hat durch Anführungszeichen die Abschnitte kenntlich gemacht, die er wörtlich wiedergibt; in den dazwischen stehenden Sätzen sind oft lange Stücke des Schleiermacherschen Textes aufs ·kürzeste zusammengezogen. Aber auch der in Anführungszeichen gesetzte Text ist oft, ohne daß dies erkennbar ist, gekürzt, überdies ist der Abdruck nicht immer völlig genau. So war zu erwägen, ob nicht der ganze Text auf Grund der Handschrift neu gedruckt werden sollte. Ich habe darauf verzichtet, weil erstens der Umfang der Handschrift fast viermal so groß ist, wie das von Dilthey Mitgeteilte; im Format dieser Monologenausgabe würde der vollständige Abdruck gegen hundert Seiten beansprucht haben. Wäre er aber auch inhaltlich lohnend erschienen? Kaum, denn — und dies ist das zweite — die von Dilthey durch kurze Inhaltsangaben ersetzten Stücke sind zum großen Teil in der Tat weniger bedeutend, so reizvoll die Plastik des Ausdrucks an einzelnen Stellen sein mag, und Diltheys Zusammenfassungen, soviel ich nachgeprüft habe, durchweg zutreffend. An einigen Stellen habe ich im Interesse leichteren Verständnisses die Schleiermacherschen Gedanken oder Worte etwas genauer wiedergegeben, im ganzen aber einfach Diltheys Text neu gedruckt. Für einen völligen Abdruck der Schleiermacherschen Handschrift würde höchstens in einer kritischen Gesamtausgabe seiner Werke Raum sein. Damit der Leser mein Verfahren nachprüfen kann, habe ich den Anfang bis zu den Worten „was nicht Torheit ist im Menschen, offenbart" (bei Dilthey S. 47 Mitte bis 48 unten, hier bis 172 oben) wörtlich aus der Handschrift abgedruckt. Die Verschiedenheiten sind, wie man beim Vergleich mit Diltheys Text sehen wird, nicht erheblich, abgesehen natürlich davon, daß Dilthey ein sehr langes Stück der Handschrift sehr kurz zusammengezogen hat. Die am Rand in eckigen Klammern beigefügten Seitenzahlen sind die des Diltheyschen Abdrucks.

I.

Selbstprüfungen

[47] | „Warum sollt' ich mir's leugnen, daß ich mich gestern mit einem größern Reichtum von Gedanken
5 und Empfindungen, gleichsam voller des vergangenen

Lebens und seines Eindrucks auf mich niederlegte als gewöhnlich? daß ich jetzt mit einem rascheren Schlage des Herzens, mit mannigfaltigern Bildern, mit einer wärmeren Geschäftigkeit großer Ideen erwacht bin als sonst? — als ob ich nun eine größere Zeit zurückgelegt, für eine größere Zukunft zu sorgen hätte. Daß ein Jahr meines Lebens hin ist, gibt ja wohl diesem Tag eine höhere eigentümliche Bedeutung; ob sie gleich nur auf einer willkürlichen Bestimmung beruht, obgleich das Leben gestern keinen Sprung vollendet hat und heute keinen neuen anfängt. Es geht ununterbrochen immer leise und feierlich seinen gleichen Schritt: jeder Abend fordert ebensoviel Vergangenheit von mir: jeder Morgen überliefert mir ebensoviel Zukunft als der andere. Aber es ist doch nicht bloße Täuschung, die den besonderen Eindruck dieses Morgens hervorbringt. Eben weil das Leben so ununterbrochen fortströmt, werd ich jeden Augenblick von Vernunft und Gefühl an Handlung und Genuß gemahnt. Die Vernunft verdammt mir, wie billig, jedes müßige Spiel der Phantasie mit Vergangenheit und Zukunft; die Empfindung reißt mich ungeduldig von jeder kalten Betrachtung darüber hinweg, welche ihr keinen unmittelbaren Genuß darbietet — und doch! was ist gesammeltes Nachdenken über das Ganze des Lebens mir für ein großes Bedürfnis! Hier ist es endlich, wo sie beide zu diesem Endzweck übereinstimmen, und wo ich nicht eine hinwegzustoßen brauche, um der andern folgen zu können, hier ist eine Zeit, die ich mit allen meinesgleichen nur als einen Punkt anzusehen gewohnt bin, ohne Größe und Eigenschaft an sich selbst, bloß bestimmt, die Grenze zweier Abteilungen des Lebens zu bezeichnen. Die Gegenwart, die mich sonst in ihrem nichtigen Strudel fortreißt, als ob sie nur in sich selbst bestände und ihr alles außer ihr fremd wäre — sie scheint in die|sem Augenblick gar nicht da [48] zu sein und ich teile mich in Vergangenheit und Zukunft; ich bin gleichsam nicht, aber ich war und ich werde sein. Die gierige Empfindung ist heute ohne Ansprüche, und was ich ihr widme, muß sie als ein Geschenk hinnehmen. So höre ich lauter und wirksamer das Gebot der Vernunft, vorwärts und rückwärts

zu sehn; so hofft sie es von der betäubten Empfindung
zu erhalten, daß ein solches Geschäft nach ihrer Weise
und in ihrer Ordnung vollbracht werde. Aber ist es
bloße Ergebung, was diese so sehr beruhigt? O ich
will mich hüten! Ich fühle es, sie schmeichelt sich
sicher genug mit der Hoffnung, sich unvermerkt hinein-
mischen zu können und statt der trocknen scharf be-
zeichnenden Schrift der Vernunft ihre Zauberpinsel,
ihre Bilder, ihre ineinander laufenden Farben unter-
zuschieben."

„Vorwärts hab ich die ganze Zukunft vor mir; es
ist nichts in ihr, was getrennt werden könnte — ein
großes, unbestimmtes Bild. Rückwärts — kann ich es
nicht unternehmen, das Ganze mit einem Maßstab zu
messen; ich habe, seinen Anfang gegen diesen Augenblick gehalten, meinen Zweck, meine Art dazusein,
ja fast mein ganzes Wesen mehr als einmal gewechselt;
oft würde ich mich nicht erkennen, oft vergeblich
nachsinnen, was ich war und sein wollte, oft würde der
Faden, an dem ich fortging, mir abgerissen scheinen.
Glücklich also, daß die nämliche Täuschung, die diesen
Blick begünstigte, ihn auch einschränkt. Statt des
Ganzen der Vergangenheit stellt sich mir ein Teil dar,
mehr eins, mehr übersehbar und dennoch mannigfaltig in seinem Inhalt und groß in seinem Verhältnis
zum Ganzen, mit einer Klarheit, die ich vergeblich
hie und da vermindert wünschte, mit allen seinen Freuden und Widerwärtigkeiten, mit den deutlichsten Zeug-
nissen, wie ich beides hingenommen, mit allen guten
Handlungen und allen Beweisen meiner Menschlichkeit.
So tritt er vor mich und reißt mich gewaltsam mit
sich fort vor einen doppelten Richterstuhl; er will
mich nicht verlassen, bis was ich ihm und er mir
war, Empfindung und Vernunft beurteilt haben, um mich dann den Erwartungen und Gesetzen, die sie beide über die Zukunft machen
werden, hinzugeben."

„Wie süß ist mir die ungestörte Einsamkeit, worin
ich mich diesen Betrachtungen überlassen kann! Ich
kann sie genießen, weil sich niemand zudrängt, um
meine Gedanken mit mir zu teilen — ihr süßen Geschöpfe um mich her begehrt nur einen Augenblick,

um mich zu umarmen und mich eure Liebe in euren
Augen lesen zu lassen. Wenn ich an den Tag denke,
den die Menschen gemeinschaftlich vornehmlich zu
diesem Zweck bestimmt zu haben scheinen, und den
doch meistenteils einer dem anderen wegstiehlt — was
für ein buntes widriges Bild bringt mir das auf einmal
in die Seele. Der abgeschmackteste gesellige Zwang
treibt einen bei dem andern umher, aber selbst indem
sie bloß um eines andern willen da zu sein scheinen,
blitzt eine wilde Begierde aus ihren Augen, die Selbst-
sucht lauscht ängstlich hinter der Szene und sehnt
sich, den Augenblick zu beschleunigen, wo die Geselligkeit mit Anstand abtreten kann, um sich ihrer
eignen ungestümen Rolle zu entledigen. Und wenn
sie nun dazu kommt — was für ungereimte Bilder des
Kommenden! was für törichte Rechnungen, was für
ein einfältiges Anstaunen des Vergangenen! was für
falsche, es seien nun kitzelnde oder undankbare Erinnerungen! Statt daß sie wähnen, sich nun einmal
über die niedrige Sinnlichkeit in die höhere Sphäre
der Betrachtung erhoben zu haben, so befriedigen sie
ihre kleine Seele nur mit einem ebenso niedrigen Genuß, mit einer gleichsam privilegierten gegenseitigen
Ergießung kindischer Ideen und leerer Redensarten.
Aber auch selbst unter den Besseren, die ich nicht
gern mit jenem großen Haufen vermengte, kenne ich
wohl viele, die mir hierüber genügten? Alle zwar, bei
denen die Empfindungen etwas tiefer greifen, haben
etwas in ihren Urteilen oder vielmehr in den allgemeinen Eindrücken ihres Urteils miteinander gemein:
ein gewisses ruhiges Gefühl der Dankbarkeit über
die vergangene [Zeit] und eine frohe Erwartung der
Zukunft. Nur der, welcher den Gram für seinen Freund
hält und geflissentlich seine irreleitenden Spuren aufsucht, nur der, dem der Stachel des eben jetzt quälenden Leidens weder Vergessenheit noch Ruhe und Unparteilichkeit vergönnt, nur der kann von diesem allgemeinen Gefühl ausgeschlossen sein. Aber wie wenig
erschöpft auch dieses Gefühl, und wie ist auch das
wenige fast bei allen so unrichtig und unverhältnis-
mäßig gemischt. Das kommt daher, weil auch das
nicht einmal auf die rechte Art entstanden ist. Sie

meinen wohl, es sei eine fromme Ergebung, eine weise
Gelassenheit oder eine recht mit Mühe errungene Fertigkeit, das Böse zum Guten, das Unangenehme zum
Angenehmen zu kehren. Sie meinen ordentlich, es
5 habe sie gekostet, sich über die finstere Seite des
Lebens mit sich zu einigen, oder sie ihm zu übersehen, aus Gnaden und in Betracht der großen Kräfte,
die in ihnen selbst lägen, das zu verbessern. Wie die
Könige maßen sie sich an, gnädig zu sein, noch ehe
10 sie gerecht gewesen sind. Ach es ist ein gar wunder-
liches Spiel, was sie mit sich selbst treiben. Dasein,
Dasein! das ist ihnen so eine gar köstliche Sache,
und die innige Freude daran füllt ihre Seele so ganz,
daß sie gar nicht darüber hinauskommen können, daß
15 sie in der Erinnerung über der Sache selbst gar gern
die Art, wie sie sie besessen haben, vergessen. Sie
haben gelebt! Was für ein herrliches reichhaltiges
Gefühl! Um sich dem ungestört so im ganzen zu überlassen, opfern sie ihm die Betrachtung einzelner Teile,
20 ihre Beschaffenheit mag gewesen sein welche sie
wolle, mit willigem Herzen auf und versenken sich nur
in dies eine große Bewußtsein. Sie werden leben! Was
brauchen sie noch mehr, um sich der Zukunft zu
freuen? Oder wenn das nicht die wahre Quelle jenes
25 dunklen unzersetzten Gefühls über das Ganze wäre,
wenn es aus einer richtigen Schätzung aller einzelnen
Teile, einer ordentlichen Vergleichung nach selbst-
gebilligten Grundsätzen entstanden wäre, wie käme es
denn, daß ich fast lauter schiefe Urteile höre, wenn
30 ich sie zu diesen einzelnen Teilen hinführe? — und so
hab ich sie doch immer gefunden. Wie wenige gibt
es da, welche das, was bloß ihnen einen Wert hat,
gegen die allgemeinen Zwecke und Einrichtungen des
Lebens in das rechte Verhältnis setzten? die selbst
35 diese großen, oft so ineinander laufenden Interessen
desselben richtig gegeneinander abwögen? bei denen
nicht die letzten Empfindungen und Ideen, die ihnen
ein Gegenstand gegeben, die Farbe ihres allgemeinen
Urteils über denselben bestimmte? welche den schie-
40 fen Blick, den ihnen ihr Temperament und ihre Stimmung ein für allemal gibt, auch nur für den Augenblick
des Nachdenkens zu berichtigen wüßten? welche alles

Vorige durch die einzige Kunst miteinander vereinigten: aus sich selbst herauszugehen, um ein ehrliches und unparteiisches Urteil über das zu fällen, was sie betrifft? Sie wissen kein Mittel zu treffen; entweder kleben sie mit ihren Augen nur an einzelnen Teilen, sie lassen sich von jenem allgemeinen Gefühl des Lebens täuschen, bleiben — wohlverstanden: in der Erinnerung — nur überhaupt bei dem wechselnden mannigfaltigen Wirken verschiedener Gegenstände auf sie stehen, halten den Eindruck, den ihnen das gibt, für einen Eindruck, der aus der Würdigung aller einzelnen Teile ihres Lebens entstanden wäre, und glauben so, etwas vollendet zu haben, wovon sie noch gar keinen Anfang machten. — Wie, wenn es ein beglückender Wahn wäre? Wenn eben der Mangel an wahrer Kenntnis des Lebens es ihnen versüßte? Was würde es mich helfen? Für mich gibt es keinen.

Mit magischen Banden bin ich an die ernste Wahrheit wie Gandalin an die verschleierte Jelängerjelieber[1]) gefesselt; ohne vorher zu wissen, ob Schönheit oder Häßlichkeit unter ihrem Schleier verborgen sei, häng ich doch immer einzig an ihr, und wer sie mir raubt, unterdes ich um sie streite, dem jag ich mit rastlosem Eifer nach. Ich muß also suchen, was Wahrheit an dem Leben ist; und sollte man sich seiner nur dann freuen können, wenn man sich täuscht, ich müßte es wissen, um so wissentlich unglücklich zu sein; aber mein Dasein verachten zu müssen, würde mir dennoch ein Gefühl geben, das ich nicht vertauschen möchte gegen das kleine Glück derer, die im Finstern tappen. Aber getrost, glücklicher als Gandalin leb' ich schon lange des festen Glaubens, daß Jelängerjelieber und Sonnemon, daß Wahrheit und Glückseligkeit nur eins sind. Diese ist die Gestalt, in der sie sich den Toren und der Torheit des Menschen jedem auf seine Weise zeigt und jeder sieht, was er sich einbildet; jene ist die, worin sie denen, die gern

---

[1]) Die Geschichte, die Schleiermacher hier im Sinne hat, und die damals offenbar allgemein bekannt war, ist Wielands Dichtung: Gandalin oder Liebe um Liebe, 1776.

aufhören möchten Toren zu sein und dem, was nicht
Torheit ist im Menschen, offenbart.“

Wie geht es doch den meisten mit ihren Überlegungen des Lebens!

Da ist einer, dessen Losung Genuß ist und
dem seine Erinnerung, indem sie die Menge von Gegen-
ständen, welche auf ihn wirkten und dräng|ten, um
sein Leben auszumachen — als seien sie alle nur
seinetwillen dagewesen — ihm zurückruft, Reichtum
und Fülle des Daseins vorspiegelt; dessen Phantasie
und Empfindung längst im Dienst einer geflissentlichen
Täuschung stehen, vermöge deren sie von allen
schmerzlichen Bewegungen der Seele nur die allgemeinen Eindrücke der Tätigkeit, wie schnelle Folge,
Mannigfaltigkeit, Spannung der Seele überliefern; so
daß solchergestalt das Urteil über das, was ihm das
Leben war, in Absicht eines großen Teils desselben
in ein Urteil über das verwandelt wird, was es nun
noch, zusammengefaßt in ein allgemeines Bild, für
ihn ist. Aber auch in dieses Wahnbild drängt sich
ein stechender Schmerz, der über die Schnelligkeit
des Lebens.

„Was bringt wohl die sonderbare Stimmung hervor, in welcher G** immer bei solchen Überlegungen
ist? Er war fast immer glücklich, aber er redet von
der Vergangenheit nie anders als von einer Last, die
er glücklich abgelegt. Auch sein Blick bleibt auf einem
allgemeinen Eindruck ruhen. Seine natürliche
Trägheit malt ihm das ganze Gewicht der Gegenstände und ihrer Wirkungen nur in der Form, wie
alles ihn bestimmte und seine Gegenwirkung
erforderte. Sie alle scheinen ihm Streiter, durch
die er nach und nach zum Kampf herausgefordert
oder sie selbst gereizt hat; gern gedenkt er der
Stöße, die sie auf ihn taten und denen er künstlich
auswich oder fest widerstand. Die dienstfertige Phantasie leiht ihnen, wie ein Schlachtbericht dem ent-
gegenstehenden Heere, eine Stärke, die sie nicht
hatten. So viel ich auch mit ihm lebe, habe ich doch
immer vergeblich versucht, ihn aus diesem Wahn
herauszureißen.“

„Über seine und Hedions Schätzung des Lebens hielt sich D* immer mit einem gewissen Stolze auf. Er fühlt sich immer voller Kraft und daher scheinen ihm bei einem nicht weniger flüchtigen Blick alle die unzähligen Dinge, mit denen er in Gemeinschaft gestanden, nur dagewesen zu sein, um Eindrücke von ihm zu bekommen und ihm so Denkmale seines Daseins zu stiften. Fände er wenig Stellen, welche sich durch bewirkte Veränderungen und ausgeführte Absichten auszeichneten, so würde sich der vergangene Zeitraum, so lieb er ihm auch in der Tat war, doch jetzt in die Farbe der Langeweile hüllen und das Leben ihm eine Rolle scheinen, weit unter dem Schauspieler, der darin auftreten soll, die durch lauter Kleinigkeiten spielt, ohne irgendeine Stelle, wo er seine Kräfte entwickeln und sein feines Kunstgefühl zeigen könne. Wohl ihm, wenn er nicht oft so an sein vergangenes Leben zurückdächte! Im Handeln selbst hatte er noch einen andern Maßstab der Schätzung seiner Handlungen, da begriff sein Ideal noch etwas anderes in sich, als eine soviel möglich immerwährende und heftige Äußerung der Kräfte seiner Seele. Jetzt in der Erinnerung weicht das hinter ihm zurück. Leben ist ihm tätig sein und er jagt nach dem Bewußtsein, viel und sehr gelebt zu haben.“

„So geht es den meisten mit ihren Überlegungen des Lebens. Wem jede einzelne Seite des Lebens in der betrachtenden Erinnerung nicht eben das gilt, was sie ihm in der genießenden Gegenwart galt, der hat notwendig einmal oder das andere geirrt. Man kann unmöglich, wenn man einen Teil des Lebens richtig schätzen will, so hitzig alles nach einem allgemeinen, oft durch den gegenwärtigen Eindruck verfälschten Gefühl modeln.“

„Soll ich das traurige Schicksal erfahren, Fehler zu sehen, ohne sie auch nur in demselben Augenblick vermeiden zu können? Meine jetzige | Empfindung [50] soll mich wenigstens nicht bestechen, das will ich erzwingen. Verlaßt mich, alle ihr teuern Triebfedern meines jetzigen Daseins! Daß keine einzelne, nicht der gemeinschaftliche Eindruck aller zusammen mein Urteil bestimme! Geh, du unglückliche und doch ge-

liebte Liebe¹ᵃ), die du mir bei dem edelsten, nie so
empfundenen Einfluß auf Herz und Geist dennoch
nichts als trübe Stunden und einen schweren langen
Kampf der Vernunft mit unerreichbaren, aber innig
genährten Wünschen weissagst! verbirg dich nur für
jetzt und klopfe nicht an die Tür meines Gedächt-
nisses. Du Bild des geliebten Freundes, dessen Schicksal die Freuden der Mitteilung durch eine weite Trennung aufhält²), errege mir jetzt keine schwermütige
Sehnsucht! Ihr guten jungen Geschöpfe, denen ich
die liebsten Stunden meiner Tage so gern widme, die
ihr Stunden der Sorge und des Kummers durch manche
belohnende Augenblicke aufwiegt, schmiegt euch jetzt
nicht mit solcher Anhänglichkeit an meine Seele. Und
ihr mir noch neuen, noch nicht abgenutzten Freuden
eines nützlich geschäftigen häuslichen Lebens, be-
stecht mich nicht zugunsten des Zeitpunkts, wo ich
euch in eurer ganzen Süßigkeit kennen lernte. Mein
Temperament soll keinen Einfluß haben auf die Farben-
gebung meines Gemäldes; kalter Ernst soll mich nicht
verleiten, diejenigen Freuden meines Zustandes, die
auf den ersten Anblick vielleicht einem trüglichen
Spielwerk gleichen, mit sophistischer Grübelei soweit
zu zerlegen, bis ich nichts mehr an den einzelnen Teilen wahrnehmen kann, und das träge Blut, das in
meinen Adern schleicht, soll nicht die größtenteils
langsame Folge und den schwachen Eindruck meiner
Wahrnehmungen auf den geringen Inhalt des Lebens
schieben."

„Aber noch eine Vorsicht ist mir nötig. Ich muß
das ganz trennen, was jene überall verwechselten:
die allgemeine Idee von dem, was das Leben
sein soll und das Urteil, was das meinige wirklich gewesen ist." Indem ich den fehlerhaften Einfluß jetziger Empfindungen aufhebe, ohne doch deutliche und genaue Begriffe über den Wert und die Absicht des Lebens zu bilden, so ergibt die Betrachtung
dessen, was mein Leben gewesen ist, wohl ein richtig

---

¹ᵃ) Zur Gräfin Friederike Dohna, vgl. Dilthey, Leben
Schleiermachers S. 51.
²) Brinckman, damals in Schweden.

aufgefaßtes Aggregat, aber von ungleicharti-
gen Dingen; es fehlt mir an einem Prinzip, aus diesem Vielen ein Ganzes zu machen. Die allgemeine
Idee des Lebens muß hinzutreten.

„Warum gibt mir diese Einsicht auf einmal jenes
unangenehme Gefühl der plötzlichen Entdeckung eines
wichtigen Mangels, worin man lange gelebt hat, ohne
es zu wissen? Hätte ich das Leben in seinen Teilen
wohl gekannt und genossen, aber ohne es im Ganzen
anders als vielleicht in flüchtigen Augenblicken in
dieser Beziehung zu betrachten? Mein Herz sagt:
nein. Aber das fühle ich, daß ich mir nicht immer,
wenn ich handelte, des ganzen Resultats dieser Betrachtung und seiner Gründe deutlich bewußt war.
Es bildete sich zwar aus jenem Urteil des Verstandes
in mir eine gewisse Idealempfindung des Lebens, auf die ich mich zuweilen beziehe; aber doch
oft genoß ich das Leben und schätzte seinen Genuß,
ohne die wirkliche Empfindung gegen diese
Ideale abzumessen. So kamen vielleicht durch neue
Erkenntnisse, durch neue Maximen und neue Ansichten
des Lebens unvermerkt in meine Ideen und Empfindungen über dasselbe neue Teile, die ich mit den
alten nicht in Harmonie gebracht habe. Welche Verwirrung, wenn das geschehen wäre!"

„Sollte ich deswegen nie befugt sein, in meinen Ideen über das Leben zu ändern? Schwer-
lich wird dem Jüngling, auch wenn er | eine schnell- [51]
reifende Frucht ist, sein erstes Nachdenken über das
Leben auf Erden ein richtiges Resultat liefern! er wird,
er muß also daran ändern. Haben aber die Änderungen schon lange einen Einfluß auf seine Handels-
weise, ehe er sie in seine Theorie aufnimmt,
so wird er nur ein gewöhnlicher Mensch. Ohne Be-
schämung kann ich also an die kritischen Momente
meines bisherigen Lebens zurückdenken, und mir gestehen: ich habe mehr als einmal geändert — hab ich
doch dabei gedacht! Allein gibt es nirgends einen
Punkt, wo nun endlich mein Resultat fest und
unveränderlich bleiben muß? Da steht die
schreckliche Gefahr eines unheilbaren praktischen
Skeptizismus vor mir und ich bliebe fern von der

allein beruhigenden Überzeugung Wahrheit zu haben.
Ein rechtliches Verfahren wird mich hier für immer
sichern. Wenn ich keine neuen Maximen über das
Leben aufnehme, ohne ihr Verhältnis zu meinem ganzen System zu untersuchen, so wird der Gedanke,
daß alle meine Sätze nur für eine gewisse Zeit gültig
wären, nie skeptischen Leichtsinn hervorbringen. Und
überdies gibt es einen Zeitpunkt des Lebens, wo ich
mit mehr Wahrscheinlichkeit als je hoffen darf, Wahrheit hierüber gefunden zu haben, an dessen Beschlüsse
ich mich mit dem heiligsten Ernst halten muß, und
dieser Zeitpunkt ist jetzt. Solange man bergan steigt,
kann man die Gegend umher noch nicht beurteilen;
wenn man schon wieder herabgeht, ist es zu spät,
sich erst danach umzusehen; aber oben, solange man
auf der Höhe wandelt, ist es Zeit. Die Zeit der Jugend
liegt hinter mir, die Herrschaft der Phantasie hat
ein Ende; ihre unsteten Freuden haben einer heiteren
Ruhe Platz gemacht, die aus einer Betrachtung der
Dinge, wie sie in ihrem Zusammenhang sind, entsteht.
Der Egoismus des Vergnügens ist der Begierde, etwas
für andere zu sein, gewichen. Keine Unruhe, welche
das ganze Leben betrifft, treibt meine Seele jetzt umher. Mein Streben nach Wahrheit hat seine Gründe
und seine Grenzen gefunden. Ein gewisses Gefühl von
Gesundheit der Seele macht mich unparteiisch, und
du, holde Freiheit, setzest dem Ganzen die Krone
auf. Noch bin ich nicht ohne Erlösung in irgendeinem Kerker gefangen, ich habe keine Ursach, mir
meine Endmeinung über das Leben zu verbergen, weil
es vergeblich wäre, sie mir zu sagen. Sie sei, welche
sie wolle, so wird unter den tausend Wegen, welche
mir noch durchs Leben offen stehen, doch einer sich
ihr angemessen einrichten lassen."

II.

Die Bestimmung des Lebens

„Ich gehe also nun ganz aus mir selbst heraus;
ich bin bloß Mensch in diesem Augenblick, um mich
zu fragen: was dies Leben dem Menschen über-

haupt sein soll und sein kann. Erst wenn diese
Frage entschieden ist, kehrt wieder, ihr Erinnerungen
des meinigen, und laßt mich an diesem Maßstab messen,
ob es mir viel oder wenig gewesen ist."

„Ich will wissen, was das Leben dem Menschen 5
sein kann; das setzt eine bestimmte Idee davon voraus,
was der Mensch selbst sein soll. Wohl mir, daß
ich darüber im reinen bin." Viel Irrtümer treten hervor bei Beantwortung dieser Frage. Die einen gehen
von dem aus, was der Mensch ist, sie vergleichen die 10
Gestalten, welche ihm das Leben gegeben hat; dann
aber lassen sie die Phantasie zwischen diesen wählen
— so insgeheim in diesem Zug der Phantasie eine
Voraussetzung einführend, | welche das Resultat be- [52]
stimmt. Andere treibt dieser Widerspruch über sich 15
selbst hinaus; „sie suchen ihre Bestimmung in
den Gesetzen einer höchsten Intelligenz, von
deren ganzem Wesen sie doch nur durch die vor-
gängige Idee von dem, was der Mensch sein soll, einen
Begriff haben können, und deren Gesetze, wenn sie 20
das Wesen selbst lieber unerforscht lassen wollten,
sie auch nur aus einer Betrachtung der Zweckmäßig-
keit der Welt durch die Lage des Menschen darin
ziehen können." „Oder sie bestimmen den Zweck
des menschlichen Daseins aus der Idee seiner 25
Dauer — und ihr, die ihr bei jedem denkenden, be-
obachtenden Menschen doch einmal aufsteigt, Zweifel
der Unsterblichkeit, die ihr wohl vom Verstande als
unbedeutend dargestellt werden könnt, aber doch bei
den ewigen Schwingungen der Phantasie von Zeit zu 30
Zeit wieder oben zu stehen kommt, ihr beunruhigt ihre
ganze Untersuchung und macht sie in ihren Gründen
schwankend."
Die Bestimmung des Menschen also! Du kannst
den Menschen nicht beobachten als in irgendeinem 35
Zustand. Indem du von dem abstrahierst, was aus
diesem Zustand folgt, den Modifikationen, der Richtung, der Mischung seiner Vermögen, bleiben diese
Vermögen selber, welche sein Wesen ausmachen: das
Vermögen zu denken, zu empfinden und durch 40
Gedanke und Empfindung zu handeln. „Diese
enthalten deine Bestimmung und was sie schlechter-

dings brauchen, um fortzudauern und erhöht zu werden, das fordre vom Leben, und das Verhältnis, in welchem es dir das reichen kann, sei der einzige Maßstab seines allgemeinen Wertes. Was das Bewußtsein deines Wesens dir zu sein und zu werden gebietet, das bleibt dir geboten, was auch für ein höheres Wesen noch außer dir da sein und was dieses auch wollen mag, ja das mußt du dir, und wenn du auch nur einen Augenblick existiertest, für diesen Augenblick geboten sein lassen und keine Meinung von der Dauer des menschlichen Daseins kann darauf Einfluß haben."

Also die Vermögen meiner Seele enthalten meine Bestimmung. Was ist nun in mir? In zwei große Zweige teilt sich alles Wirken der Seele; Erkennen, Begehren. Diese beiden also muß das Leben in Tätigkeit erhalten. Aber Tätigkeit — dies Schiboleth vieler unsrer Philosophen — ist nur die notwendige Bedingung des Lebens meiner Seele, die allgemeine Form, unter welcher alles, was in ihr geschehen soll, geschehen muß. Kann nun hier von der bloßen Existenz die Rede sein? Ich will den Wert des Lebens schätzen; Wert hat etwas nur in Beziehung auf einen gewissen Zweck; und dieser Zweck sollte nichts sein als bloße Existenz, gleichviel auf welche Art? So würde ja ein jedes mögliche Leben diesen Zweck gleich gut erfüllen. Meine Forderungen sind größer.

„Wird es mich mehr befriedigen, wenn andere den Unterschied in den Graden der Tätigkeit finden? Es sollte keinen andern Unterschied in der Güte der Menschen geben, als die Stärke, womit sie affiziert werden und zurückwirken? Andere berechnen die Seele und ihre Kräfte, wie die Data einer algebraischen Gleichung; eine solche Tätigkeit haben sie dann herauskalkuliert, welche stark, aber dabei der Mischung und dem Verhältnis der verschiedenen Kräfte angemessen sei." Aber dies Verhältnis ist unmittelbar im Bewußtsein nicht gegeben; Beobachtung kann es nicht lehren, sondern zwischen den Gestalten, welche sie bietet, entscheidet, nach obiger Kritik dieses Verfahrens, der Zug der Phantasie. Bleibt uns demnach eine Tätigkeit unseres Er-

kenntnis- und Begehrungsvermögens, ohne daß ein
Zweck derselben bestimmt werden könnte?

| „Ja es gibt einen solchen Zweck und alles führt [53]
mich hin zu der schönen Idee, die ich davon habe. Erkennen und Begehren soll nicht zwei in mir   5
sein, sondern eins. Vollkommene beständige Übereinstimmung beider, in dem vollsten Maß, worin beide
in mir möglich sind, Einheit beider in Zweck und
Gegenstand, das ist Humanität, das ist das schöne Ziel,
welches dem menschlichen Wesen gesteckt ist. Und 10
Gegenstände zu liefern, die nicht nur jede Kraft einzeln
beschäftigen, sondern worin auch diese Übereinstimmung beider sich zeigen kann, wodurch sie befördert
zu werden vermag, das ist die erste Bedingung, welche
ich dem Leben mache." 15

„Hat etwa diese schöne Harmonie verborgene
Zeichen? ist ihr Wesen unter schwere Formeln versteckt, welche nur ein tiefes Studium der Ziffern-
sprache der Metaphysik enträtseln lehrt? Der erste
Wink der Natur führt dazu hin, die allen hörbare 20
Lockung des Gefühls. Gefühl der Lust und Unlust,
das ist der Probierstein, welcher mir zeigt, an welchen
Gegenständen sich meine beiden Kräfte vereinigen können. Dies Gefühl ist die Tendenz des Begehrungsvermögens und das Triebrad aller erkennenden Kräfte. 25
Es ist zugleich der einzige Punkt, wo sich beide vereinigen können; so wie ich mich von ihm entferne,
würde ich erkennen, was ich nicht begehre, oder begehren, was ich nicht zu erkennen vermag."

„Dieses Gefühl ist es also, was ich beständig ver- 30
folgen muß." Hierin weiß ich mich mit den Zeitgenossen eins. „Aber wie entfernen wir uns sogleich
wieder voneinander! Ich will die einzelnen Teile dessen,
was ihr Glückseligkeit nennt, nur als Zeichen von der
gerade dann vorhandenen augenblicklichen Überein- 35
stimmung meiner Kräfte; ihr wollt das Ganze um sein
selbst willen, es ist euer ein und alles. . . . Wie? das
sollte alle Übereinstimmung sein, deren meine Natur
fähig ist? dieses viele, was nimmer eins werden kann?
diese tausenderlei Arten von Lust, welche beständig 40
miteinander kriegen? Ihr meint, es sei nur ein Krieg
der Liebe und der Eifersucht, ein Streit der Schönen

des Harems um das Schnupftuch des Sultans. Ihr ruft
ihnen zu: geht und vertragt euch! . . . und so meint
ihr, werden sie euch gehorchen, und ihr werdet doch
eine Einheit bekommen." Ihr macht in einer Herab-
würdigung eures Selbst das höhere Vermögen, das
Vermögen der Erkenntnis, zum Diener des Verfahrens,
das ihr mit den Tieren gemein habt. Diese Harmonie
vielmehr zwischen Erkenntnis und Begehrungsver-
mögen ist die Bestimmung des Menschen. Worin aber
liegt sie?

„Lust an Wahrheit ist Lust an Regeln, Freude an
Übereinstimmung der einzelnen Dinge mit der Regel.
Daß ich mir alles denken kann untergeordnet unter
Gesetze, die ich fand, die in mir selbst liegen, das ist
es. Und dies hohe Gefühl sollte keine der Humanität
würdige Übereinstimmung meiner Hauptkräfte begründen? Lust an Regeln ist das Triebrad meiner Erkenntnis, laß denn Lust an Regeln im Handeln die Tendenz meines Begehrungsvermögens sein. Vermögen
der Gesetze ist Vernunft, die Krone meiner erkennenden Kräfte. Lust an Gesetzen treibt mich an, alle meine
Erkenntnisse auf sie zu beziehen; so sei auch Lust an
Gesetzen im Handeln die Tendenz meines Begehrens."
Mögen denn alle Arten von Lust in die Glückseligkeit aufgenommen werden! Aber du sollst nicht
mit andern Arten des Genusses vermengt bleiben!
„Mitten unter ihnen stehst du, ein Fremdling,
ernste Tugend! Du willst nichts mit ihnen gemein
haben, weder ihren Mutwillen noch ihre Künste, noch
ihr wechselndes Schicksal. Schwiegst du, so würde
ich für dich sprechen. Ich kann dich nicht mit ihnen
vermischen, du Königin meiner Seele, du heiliges Begehren der Vernunftmäßigkeit meines ganzen Daseins!
Ihr, der Krone meines Wesens, strebst du alles anzu-
eignen und ähnlich zu machen, was in mir und an mir
ist. Darum gebietest du billig, du forderst ein eignes
Reich, eine eigne Herrschaft in meiner Seele, sie ist
dein! Du willst nicht nur jenen gleich sein und mit
ihnen teilen; du willst nie unterliegen, wenn du mit
ihnen kämpfst; ich soll nie gegen dich sprechen.
Es sei! und wenn ich dich überall verstehen könnte,
wenn du überall sprächst, wenn alles, was in mir ge-

schehen kann, sich auf dich beziehen könnte, so wärst
du alles in allem und Glückseligkeit würde nichts
mehr für mich sein. | Aber warum forderst du nicht [54]
jeden Augenblick, sondern gibst mich so oft jenen hin?
Warum hab ich so oft Wahlen, wobei du dich gänzlich   5
weigerst, den Ausschlag zu geben? Ach es ist die
Beschränktheit meines Wesens! So hab ich denn ein
doppeltes Ziel meines Daseins. Tugend herrscht
unumschränkt in meiner Seele, aber nicht allgemein;
Glückseligkeit würde durch Genuß und Streben jeden 10
Teil meines Daseins zu füllen wissen, nur daß sie
Unterordnung unter die Tugend anerkennen muß. Weiter in den Zusammenhang beider einzudringen, dazu
wüßte ich nirgends Data zu finden.“

 „Also das Leben, wenn ich es loben soll, muß 15
mir unbedingt Stoff geben, glücklich zu sein;
es muß mir zugleich Veranlassung geben, sittliche
Güte zu üben und zu entwickeln, aber ohne mich zu
zwingen. Das sind die beiden großen Punkte
meiner Untersuchung.“   20

III.

Der Umkreis der menschlichen Glückseligkeit

 „Wie vermag also das Leben meine Sehnsucht
nach Glückseligkeit zu stillen? O mit welchem lieblichen Überfluß drängt sich mir nicht die Antwort auf 25
diese Frage entgegen! Verbunden mit dem irdischen
Körper, nur lebend in ihm, wie fühle ich mich nicht
so nahe angezogen an alle die Dinge, welche ihm ähnlich durch gemeinschaftliche Gesetze auf ihn wirken
und von ihm leiden! Täglich wechselt mein Leben in 30
ihnen mit einem Zustand, worin ich tot bin für sie; und
auch ihr Wirken für mich geht periodisch in einen
Zustand der Kraftlosigkeit und des Todes über. Der
erquickende Duft der Pflanzenwelt, die reizende Melodie der Haine verschwinden, um mir immer neu 35
wiederzukehren.“ So umströmt mich überall Empfindung und Genuß aus der leblosen Welt. Ich habe
Gewalt über sie. Das Beste aber: ich habe Gefallen an

ihr. „Tief in mir fühle ich die zarte Idee des Schönen
und alles dessen, was damit verwandt ist . . .“ An
den regelmäßigen organischen Formen der Natur, die
in sich selbst ein Ganzes ausmachen, erfreue ich mich
5 zuerst des Bewußtseins und der allmählichen Entwicklung ihrer Gesetze; „in den regellosen Formen, in
dem Zusammennehmen solcher Dinge, die nur durch
Phantasie und Ideenverbindung in ein Ganzes vereinigt werden können, liegt für mich ihr höchster
10 Genuß.“

Keins der Prinzipien der Empfindung schließt sich
näher an den Sinn für das Schöne als der für das Gesellige. „O ihr schönsten Segnungen meines Daseins,
ihr wonnereichsten Genüsse der Seele, vollendet das
15 Bild von dem reichen Stoff der Glückseligkeit, den die
Flut des Lebens mit sich führt. Und was für äußere
Hilfe in der Ordnung der Dinge gehörte nicht dazu,
daß Menschenliebe mich mit allen den Millionen, die
da sind und waren und sein werden, in eins zusammen-
20 schmelzen kann, daß ich nur weiß, daß sie da sind
und ich mich ihres Daseins wie meines eigenen freuen
kann, daß ich weiß, wie unendlich mannigfaltig meine
Natur in ihnen modifiziert ist, wie sie auf so verschiedenen Wegen sich bilden: wieviel Glück würde mir
25 fehlen, wenn mir die warme Teilnahme an alle dem
unmöglich wäre.“ „Ihr stillen Freuden der gemeinschaftlichen Tätigkeit, des gemeinschaftlichen Gefühls,
bleibt die Krone meines Lebens! verlaßt mich nicht,
wie ihr droht! Und wenn ich alle die mannigfaltigen
30 Geschenke des Lebens bedenke und recht geflissentlich
den Wert eines jeden zerlege, so bleibt doch immer
das schönste das, daß der Mensch häuslich sein kann.
[55] | Das drängte und trieb in mir, ehe ich es kannte; das
waren die dunklen Wünsche meiner Brust, mit denen
35 ich zu hundert Gegenständen hinging, um zu suchen,
ob da nicht ihre Erfüllung wohnte; das macht mich
jetzt so still und ruhig. Ihr süßen Freuden, ihr nur
vermögt die Seele zu füllen, weil ihr so umgrenzt
seid.“
40 Lust an der Wahrheit alsdann ein mächtiger
Zweig meiner Glückseligkeit. Hier ist die glückliche
Stellung des Menschen, daß ihm die Forschung etwas

Unendliches ist. „So gibt die Welt, ein ewiges
Rätsel an sich, mir immer neue Winke, die mich die
Auflösung desselben hoffen lassen. Ich mag einen
alten Schacht verfolgen oder neue Adern graben,
überall zeigt mir das Farbenspiel des Lämpchens, 5
welches ich mit herunternehme, in der dicksten Finster-
nis der Gegenstände etwas, das meiner Beleuchtung
wert scheint." Ein ebenso unerschöpflicher Gegenstand
der Untersuchung der Mensch. „Je nachdem wir
stehen, erscheint uns diese Menschennatur bald ein- 10
förmig, immer nach einerlei Gesetzen in sich und
außer sich wirkend, steigend und fallend, bald ein
nie zu erkennendes Wunderding, durch neue Erscheinungen alle Systeme zerstörend, die man darüber gemacht, durch Folgen widerlegend alle vorigen Mei- 15
nungen über ihre Gründe, aus den kleinsten Dingen
die größten Veränderungen bewirkend und die fürch-
terlichsten Umwälzungen ohne Frucht lassend; immer
verborgen in ihren Triebfedern, aber immer lockend
zu Untersuchungen als einem leichten Geschäft; nie 20
erraten und doch nie aufgegeben; nie, nach allen Täuschungen, von unserem Verstande verlassen."

„Den ganzen Kreis hat meine Phantasie nun
durchreist, bis ich auf mich selbst zurückgekommen
bin, und hier steh ich und verweile bei der unend- 25
lichen Menge von Glückseligkeit, welche im Menschenleben möglich ist." Keine Grenzen! „Ich habe immer
viel von einer wahren und einer falschen Glückseligkeit gehört, aber es ist keine Saite in meiner
Seele, die diesem Ton entspricht. Dieser Unterschied 30
rührte von der Zeit her, wo man Glückseligkeit und
Tugend in eins warf." Eine von der Tugend verbotene
Freude mußte gewissermaßen aufhören, Freude zu
sein und blieb es doch. „Ich bedarf des alles nicht.
Wäre unter allen diesen Arten der Freude eine ge- 35
wesen, die sich mit der Tugend nicht vertrüge, nun
so wäre es diese freilich, welche sie mir raubte; aber
so geschieden wie meine Glückseligkeit und Tugend
sind, wäre deswegen die untugendhafte Freude eine
falsche Freude? Lust ist nichts als Eindruck und 40
Empfindung, aber eben weil sie eine Empfindung ist,
ist sie immer wahr, nie etwas anderes, als sie scheint."

Dieser unrichtige Begriff von falschen Freuden wird
gemißbraucht von denen, welche Stumpfheit und Trüb-
sinn für Genüsse unfähig gemacht haben. „Sie machen
ihre Dürftigkeit zum moralischen Felsen, der freilich
5 nichts trägt, von dem sie aber mit mißmutiger Verachtung auf die Freuden der Kinder dieser Welt
herabsehn."

Doch will ich mir auch nicht die unglückliche
Seite des Lebens verhehlen, damit niemand, damit
10 nicht ich selbst einst sage: so sprach ein Glücklicher!
Es ist unwürdig, davor zu zittern, daß der Name des
Übels genannt werde, an dem man leidet. Ich betrachte
also das bisherige kritisch. „Es ist fast nie der
Gegenstand selbst nach seinem innersten Wesen, nach
15 seinen Haupteigenschaften als sinnliche Erscheinung,
was meine Lust ausmacht, sondern nur sein Schein,
seine Oberfläche oder irgendein wechselnder, wandel-
barer Zustand desselben." Eine Lust nun, von deren
Gegenstande ich einsehe, daß er in einer anderen
20 Rücksicht eine Quelle der Unlust werden wird, kann
[56] | man diese nicht mit besserem Rechte eine falsche
Freude nennen?[3] „Sieh! das Vergnügen ist überall
sich selbst gleich; es gibt kein wahres und falsches;
es ist immer nur der einfache leichte Eindruck des
25 Augenblicks. Nimm ihn hin; er ist ein Teil deiner
Glückseligkeit, aber willst du überall greifen statt
zu sehen, haben anstatt zu genießen, den ganzen
Gegenstand mit unersättlicher Begierde an dich reißen
und verschlingen, anstatt genügsam und einfältig beim
30 Eindruck selbst stehen zu bleiben — so hast du dir
zuzuschreiben, wenn deine Rechnung fehlt. Die Schuld
des Betrugs, welchen sie so auf das Leben zu werfen
meinen, ist also immer nichtig." — Ich weise demnach abermals diesen Gedanken eines falschen Ge-
35 nusses ab. Aber ich nehme die hier hervorgetretene
Tatsache auf: „die Gegenstände um mich her in Ab-

---

[3] Wolff schreibt wahr und falsch nur dem, was ein
Gut ist, zu, nicht der Lust an sich. Wolff, vernünftige
Gedanken von Gott, der Welt und der Seele des Menschen
§ 424: „ein wahres Gut ist, so eine beständige Lust gewähret
oder niemals Unlust verursachet" (Anm. Diltheys).

sicht ihrer besondern Wirkung auf meinen Sinn sind
nicht beständige Quellen der Lust, und die mannigfaltige Unlust, welche aus ihnen auf mich eindrängt, ist
ein mächtiges Gegengewicht gegen die Vorzüge des
Lebens." Die Ehe meines Körpers mit den äußeren
Dingen gibt mich auch ihren widrigen Eindrücken
preis, meine Erkenntnis vermehrt dann oft nur durch
die Voraussicht der drohenden Übel diese Qual, selbst
mein Ideal des Schönen wird mir zur Pein der Klein-
lichkeit der Menschenerscheinungen gegenüber, wie
reich an Leiden ist das Geschenk, welches mir das
Leben mit der Bekanntschaft der Menschen gemacht
hat! „Gern wollte ich mein Ideal der Gesellschaft
zu einem sehr erreichbaren Bilde herabstimmen: nur
Gesetze, die mich an ihren Zweck, den Menschen, erinnern, nur Menschen, die sich in den Gesetzen glücklich fühlen; aber wenn ich in diesen nur Eigensinn
und Usurpation der einzelnen sehe, in den Bürgern
nur Menschen, die es als ein notwendiges Übel fühlen,
im Staat sein zu müssen, denen die Gesetze die liebsten
sind, welche ihre eigentümlichen Verhältnisse gegen
alles übrige in einen ungebührlichen Schutz nehmen,
wenn das Vaterland auf der Bahn seiner Existenz ab-
wärts geht — wo bleibt die hohe gerühmte Seligkeit
des patriotischen Gefühls?" — Welche Leiden dann,
die aus der Unfähigkeit, den liebsten Menschen zu
helfen, entspringen! — „Die Leiden der Wahrheit
kenne ich; ich habe ihren bittern Kelch bis auf den
Boden geleert; ich mag wohl sagen, mein Herz war
leer an der Schuld⁴), aber der labyrinthische Faden
des Lebens führte mich lange spöttisch um das nahe
Ziel herum. Ich wage es nicht, unter der Menge
schrecklicher Bilder, welche mir noch davon vor-
schweben, einige hervorzurufen zur lebhaften Erinnerung, unaufhaltsam würde ihnen das ganze Heer der
übrigen folgen."
     So habe ich in dieser vorliegenden Aufzählung
menschlicher Glückseligkeit, auf welche Empfindung
und Phantasie begierig warteten, nicht die Beurteilung
des Charakters unseres menschlichen Lebens selber,

----

⁴) so handschr.

sondern erst einen Maßstab dieser Beurteilung.
Gutes, wovon alle äußeren Bedingungen vorhanden
sind, Übel, das in einem Eindruck entspringt, welchem
ich gar nicht entgehen kann — das ist der Anteil
des Schicksals an dem Maße der Glückseligkeit meines Lebens. Nur darf dieselbe keine Äußerung meiner Kraft erfordern, welche den Gesetzen der
Tugend zuwider wäre. Dies die Regel für die Beurteilung des Wertes unseres Lebens, sofern
derselbe vom Schicksal bedingt ist.

[57] IV.

Gerechtigkeit in der Verteilung des Glücks

Entdecken wir nun, unter Anwendung dieser Regel,
nicht eine häßliche Unbilligkeit des Schicksals,
welches die Bedingungen für den Wert des
Lebens völlig ungleich zumißt? In jeder unparteiischen Untersuchung drängt sich mir vielmehr
die Gleichheit alles einzelnen in der Begünstigung
des Schicksals auf, und sie gewährt mir eine Heiterkeit und Ruhe, welche ich nicht hingeben möchte.
„Der Mensch ist der Freigelassene des Schicksals,
das ist mir von jeher eine liebliche Idee gewesen, gleich
einem mündigen Sohn gibt es ihm sein Erbteil und
läßt ihn dann schalten, und es sollte nicht allen gleich
austeilen? Es ist nur die Art der Zahlung, was
die Menschen täuscht.“
Vergleichung dieser Bedingungen. — Unser verschiedenes Verhältnis zur Natur. Nur
die sinnlichen Genüsse, welche auf Befriedigung eines
Naturbedürfnisses beruhen, machen denselben starken
Eindruck in jeder Wiederholung. Der anschauende
Naturgenuß erhält nur in dem einfachen Leben mit
der Natur seine ganze Kraft. — Die Ungleichheit
des Rangs in der Gesellschaft. Die Großen sind
nicht durch das glücklich, wodurch sie sich vor anderen
auszeichnen, sondern durch das, was sie mit ihnen gemein haben. „Wie glücklich sah ich sie nicht oft,
wenn sie sich zu den Freuden andrer herabließen,

und was für eine Fülle von Genuß gewährte ihnen
da nicht manche Kleinigkeit, die ein andrer als etwas
Alltägliches ohne sonderliche Empfindung hinnimmt."
„Das überall nach Unabhängigkeit um sich schlagende
Jahrhundert verachtet die Großen, weil ihr Wesen
gleichsam den Zwang zu seinem Grunde hat; sie leiden
ihr Übel; aber ist dies Übel denn deswegen größer,
weil es glänzt, und weil es ehemals für keins gehalten
ward?" — Die hiermit verbundene ungleiche Verteilung der Macht in der Gesellschaft. Sie
ermöglicht eine sehr zerstreute Menge äußerer Dinge
zu meiner Glückseligkeit in Tätigkeit zu setzen. Der
abhängige Mensch aber, dessen sie sich als Mittel be-
dient, ist die Qual der Macht. „Nein, goldne Freiheit,
es ist nicht möglich, dich zu genießen, wenn man es
allein tun will; wer andere von deinem Besitz auszu-
schließen denkt, muß sich selbst von dir entfernen;
in dem Maß, als der Mensch Sklaven hat und Sklaven
macht, wird er selbst Sklave." Wo Dienste für Geld
überlassen werden, da gibt die Leichtigkeit, womit der
Diener seinen Herrn wechselt und wiederfindet, seiner
scheinbaren Abhängigkeit das Wesen der Freiheit.
Gegenüber der gesetzlosen Gewalt und ihren Leidenschaften erhebt sich in dem Betroffenen die ver-
söhnende Vernunfteinsicht, daß der Mensch sich der
unvernünftigen Stärke, hier als Natur, dort als menschliche Leidenschaft sich erhebend, wo er sich ihr
gegenüber sieht, fügen müsse.

Ungleichheit der hinzutretenden individuellen Umstände, unter welchen das Schicksal
jeden in sein Verhältnis einführt. „Bei mir muß das
viel über den Wert meines noch übrigen Lebens entscheiden, denn warum sollte ich mir verbergen, was
mir in dieser Rücksicht noch bevorsteht? Ein schwäch-
lich gebauter Körper, wenn er auch noch nicht in
allen seinen Säften verdorben ist, leidet unter jedem
kleinen Zufall, dem ein stärkerer trotzt; und wenn
ihr euch schließt, die ihr von Kindheit an eine Quelle
des Schmerzens für mich waret, und deren Verlust ich
seit den ersten Jünglingsjahren entgegensehe, wenn
es dunkel um mich wird und die Freuden des Lichtes
auf immer für mich verloren sind! muß derjenige

nicht notwendig ärmer an Glückseligkeit sein, welchem
[58] eine von den Quellen | ganz verschlossen ist, durch
welche der Mensch mit den äußeren Gegenständen
zusammenhängt? Der bloße Gedanke daran bringt bei
5 denen, die nicht darunter leiden, ganze Reihen von
Klagen hervor; der, den es trifft, ist gemeiniglich
leichter mit seinem Schicksal zufrieden.“ Was wir
hier oft zu zeitig als eine Wirkung der innern Kraft
der Seele bewundern, das ist auch hier größtenteils
10 ein Verdienst des Schicksals, welches selbst eine sonst
nicht fließende Quelle des Genusses für den eröffnet,
aus dessen Gebiet es eine alte abgeleitet hat. Was
einige Weise gesagt, um unsern Blick zu erweitern,
daß diese Welt noch eine Menge von andern Welten
15 von Erscheinungen und Vorstellungsstoff in sich
schlösse, für welche wir nur kein Organ haben, davon
erfährt man alsdann etwas Ähnliches, indem man die
Welt des einen Organs durch das andere genießt.
Selbst die Winde wehen dem Blinden in uns unbekann-
20 ten Eindrücken den Ort der Seen und Flüsse, Berge
und Täler, Wälder und Wiesen zu. Beständiges
Siechtum. „Du liebenswürdigster unter Deutschlands
Weisen, sanfter heiterer Prediger der Geduld, du allein
hast mir schon hinlänglich gezeigt, wieviel wahre, nicht
25 nur ergebungsvolle, sondern genießende Glückseligkeit mit einem solchen Zustand des Körpers verbunden sein kann“ (Garve).
Ungleichheit, die im Bildungsstande gegründet ist. Einem großen Teil der Menschen ist
30 die freiere allgemeine Entwicklung der Kräfte, welche
die Erweiterung der Menschenseele und ihrer Sphäre
überhaupt zum Zweck hat, verschlossen. Alle Quellen
der Glückseligkeit — Geselligkeit, Erkenntnis, Gefühl
des Schönen, selbst sinnlicher Genuß — rinnen spar-
35 sam und eintönig für den Bildungslosen, in körper-
licher Arbeit Verlorenen. Aber auch manches Un-
glänzende ist Gold. „Bildung und Kultur soll das Einförmige des Lebens hinwegschaffen, indem alle Gegenstände mit einer Welt von Ideen in Beziehung ge-
40 bracht werden; eine Menge von Systemen solcher Verbindungen und eine große Fertigkeit und Mannigfaltigkeit dieser Wirkung von innen heraus ist notwendig,

um wahre menschliche Glückseligkeit hervorzubringen.
Es gibt zwei Quellen dieser die Welt ordnenden, vervielfältigenden und genießbar machenden Ideen, Verstand und Phantasie." Die Phantasie ist hierbei
so mächtig, als irgend der Verstand. „Aber wir sind
Buchstabenmenschen und haben die Sucht der Theorien
und des abstrakten Wesens, weil unsere ganze Erziehung und Lebensart uns darauf hinführt, und nun
spielen wir damit die Einwohner des Landes der
Hinkenden[4a]). Für die Glückseligkeit kommt es nicht
auf die erkennbare, sondern auf die gefühlte Wahrheit dieser die Welt ordnenden und vervielfältigenden
Ideen an, auf die Stärke und Lebhaftigkeit des Ein-
drucks, den sie hervorzubringen imstande sind, auf
die Emsigkeit, womit sie die Seele beschäftigen, auf
die Leichtigkeit, womit sie überall neue Gegenstände
und neue Anwendungen derselben finden." Die allgemeinen Begriffe und Regeln, deren es zu einer wahrhaft beglückenden Ausbildung bedarf, bilden sich ver-
mittelst der ersten Gesetze des Denkens.

So erhielt das im Schönen atmende Volk der
Griechen die Theorie des Schönen erst, als der Sinn
für das Schöne selbst nur noch in wenigen Menschen
vorhanden war. Auch unter der fremdesten scheinbar
inhumansten Gestalt entdecke ich Vergnügungen, die
im Gefühl des Schönen ihren Grund haben, einem
Gefühl, das Regeln in sich enthält, so heterogen dieselben auch denen sind, welche wir auf Grund unseres
ästhetischen Gefühls entworfen haben. Die Wahr|heit [59]
der ästhetischen Ideen trägt nichts bei zu der Glückseligkeit, welche aus ihnen sich bildet.

Ebensowenig die Wahrheit der intellektuellen
Ideen. „Die spekulativen Erkenntniskräfte
suchen das Ganze der Erscheinungen zu erforschen, um
Art und Grund ihrer Entstehung und Regeln ihrer
Wirksamkeit zu bestimmen; wenige ursprünglich verschiedene Bestandteile, wenige tote Kräfte, wenige allgemeine Gesetze müssen alles erschöpfen und unter
sich begreifen. Das Bedürfnis des Inneren, des Über-
sinnlichen, welches wir immer noch begehren, um

[4a]) vgl. das Gedicht von Gellert.

jenem erst Leben, Zusammenhang und Kunst einzu-
hauchen, wird der Vernunft zur Befriedigung aufgetragen. So entstehen unsere physischen und ratio-
nellen Systeme. Die Phantasie scheint nur zu dienen bei
ihrer Aufführung und dem Genie den Weg zu weisen
bei der Entdeckung einzelner Teile; aber den besten
Genuß, den uns diese Art des Denkens und Urteilens
gibt, verdanken wir doch wieder ihr: die Fragen,
welche sie aufwirft, die Antworten, die sie gibt, die nie
ausgemachten, immer unbegrenzten, aber auch immer
unendlich großen und erhabenen Bilder, welche sie,
jenen vom Verstande erfundenen Gesetzen gemäß,
über den Gang und die Ordnung des Weltalls im
ganzen oder aus einzelnen Gesichtspunkten entwirft,
womit sie die Seele in einzelnen Augenblicken bis
zum Übermaß des Entzückens erfüllt und wodurch
allein, aber auch nur indem sie eine Verräterei am
Verstande begeht und mehr oder minder verdeckt ein
selbständiges Leben in die toten Massen und ein selbständiges Leben in die mechanischen Kräfte hinein-
schwärzt, der innere Aufruhr und die Zwietracht, den
die gänzliche Trennung des Sinnlichen und Übersinn-
lichen in unseren Systemen verschuldet hat, auf Augenblicke beschwichtigt werden kann. Wo die Phantasie
geherrscht hat in der Aufführung des Natursystems[5]),
da entsteht nicht erst ein solcher Schade, und statt
eines unzureichenden Ersatzes für selbstgemachte Übel
gewährt sie einen positiven und zwar den reinsten,
lieblichsten Genuß. Für jede gleichartige Kraft und
Wirkung einen regierenden Gott[6]), Sinnliches und Über-
sinnliches vereinigt in jeder Erscheinung, in jeder Be-
gebenheit, jenes überall veredelt durch Leben und
Willen, dieses überall begreiflich gemacht durch Gestalt und sichtbare Handlung. So ist die Dryade die
Seele des majestätischen Baums, sie atmet im Säu-
seln seiner Blätter, sie fühlt Liebe im geheimnisvollen
Sproß seiner Blumen; aber sie ist doch menschlich

---

[5]) Vgl. Br. IV 580: Gewiß ist, daß wer das poetische
Element in der Spekulation nicht anerkennt, sich mit aller
Dialektik immer im Leeren herumtreibt.

[6]) Vgl. Schillers Götter Griechenlands.

und begreiflich wie alles Leben. Diese Schicklichkeit
zur Glückseligkeit erstreckt sich über jedes mytho-
logische und magische System der Phantasie[7])." Nur
daß uns die Fähigkeit, uns in jedes System der Phantasie rasch hineinzudenken, fehlt. „Sind wir doch
fremd in dem, was unter uns vorgeht und sehen nicht
die Glückseligkeit und Beschäftigung, welche unserm
Volk das System der Gespenster, der Zauberei und
der Schutzheiligen zu gewähren vermag."

Wichtigste Folge der Bildung in dem
durch Menschenkenntnis und Menschenbeob-
achtung gesteigerten Interesse am Menschen.
Auch hier gibt es eine populäre Form: allgemeine Eindrücke und Bilder über die menschlichen Dinge, mit
welchen die einzelnen Eindrücke, welche einzelne Menschen in irgendeinem Moment der Handlung darbieten,
verglichen werden: so bildet sich schnelle und richtige
Unterscheidung, was jeder dem andern überhaupt und
unter bestimmten Umständen sein kann und sein muß,
und somit die Möglichkeit, Grade der Anhänglichkeit
für jeden zu bestimmen, in jedem die Punkte der
Übereinstimmung zu entdecken, den Dissonanzen auszuweichen und so mit jedem so ausgebreitet, so innig
und | so harmonisch als möglich zu denken, zu emp-
finden und zu handeln. „Bei der Beurteilung des inneren Menschen lassen wir uns durch das Sprichwort
äffen, daß Kleider Leute machen. Auch unter der
niedrigsten Klasse unseres Volkes herrschen Intrigen,
welche ein Studium der menschlichen Leidenschaften
verraten und allgemeine Beobachtungen über den Menschen werden in Sentenzen und Sprichwörtern gesam-
melt, aber jene Intrigen sehen nicht so aus wie die
Kabalen eines Hofs, eines Klubs oder einer gelehrten
Zeitung, und diese Sentenzen klingen nicht wie die
geschraubten Maximen des Rochefoucault, darum
spricht man ihnen die Menschenkenntnis ab." „Ebenso
handeln wir auf Treu und Glauben unserer Reisenden
fast mit allen jetzigen nichteuropäischen Völkern";
ein von Vorurteilen befreites Auge entdeckt unter

---

[7]) Vgl. jedoch oben S. 171: Für mich gibt es keinen beglückenden Wahn.

allen Nationen teure und wohltätige Spuren der Humanität[8]), und nicht solche, die wir längst hinter uns gelassen, sondern solche, die ganz andere Wege zur Glückseligkeit andeuten. „Ja wenn auch noch ein größerer wesentlicherer Unterschied wäre als dieser, wenn auch die ganze Idee der Glückseligkeit und also alles Streben, welches sich darauf bezieht, bei einem Teil der Menschheit in einen weit engeren Kreis eingeschränkt wäre, wenn sie sich noch bloß mit der Stärke und Verlängerung gewisser Eindrücke begnügten, ohne für die unendliche Mannigfaltigkeit des Genusses, die für uns das Wesentliche der Glückseligkeit ausmacht, Stoff und Sinn zu haben, so will ich doch nicht an ihnen verzweifeln. Nur daß ich verschiedene Dinge nicht verwirre und die üble Vorbedeutung, welche diese Armut, diese geringen Fortschritte mich für die Stufe ihrer sittlichen Vervollkommnung ziehen läßt, nicht auch auf ihre Glückseligkeit ohne weiteres übertrage, nur daß ich auch im geringsten nicht ihnen mein Gefühl unterschiebe. Wenn meine komplizierte Idee der Glückseligkeit nicht in ihnen ist, so können sie auch nicht leiden durch das Gefühl, daß ihr Zustand derselben nicht entspricht; wenn sie sie aber je erlangen, so werden auch die überall vorbereiteten Mittel zu ihrer Befriedigung anfangen sich zu entwickeln. Bis dahin wird auch ihr Leben nicht so absolut langweilig und leer sein, als es uns scheint: ihnen fehlt diese beständige Sehnsucht nach Wechsel und Veränderung der Empfindung: in dem Maße, als ihnen eine unendliche Menge von Eindrücken versagt ist, hat sich in ihnen durch Organisation und Lebensart eine eherne Standhaftigkeit gebildet, die ohne Überdruß mit unerschütterlicher Liebe an dem wenigen hängt, was ihren Reichtum ausmacht."

Diese Einsicht in die Gerechtigkeit des

------

[8]) Das Interesse dafür war Ende des 18. Jhdts. besonders stark. Vielleicht liegt eine Spur davon, daß auch Schl. es geteilt haben mag, darin, daß er an einer Geschichte von Neu Süd-Wales gearbeitet hat (Br. III 101, Br. an Dohna S. 17).

Schicksals, welcher gemäß mitten in der Ungleich-
artigkeit der Bestandteile der Glückseligkeit unter
den wechselnden Bedingungen der menschlichen Lage
doch die Summe derselben, welche die wechselnden
Bedingungen darbieten, überall gleich ist, regt sich
wohl in den seltenen guten Stunden der Zufriedenheit
bei allen Menschen; aber wie hätte sie in ihrem
ganzen Umfang und ihrer ganzen Würde Raum in der
kleinen, winkligen Gestalt ihres Herzens! wie hätte
sie Platz in einer Behausung mit ihren kleinen Leidenschaften und ihrem kleinen Stolz! „Wie würde es
ihnen sonst Not sein, Rätsel aufzulösen, die gar nicht
da sind, leere Theodizeen abzufassen, wo kein Klage-
punkt stattfindet[9]), und die Gottheit darüber zu ver-
teidigen, daß sie dem Tugendhaften weniger Glückseligkeit möglich mache als anderen!"[10]) Dieser Gedanke schon enthält „eine versteckte Verteilung der
tierischen Sinnlichkeit" in sich: „die edelsten Gefühle
werden zur Gleichheit mit den niedrigsten Empfindungen herabgesetzt." In Absicht meiner eigentlichen
Bestimmung geben mir freiere Empfindungen und
höhere Aussichten einen Vorzug vor Tausenden, aber
eine höhere Glückseligkeit an sich, | ohne daß ich
durch eine besondere Bearbeitung diese Wirkung hervorgebracht hätte, enthalten die Bedingungen meines
Daseins nicht. „Dem Himmel sei Dank! es ist eine
Welt, wo Gerechtigkeit wohnt; ich bin durch den
Schleier hindurchgedrungen, ich ahne ihre geheime
innere Haushaltung. Sie ist also doch irgendwo, diese
heilige Tugend; wenn sie auch nicht von den Menschen
geübt wird, so sehe ich sie doch herrschen in der
ganzen Anlage der Natur, in der unparteiischen Aus-
teilung des Erbteils, welches jedem dargewogen wird
zu eigenem Schalten und Walten."

---

[9]) Wie sehr hat man aber im 18. Jhdt. gerade diesem
Problem seine Aufmerksamkeit geschenkt!

[10]) Auch gegen Kant!

V.

Das Schicksal des Menschen

Das Schicksal ist gerecht; aber meine Empfindung
fragt weiter: wie freigebig ist es? Das sittliche
5 Gefühl, welches der ersten Frage gegenüber die Antwort antizipierte und der Erfahrung nur die Bestätigung überließ, zieht sich hier schweigend zurück.
Nur die, welche in der Glückseligkeit die ganze Aufgabe der Teleologie[11]) sehen, müssen einen Überschuß
10 nicht nur des sittlich Guten, sondern des Glückes aus
der Ordnung der Dinge folgern; die Größe dieses
Überschusses ist ihnen das Maß, inwiefern die Gottheit
ihre Absichten zu erreichen imstande sei. „Aber meinem sittlichen Gefühl ist die Glückseligkeit fremd und
15 nach ihrer Trennung von der Tugend kann es ihr diesen
Platz nicht einräumen. Wenn sie also nur Mittel,
wenn sie vielleicht auch das nicht einmal ist, wenn
sie vielleicht nur uns als ein Ganzes vereinigt erscheint, in dem Plane der Gottheit aber jeder
20 einzelne Bestandteil ohne Rücksicht auf diese
Idee nach ganz anderen Beziehungen bestimmt
würde, und das ist die Vermutung, die meinem sittlichen Gefühl am nächsten liegt: dann bleibt das
höhere Gefühl dieser ganzen Frage gegenüber
25 gleichgültig, ohne Antwort.“
Enthält nun etwa die Natur der Sache hierüber einen Entscheidungsgrund? „Man sagt,
jedes Vergnügen beruhe auf der Aufhebung irgendeines Hindernisses zum Leben, wäre also im voraus
30 durch jenes Gefühl des Hindernisses aufgewogen und
die Menge der Schmerzen, welche auf dem quälenden
Gefühl von Hindernissen beruht, welche nicht aufgehoben werden, mache den großen drückenden Ausschlag auf der Wage des Lebens auf. Diese Er-
35 klärung erstreckt sich aber entweder nur auf einzelne
Arten des Vergnügens oder sie muß das Bewußtsein
des vorhergehenden Hindernisses für unmerklich annehmen gegen die Stärke und Lebhaftigkeit des Ge-

---

[11]) „Theologie“ bei Dilthey ist Druckfehler.

fühls, welche seine Aufhebung gewährt. Nur einige
Vergnügen entstehen aus der Befriedigung eines Be-
dürfnisses und nur diese beruhen auf einem aufge-
hobenen Hindernis des Lebens; andere haben ihren
Grund in einem Reiz, dem kein eigentliches Bedürfnis
vorherging; diese sind positive Beförderungen des Lebens." Ist demgemäß jene Rechnung falsch, so folgt
daraus nicht die Richtigkeit eines entgegengesetzten
Resultats. Denn anderseits bestehen manche Arten des
Schmerzes aus gehemmtem Bedürfnis, selbst mit dem
Bewußtsein der Unmöglichkeit diese Hemmung hin-
wegzuräumen verknüpft; andere Arten aus einem emp-
findlichen Reiz, dessen Aufhebung kein verhältnis-
mäßiges Vergnügen hervorbringt. Demgemäß bedarf
es der Entscheidung aus der positiven Einrichtung des Schicksals, um zu bestimmen, ob diese
beiden Arten von Vergnügen oder die beiden Arten
von | Schmerz in dem wirklichen Leben überwiegen. [62]
Diese positiven Einrichtungen des Lebens lassen sich
nicht konstatieren aus den Urteilen der Menschen
über das Leben; die Empfindungen der Menschen
sind, gleich den Tropfen eines Wasserfalls, nur in
dem Augenblick, in welchem sie den großen Fall tun
aus der Schwindelhöhe der Zukunft in die Ebene der
Gegenwart, in sich bestimmt, ein Tropfen vom andern
geschieden, jeder in einer eigentümlichen Strahlen-
brechung von der Sonne beglänzt; den Augenblick
darauf schäumt schon alles zusammen in einen brau-
senden Wirbel, und wenn dieser ungestüme Nachhall
der Phantasie vorüber ist, so fließt alles ruhig vorbei,
der Tropfen, der hier fiel, ist nicht mehr zu unterscheiden von dem, der dort herabstürzte.

Das Problem selber: die Summe der Empfindungen, welche unter den Bedingungen des
menschlichen Lebens möglich sind, zu bestimmen, ist falsch gestellt. „Die Empfindung
hat es immer nur mit einem Moment meines Daseins
zu tun, warum begrenzt sie nicht auf diesen ihre
Forderungen und ihre Neubegier? Sie streift voran in
die Zukunft, sieht, daß sie nie aufhören wird, auf
dieselbe Weise zu verlangen. Aber ist sie deswegen
berechtigt, alle einzelnen Momente, alle einzelnen For-

derungen als ein Ganzes anzusehen? Mit nichten;
vielmehr müssen sie für sie ein Vieles bleiben; denn
ihr kann schlechterdings nur das ein Ganzes sein, was
in einem und demselben Augenblick in ihr zusammen-
trifft." Und selbst der einzelne Augenblick, sofern
ich ihn als ein Werk des Schicksals betrachte, ist ein
Aggregat aus dem jedesmaligen Stand aller meiner
Verhältnisse, von welchen ich weder ihre Veränder-
lichkeit noch ihre Verbindung in dem einzelnen Moment
vorauszuberechnen vermag. Sicher ist mir, daß ich
aus jedem dieser Verhältnisse, entweder unmittelbar
oder in ihrem Zusammenstimmen mit andern, Freude
schöpfen kann, daß demnach für jedes denkbare Verhältnis ein Unbestimmt-Unendliches der Glückseligkeit vor mir liegt, innerhalb dessen ich mit meinem
Urteil herumtappe.

In der Tat entspringt aber auch dies ganze Problem
aus einer ganz eitlen Neugier des Begehrungsvermögens, sich eine Rechnung über das Ganze der
Glückseligkeit dieses Lebens in Bausch und Bogen aus-
fertigen zu wollen. „Wird es je eine Zeit geben, in
der ich, ohne gegenwärtige Lust und Unlust, von einem
Gedankendinge werde leben müssen, welches nicht
nur alsdann nicht mehr ist, sondern überhaupt niemals
als Gegenstand der Empfindung dagewesen ist? Noch
weit chimärischer als der Glaube, daß eine Zeit sein
wird, wo der Mensch nicht mehr handelt, sondern nur
das Bewußtsein seiner Moralität in vorigen Zuständen genießt." Und kann ich überhaupt so ungleich-
artige Teile zusammenfassen, gewissermaßen mit dem
baren Geld der Freude die Schuldenlast des Kummers
vernichten wollen? „Lasse ich also die ungereimte
Frage vom Durchschnitt des Lebensgenusses unbe-
antwortet."

„Fühle ich mich doch in jedem Augenblicke frei
auf einem unendlichen unbegrenzten Felde der Glückseligkeit; das ist ein Bewußtsein, in welchem die
größte Dankbarkeit gegen das gerechte und doch
unendliche gütige Schicksal enthalten ist."

VI.   [63]

Resignation

Und hier kehrt nunmehr die Betrachtung in das eigne Gemüt zurück; die Erfahrungen vergangner Zeiten tun sich auf; sie sprechen laut ihre Lehre für die Gegenwart:

„Es ist so schwer, nüchtern zu sein und zu wachen mit einer liebenden wohlwollenden Seele. In den Regeln des Verstandes für das Leben ist überall Resignation das herrschende Gebot, und doppelt für den, in dessen Seele noch Überreste irgendeines Enthusiasmus zu finden sind. Versprich dir nichts von dem, was dein hochgespanntes Gefühl fordern möchte, entsage im voraus allem. Nur das Leichte, Gewöhnliche, Scheinbare deiner Ideen und Gefühle trage zur Schau, für diese Töne kannst du Harmonie finden. Aber was dir groß und wesentlich scheint, das verbirg in dich selbst; hast du einmal einen leisen Ton davon angeschlagen, so halte den zweiten zurück, bis dir ein voller Akkord geantwortet[12]). Verschließe deine Ideale und erwarte keine Nahrung für sie; ihr Gebiet ist bloß die Bildung deiner Handlungen; im übrigen laß sie die Zierde des Allerheiligsten deiner Phantasie sein; nur wenn der Vorhang der Einsamkeit dich der wirklichen Welt entzieht, feierlich selten, verliere dich in ihrem Anschauen. Nichts sei in der Welt, dem du dich in irgendeiner Rücksicht ganz hingibst; wer so seine Glückseligkeit sucht, der muß sie verlieren. Mit all deinem geselligen Gefühl liebe doch keinen Menschen, ohne dir schon im voraus Grenzen deiner Harmonie mit ihm zu setzen."

„Freilich nur ein liebevoll fühlendes Herz kann bei diesen Regeln das Äußerste vermeiden, sich zu diesen Teilungen der Seele herablassen, ohne durch die Zerstücklung zugleich das Gefühl für die Gegenstände zu verlieren; nur bei einer solchen Seele kann diese Entsagung duldsam und verträglich sein, ohne

---

[12]) Vgl. zu dem ganzen Abschnitt M 46. Und doch wie anders hier der Ton!

in einen verachtenden, menschenfeindlichen Stolz aus-
zuarten.“

Wie wenig läßt mich mein Herz diesen Erfahrungen noch folgen! „Noch bin ich nicht frei davon,
Menschen und Natur ins Schöne zu zeichnen und,
indem ich den Wert des Augenblicks überschätze, das-
jenige zu verlieren, was er mir wirklich geben konnte.
Ich schlug hier und da den Ton der Geheimnisse des
Herzens an und täuschend glaubte ich in verwirrten
Tönen, die ihm begegneten, den gemeinschaftlichen
harmonischen Akkord zu vernehmen, ich antwortete
und verlor den hohen Gesang an gewöhnliche un-
verständige Ohren. So verlor ich manchen Teil des
Lebens durch das allzurasche Eilen meines Herzens
nach dem besten Genuß; ich fand nicht, was ich suchte
und suchte nicht, was ich hätte finden können.“